国家社科基金高校思政课研究专项"延安时期中国共产党思政课建设的历史地位和当代价值研究"(项目编号：19VSZ024)

陕西师范大学优秀学术著作出版资助

国家社科基金丛书
GUOJIA SHEKE JIJIN CONGSHU

延安时期高等学校政治理论课建设研究

Research on the construction of political theory courses
in colleges and universities during the Yan'an period

王晓荣 焦红强 著

人民出版社

目　　录

绪　论

　　思想政治教育课程是中国共产党领导下高等学校开展思想政治教育的主渠道,担负着"为国育才、为党育人"的神圣使命。纵观中国共产党100多年来的思想政治教育发展史,学校的思想政治教育课程建设总是居于重要地位。不管是国民革命时期党在农民学校、工人夜校和各类干部培训班开设相关政治课程,还是土地革命时期党在苏区干部学校、普通学校开设马克思主义课程,思想政治教育已成为党对各类学校进行政治引领的重要方式。延安时期,随着中国共产党高等教育事业创立和发展,思想政治教育的实践探索更加深入,逐步呈现规范化、制度化、系统化特征,由此诞生了高校"公共必修课"的教育模式。这一模式奠定了新中国高等教育的初始禀赋,成为有别于西方现代高等教育的社会主义国家高等教育办学特色。新中国成立70多年以来,高校思想政治教育的内容、方法和侧重点不断变化,但其发挥思想引领和理论武装的主渠道地位从未改变,课程建设的核心内容大致保持稳定,课程建设的一些基本规律也经受了长期实践的检验。一言以蔽之,延安时期中国共产党领导高等学校思想政治教育的实践,奠定了我国高校思想政治教育课程建设的雏形,在中国共产党思想政治教育发展史上写下了浓墨重彩的篇章。

一、"思想政治理论课"概念及其内涵的历史演变

完整的"思想政治理论课"概念出现时间并不长,2004 年 8 月中共中央、国务院发布《关于进一步加强和改进大学生思想政治教育的意见》(中发〔2004〕16 号,以下简称"16 号文件"),首次提出了这一概念。"16 号文件"指出,"思想政治理论课是大学生思想政治教育的主渠道",思想政治理论课是大学生的必修课,是帮助大学生树立正确世界观、人生观、价值观的重要途径,课堂教学要发挥主导作用,这"体现了社会主义大学的本质要求"。"16 号文件"的表述较以往最大的区别在于课程名称的变化,即从"两课"①正式改为"思想政治理论课",这一课程名称由此成为规范化的表述一直沿用至今。实际上,在中国共产党思想政治教育发展史上,与"思想政治理论课"核心内涵大致相当的概念早已出现,并随着思想政治教育实践的发展、人们认识的深化和时代的需要不断发展演变。而在课程名称表述变化的同时,我们看到,课程的设置目标、核心内容、性质和功能等具有一贯性,就是要发挥课堂教学的主渠道作用,努力"解决好培养什么人、怎样培养人、为谁培养人这个根本问题"。即便如此,梳理课程名称的演变仍然具有重要理论意义,因为这既反映了高校思想政治教育百炼成钢的探索过程,也记载着中国共产党对于高校思想政治理论课建设规律认识的不断深化,同时,对于推动新时代高校思想政治理论课创新发展大有裨益。在此,笔者在梳理文献基础上简要回顾"思想政治理论课"概念及其内涵的历史演变过程,并由此明确延安时期的具体情况。

(一)国民革命时期的马克思主义思想启蒙课

国民革命时期,中国共产党为了配合革命运动的发展,以政治宣传和革命

---

① 即马克思主义理论课和思想品德课,1985 年后开始使用。1993 年 8 月,中组部、中宣部、国家教委发布《关于新形势下加强和改进高等学校党的建设和思想政治工作的若干意见》,将两者简称为"两课"。

动员为目的开展了大量授课活动。主要表现在三个方面：一是在革命中心城市举办工农运动骨干培训班，开展政治启蒙授课活动；二是围绕黄埔军校和军事政治干部培训班开展授课活动；三是在各地农民学校、工人夜校普及文化知识过程中进行革命思想启蒙。由于这一时期中国共产党并未独立领导和创办学校教育，以上授课活动主要依据革命鼓动和宣传的需要来开展，并没有统一的课程名称和培养目标。从授课内容上说：在工农运动培训班，主要是马克思主义暴力革命理论，阶级分析、阶级斗争理论成为讲授重点，此外，马克思主义唯物史观指导下的历史教育、中国革命基本问题等也成为讲授内容；在黄埔军校，以周恩来为代表的共产党人领导军校的政治教育工作，社会主义发展史、帝国主义侵略中国史、各国革命史、中国民族革命问题等已进入课堂，用于强化革命军人的爱国主义教育和革命精神灌输，使军校学员认识到革命军人与旧军队的根本不同；在农民学校、工人夜校，则主要是马克思主义思想启蒙教育，力图在提升工人、农民的文化知识水平基础上，激发他们的斗争精神。从总体上看，这些授课并不系统、深入和完整，主要着眼于马克思主义的思想启蒙和鼓动民众参加革命运动，因此，课程的理论性较弱、鼓动性较强，我们可称之为"马克思主义思想启蒙课"。

（二）土地革命时期的马列主义政治课

土地革命时期，中国共产党探索在农村创建革命根据地，走农村包围城市的工农武装割据革命道路。为了在革命斗争实践中培养军政干部，中国共产党开始创办随军的红军学校。如 1930 年 2 月，因红军第四军、第五军、第六军缺乏干部，中共前敌委员会决定创办随军红军学校，招收学员 600 人，毛泽东任校长。① 为了培养党内理论人才，1933 年初，马克思主义共产主义学校（中共中央党校前身）在瑞金洋溪创办，张闻天兼任校长；随后不久，中华苏维埃共

---

① 参见《毛泽东年谱（1893—1949）（修订本）》上卷，中央文献出版社 2013 年版，第 298 页。

和国临时中央政府苏维埃大学、中央苏区红军大学等相继成立。这些学校的建立,推动党的政治理论教学进入学校教育。虽然这些学校的性质各有不同,但在课程设置中都将马克思主义基本理论作为重要内容,以期通过理论灌输和意识形态教育,坚定根据地军民的革命信念。比如1934年4月1日,张闻天在沈泽民苏维埃大学的开学典礼上指出,"苏维埃大学以马克思列宁主义的实际课程教育学生"①。在这一时期的军政干部学校和各类训练班上,课程内容除了"中国革命的基本问题""社会发展史""中国革命史"等,政治工作、党的建设等内容也已经被讲授。与此同时,中国共产党领导下的苏区普通教育也呈现蓬勃发展之势,各根据地大量设立列宁小学。这些学校的教育方针明确表述为:"教育工作应该为战争与进行广泛的马克思共产主义的教育服务"②,在教育中凸显阶级性和群众性,课程设置、教材编写强化政治色彩。这一时期党创办的学校常冠以"马克思主义""苏维埃""共产主义""列宁主义"等政治概念,表明学校鲜明的政治色彩,学校政治教育也十分强调马列主义基本理论的灌输,但这种灌输更多是政治上的洗礼,与之后延安时期具有较强理论性的授课还有很大差距。由此,笔者认为这一时期的这类课程可称之为"马列主义政治课"。

（三）延安时期的政治理论课

延安时期,中国共产党拥有了较为稳定的大后方,并实现了在陕甘宁边区的局部执政,党的各类教育事业逐步创立并走向繁荣。尤其是陕甘宁边区成立之后,党的干部教育、高等教育、中等教育、小学教育、社会教育等有了前所未有的整体性发展。在各种类型的教育中,高等学校的政治理论课建设具有代表性,是中国共产党进行理论教育和意识形态建设的主阵地。比如在中国

---

① 《国立沈泽民苏维埃大学开学志盛》,《红色中华》1934年4月3日。
② 《湘鄂赣省工农兵苏维埃第一次代表大会文化问题决议案》,见中央教育科学研究所编:《老解放区教育资料(一)》,教育科学出版社1981年版,第103页。

人民抗日军政大学、陕北公学、延安大学、延安马列学院、中共中央党校等具有代表性的学校中,"马克思主义基本理论""哲学""政治经济学""中国革命基本问题""党的建设"和"时事政策"等课程的开设逐渐成熟。一方面,延安时期的学校教育继承了土地革命时期的底色,呈现出鲜明政治色彩,但基于国共第二次合作和建立抗日民族统一战线的需要,也由于中国共产党表示认同"三民主义","本党愿为其彻底实现而奋斗",故全面抗战时期的课程在总体称谓上并未凸显马克思主义政治色彩。在多数学校,既要开设马克思主义相关课程,也会讲授三民主义、统一战线政策课程,这些课程一般被称为"全校共同课""政治理论课""政治思想教育课"等,而在党的重要文献中则以"政治理论课"的名称居多。另一方面,延安时期,党在政治上的发展成熟与理论上的觉醒和成熟形成了良性互动,毛泽东等党的领袖人物十分重视理论创新,并将理论创新与讲授政治理论课进行充分融合。这不仅为高等学校思想政治教育注入了鲜活的理论养分,也使课程的理论性得到升华,将土地革命时期的政治课上升到政治理论课的高度。抗日战争胜利后,各解放区高等学校也基本延续了这样的称谓,晋察冀解放区的华北联合大学、晋冀鲁豫解放区的北方大学,华北解放区成立后两校合并而诞生的华北大学等,均是如此。稍有不同的是,在课程设置上更加精炼,如华北联合大学的政治理论课包括"政治课"和"特别讲座",政治课设有"新民主主义""社会科学概论""中国近代史""解放区建设"4 门①,特别讲座主要是政治形势和政策教育。总体来说,延安时期的高等学校政治理论课既强化政治性,又突出理论性,尤其是党的领袖人物和高级干部在课程的理论性构建上付出了极大努力,也取得了显著成效,从而使这一时期的政治理论课充分反映出党的理论自觉和理论成熟。因此,这一时期的这类课程可以统称为"政治理论课"。

---

① 参见王谦:《晋察冀边区教育资料选编(干部教育分册)》上,河北教育出版社 1990 年版,第 155 页。

(四)社会主义革命和建设时期的思想政治课

新中国成立前后,一方面,延安时期政治理论课的建设经验得到了继承,各地创建的人民革命大学明确以思想改造为中心任务,课程主要为"社会发展史""中国革命史""新民主主义""中国共产党"等①。这种课程设置一直延续到新中国成立后改造旧高校的过程中,学校废除了与旧政权关系密切的国民党讲义、三民主义学说等课程,取而代之的正是这些思想政治课程。另一方面,新中国成立初期,在国家政治、经济、社会等全方位"以苏为师"的背景下,高等教育领域也全面学习苏联教育制度,在苏联专家的帮助下逐步建立起统一的马列主义课程。中国人民大学是借鉴苏联高校马列主义课程建设的重镇,大批苏联教育专家、政治理论专家在该校担任课程的教材编译、教学和相关指导工作。到1952年,中国人民大学设立"哲学(辩证唯物主义与历史唯物主义)""政治经济学""马列主义基础""中国革命史"等4门政治理论课,这类课程占到全部课程的20%—25%②,并围绕这4门课程形成了四大政治理论课教研室③。虽然这些课程设置并没有超出延安时期所设定的政治理论课范围,但是课程的教材、讲义等则较多地引入和借鉴了苏联模式,课程内容更加丰富,理论体系更加完备。中国人民大学的探索带动了其他高校的政治理论教育,从1952年全国院系调整到1957年前后,在党中央指导下,全国所有高校都逐步按照中国人民大学的经验开设了4门课程。随后,在破除苏联经验和反对教条主义的背景下,高校思想政治教育课程建设指针在苏联模式和解放区经验的争论与调适中不断发生变化,但课程的主体框架基本保持稳定。

---

① 参见中央教育科学研究所编:《成仿吾教育文选》,教育科学出版社1984年版,第63页。
② 参见耿化敏、吴起民:《苏联专家与新中国高校政治理论课程的建立》,《中共党史研究》2016年第6期。
③ 参见刘葆观:《在神州大地上崛起——中国人民大学回忆录(1950—2000)》上册,中国人民大学出版社2007年版,第196页。

　　这一时期,高校思想政治教育课程名称多表述为"政治理论课""政治课",但受国内外政治因素的影响,也存在一些变化。例如,1952 年 10 月,教育部在《关于全国高等学校马克思列宁主义、毛泽东思想课程的指示》①中,将其称之为"马克思列宁主义、毛泽东思想课程"。1956 年 9 月,高等教育部《关于高等学校政治理论课程的规定(试行方案)》②,将相关课程明确称为"政治理论课"。随着国家政治生活中"左"的思想蔓延,1957 年 12 月,高等教育部、教育部下发《关于在全国高等学校开设社会主义教育课程的指示》,要求社会主义教育课程以"毛主席的'关于正确处理人民内部矛盾的问题'为中心教材",课程设置目的是"改造思想,提高社会主义觉悟"。各高校学生在学习社会主义教育课程期间,其他"四门政治课程一律停开"③。这实际上是以"社会主义教育课程"替代了原有的政治理论课,致使课程的"政治化"色彩更加凸显。1961 年 4 月,教育部在《改进高等学校共同政治理论课程教学的意见》④中,则恢复了延安时期"共同政治理论课"的名称。总体来说,这一时期的高校思想政治教育课程重视理论体系构建,但在一个新的社会制度诞生之初,人们的思想改造往往居于首要地位,思想性、政治性仍然是课程建设的重中之重。面对社会各界"思想改造"重任,高等学校成为引领社会意识形态构建的主阵地,课程作为学校思想政治教育的主渠道,必然要紧跟政治形势的变化,表现出鲜明的政治性和时代性,因此,这一时期的课程名称可以概括为"思想政治课"。

---

　　①　参见全国普通高校"两课"教育教学调研工作领导小组编:《普通高校思想政治教育课程文献选编(1949—2003)》,中国人民大学出版社 2003 年版,第 13 页。
　　②　参见全国普通高校"两课"教育教学调研工作领导小组编:《普通高校思想政治教育课程文献选编(1949—2003)》,中国人民大学出版社 2003 年版,第 27 页。
　　③　参见全国普通高校"两课"教育教学调研工作领导小组编:《普通高校思想政治教育课程文献选编(1949—2003)》,中国人民大学出版社 2003 年版,第 31—32 页。
　　④　参见全国普通高校"两课"教育教学调研工作领导小组编:《普通高校思想政治教育课程文献选编(1949—2003)》,中国人民大学出版社 2003 年版,第 41 页。

（五）改革开放新时期从马克思主义理论课和思想品德课到思想政治理论课

"文革"10年是中国高等教育遭到严重挫折和破坏的时期,高校思想政治教育也处于失序状态。1978年高校恢复招生,思想政治教育课程建设也随之开始恢复与发展。当年4月,全国教育工作会议召开,教育部发布《关于加强高等学校马列主义理论教育的意见(征求意见稿)》,将课程名称表述为"马列主义理论课"。会议重新明确高校思想政治教育一般应开设"辩证唯物主义与历史唯物主义""政治经济学""中国共产党党史"3门,文科高校增设"国际共产主义运动史",理工农医类高校曾设"自然辩证法"①,这被简称为"78方案"。"78方案"着眼于结束"文革"时期"以阶级斗争为纲"的教学内容,推动高校思想政治教育课程建设走向正规。

党的十二大召开后,教育部按照中央有关精神开始探索在高校开设共产主义思想品德课。1984年9月,中共中央宣传部、教育部发布《关于加强和改进高等院校马列主义理论教育的若干规定》,教育部也发布《关于高等学校开设共产主义思想品德课的若干规定》,决定在全国高校增加"中国社会主义建设基本问题""共产主义品德"等课程。1985年8月,中共中央正式颁发《关于改革学校思想品德和政治理论课程教学的通知》,对高校思想政治教育进行新一轮改革和调整,正式提出了"思想品德课"和"政治理论课"并行的"两课"模式,简称"85方案"。1987年3月,国家教委发布《关于进一步改革高等学校马克思主义理论课(公共课)教学的意见》,在调整原有马克思主义理论课的基础上,增设"大学生思想道德修养""法律基础"两门必修课程与之并列,"85方案"最终成型。

1993年8月,中组部、中宣部、国家教委发布《关于新形势下加强和改进高等学校党的建设和思想政治工作的若干意见》,明确提出"马克思主义理论

---

① 参见全国普通高校"两课"教育教学调研工作领导小组编:《普通高校思想政治教育课程文献选编(1949—2003)》,中国人民大学出版社2003年版,第71页。

课和思想政治教育课是学生思想政治教育的主渠道,是社会主义学校的本质特征之一",强调"'两课'要贯彻理论联系实际的方针和'少而精''要管用'的原则"。文件中第一次将"马克思主义理论课""思想政治教育课"简称为"两课"。这与1985年的"两课"("思想品德课""政治理论课")略有不同,但"两课"的名称就此进入官方话语。

在党的十五大上,邓小平理论被写入党章成为党的指导思想。为推动党的最新理论成果进课堂,1998年6月,中宣部、教育部印发了《〈关于普通高等学校"两课"课程设置的规定及其实施工作的意见〉的通知》,强调以马克思主义基本理论和马克思主义中国化为主线设置课程,突出毛泽东思想和邓小平理论的重要地位,形成具有鲜明时代特征的"98方案"。党的十六大之后,党中央对马克思主义理论课程建设提出新要求,在充分吸收"85方案"和"98方案"基础上形成了新的课程体系:一方面坚持马克思主义基本理论与马克思主义中国化的主线,设置"马克思主义基本原理""毛泽东思想""邓小平理论和'三个代表'重要思想概论"课程;另一方面,强调中国近代社会发展与马克思主义中国化理论发展的统一,设置了"中国近现代史纲要"课程。这被称作"05方案"。这一方案的重大突破是将课程名称由"两课"改为"思想政治理论课"(简称"思政课"),即以"思想政治理论课"概括"两课"的各门课程,客观反映出"马克思主义理论课"与"思想品德课"在逻辑上的内在联系和统一。此后,课程设置仍有变化,但整体课程名称保持稳定,这说明我们对高校思政课建设方向、目标和规律的认识更加深刻,思政课建设水平提升到新高度。

(六)新时代的思想政治理论课

党的十八大以来,党中央坚持把学校思政课建设放在教育工作的重要位置,加强党对思政课建设的全面领导,推动新时代学校思政课发生历史性变化。习近平总书记指出:"我对教育工作在这方面强调得最多,教育工作别的方面我也强调,但思政课建设我必须更多强调。"①据不完全统计,党的十八大以来,习近平总书记先后16次论及学校思政课建设,提出了一系列新思想新观点新论断。2019年3月18日,习近平总书记主持召开学校思想政治理论课教师座谈会并发表重要讲话,他说:"思想政治理论课是落实立德树人根本任务的关键课程。""我们办中国特色社会主义教育,就是要理直气壮开好思政课,用新时代中国特色社会主义思想铸魂育人"②。他还指出,"办好思想政治理论课关键在教师",思政课教师政治要强、情怀要深、思维要新、视野要广、自律要严、人格要正;"推动思想政治理论课改革创新",要坚持"八个相统一",即坚持政治性和学理性相统一,坚持价值性和知识性相统一,坚持建设性和批判性相统一,坚持理论性和实践性相统一,坚持统一性和多样性相统一,坚持主导性和主体性相统一,坚持灌输性和启发性相统一,坚持显性教育和隐性教育相统一。习近平总书记强调:"各级党委要把思政课建设摆上重要议程,抓住制约思政课建设的突出问题,在工作格局、队伍建设、支持保障等方面采取有效措施。""推动形成全党全社会努力办好思政课、教师认真讲好思政课、学生积极学好思政课的良好氛围。"③习近平总书记"3·18"讲话精神,为推动新时代高校思想政治理论课内涵式发展指明了方向。

2017年10月,党的十九大通过了《中国共产党章程(修正案)》的决议,习近平新时代中国特色社会主义思想作为党的指导思想被写入党章。习近平新时代中国特色社会主义思想是马克思主义中国化时代化的最新理论成果,高校坚持思政课建设与党的创新理论武装同步推进,认真做好习近平新时代中国特色社会主义思想的"三进"工作。2018年秋季学期,习近平新时代中国特色社会主义思想作为《毛泽东思想和中国特色社会主义理论体系概论》课程的重要组成部分,进入高校思政课课程体系。到2022年秋季,在相关重点

---

① 习近平:《思政课是落实立德树人根本任务的关键课程》,《求是》2020年第17期。
② 《习近平谈治国理政》第三卷,外文出版社2020年版,第329页。
③ 习近平:《思政课是落实立德树人根本任务的关键课程》,《求是》2020年第17期。

高校试点的基础上,全国高校全面开设《习近平新时代中国特色社会主义思想概论》课程。与此同时,"四史"(党史、新中国史、改革开放史、社会主义发展史)、中华优秀传统文化、中华民族共同体概论等内容,也相继以选修方式进入高校思政课课程体系。中央宣传部、教育部指导高校逐步构建了以习近平新时代中国特色社会主义思想为核心内容的思政课课程教材体系,并要求各高校组织教师积极参加课程培训,坚持不懈用新时代党的创新理论铸魂育人。

在完善课程体系的同时,思想政治理论课教育教学理念也取得一系列创新成果。一是提出思政课的本质论。2022 年 4 月 25 日,习近平总书记在中国人民大学考察时强调:"思政课的本质是讲道理,要注重方式方法,把道理讲深、讲透、讲活,老师要用心教,学生要用心悟,达到沟通心灵、启智润心、激扬斗志"①。这一重要论断深刻揭示了思政课的本质,进一步深化了对思政课教育教学规律的认识,是新时代推进高校思政课高质量发展、增强思政课教育教学科学化水平和实效性的价值引领。② 二是大中小思政课一体化建设理念。习近平总书记强调:"在大中小学循序渐进、螺旋上升地开设思政课非常必要,是培养一代又一代社会主义建设者和接班人的重要保障。"③这就要求各类学校遵循教育规律和人才成长规律,树立系统思维,打破学段区隔,一体化推进大中小学思政课的内容体系、教材体系、师资体系协同发展。三是创造性提出"大思政课"理念。2021 年全国两会期间,习近平总书记提出"'大思政课'我们要善用之"的论断。"大思政课"理念拓展了思政课的课堂形态,强调"思政课不仅应该在课堂上讲,也应该在社会生活中来讲"④,旨在

---

① 《坚持党的领导传承红色基因扎根中国大地　走出一条建设中国特色世界一流大学新路》,《人民日报》2022 年 4 月 26 日。
② 参见艾四林:《"思政课的本质是讲道理"的丰富内涵、方法论意蕴和实践要求》,《马克思主义理论学科研究》2024 年第 3 期。
③ 习近平:《思政课是落实立德树人根本任务的关键课程》,《求是》2020 年第 17 期。
④ 《"大思政课"我们要善用之》,《人民日报》2021 年 3 月 7 日。

通过加强与社会现实相结合,增强思政课生命力,这标志着我们党对于思政课的存在形态和教学规律的认识进一步深化。这些创新理念进一步丰富了思政课的深刻内涵和实践形式,成为新时代高校思政课教学改革的重要推动力。

以习近平总书记关于思政课的系列论述为指引,经过新时代十多年的改革实践,高校思政课发生了深刻变化。正如2024年5月习近平总书记在对思政课的批示中指出:"各级各类学校社会主义办学方向更加鲜明,思政课教师乐教善教、潜心育人的信心底气更足,广大青少年学生'四个自信'明显增强、精神面貌奋发昂扬,思政课发展环境和整体生态发生全局性、根本性转变。"①这些变化可以概括为五个方面:一是办好思政课的重大意义取得广泛共识,思政课是高校坚持社会主义办学方向,落实立德树人根本任务的关键课程;二是加强党对思政课的全面领导是办好思政课的根本保证,思政课建设成效是评价高校办学成果的重要指标;三是进一步明确办好思政课关键在教师,要发挥教师的积极性、主动性、创造性,推动思政课教师做到政治强、情怀深、思维新、视野广、自律严、人格正;四是指明思政课改革创新的方向,要坚持"八个相统一",增强思政课的思想性、理论性和亲和力、针对性;五是强调善用大思政课,充分调动全社会力量和资源,建设"大课堂"、搭建"大平台"、建好"大师资",推动思政小课堂与社会大课堂相结合,推动各类课程与思政课同向同行。

回顾"思想政治理论课"概念及其内涵的演变,我们可以清晰看到这样的历史轨迹:思想政治教育课程建设始于思想启蒙和政治灌输,发展于理论创新和系统化的课程构建,成熟于课程设置的科学性、课程内容的精细化,最终实现思想性、政治性、理论性的统一。由这个演变过程可以看出,延安时期无疑是思想政治教育课程建设发展的关键时期。具体来说,延安时期的探索实践使我们明晰了课程建设的根本目标、根本任务和基本内容,这决定了中国共产党

---

① 《坚持党的领导传承红色基因扎根中国大地　走出一条建设中国特色世界一流大学新路》,《人民日报》2024年5月12日。

领导高校思想政治教育课程建设的总方向、总方针。新中国成立后,高校思想政治教育课程设置和课程名称虽然多变,但马克思主义基本原理、马克思主义中国化的理论与实践创新成果、人的全面发展理论三大板块基本保持了稳定性。课程名称、课程设置的变化只是一种表象,每一次调整都体现出改革者对于课程定位和育人功能的不同理解,也深深地打上了时代的烙印。① 我们正视这些变化,就是要从"变"的现象中去探求"不变"的本质和规律。这个规律就是,思想政治教育的根本目标、根本任务在总体上决定了思政课建设是阶段性与连续性的统一,具体表现为阶段性"变化"与整体"不变"的辩证统一。从这个意义上说,延安时期的实践探索铸就了中国共产党领导高校思政课建设"不变"的范式,新中国成立 70 多年来思想政治教育实践的"变化"正是对延安时期的继承与发展,这体现了高校思政课建设的一脉相承和一以贯之的特点。鉴于延安时期并未出现"思想政治理论课"的名称,本书从当时历史实际出发,依据历史文献中使用较多的"政治理论课"名称,来指代延安时期的思想政治教育课程建设。

二、延安时期高等学校政治理论课建设的历史地位

在中国共产党 100 多年的思想政治教育史上,学校思想政治教育课程具有独特的历史地位,作为落实立德树人根本任务的关键课程,它是培养社会主义建设者和可靠接班人的根本保证。学校思想政治教育课程建设达到初步成熟正是在延安时期。延安时期高校政治理论课建设的成就和特色,奠定了中国共产党高等教育的初始禀赋,也预示着社会主义高校的基本特征,对于新中国成立后高等教育发展影响深远。正如"扣好人生的第一粒扣子"一样,延安时期高校政治理论课建设把政治性与理论性相结合,明确了课程的基本属性,积累了课程建设的宝贵经验,初步掌握了思想政治教育课程建设的一些规律,

① 参见骆郁廷:《高校思想政治理论课的"变"与"不变"》,《思想理论教育导刊》2013 年第 4 期。

为新中国成立后高校思想政治教育课程建设的守正创新提供了重要支撑点。

（一）探索形成了高等学校政治理论课的雏形

延安时期的高等教育脱胎于党的干部教育,干部教育的目的是为中国共产党培养军事政治人才,以政治理论教育为主是必然选择。然而,全面抗战爆发后干部学校的办学性质逐步发生变化:一方面,中国人民抗日军政大学、陕北公学等主要干部学校接纳了来自全国各地的抗日青年,青年学生逐渐成为学校教育的主要对象;另一方面,为了培养根据地建设所需的各类专门人才,学校改变了政治教育压倒一切的做法,"政治与技术并重"理念得到贯彻。随着鲁迅艺术文学院、延安自然科学院、医科大学等的创立和延安地区高等学校的整合发展,党领导的普通高等教育事业在干部教育的基础上初步创立。如何才能办好高等教育? 首先,高校的办学目标决定其不再仅为党培养政治工作干部,政治理论课的作用和地位需要再认识。中国共产党领导的高等教育与国统区高等教育的根本区别在于要为党的革命事业培养各类人才,因此,强化马克思主义意识形态构建是各高校办学的应有之义,政治理论课教学无疑是承担意识形态构建的主渠道。这就是说,以往政治教育压倒一切的做法虽不可取,但政治理论课仍然担负着重要作用,是党领导高等教育的根本特征。其次,办好高等教育就应当遵循高等教育的基本规律。一方面,马克思主义相关课程揭示了自然界和人类社会发展的普遍规律,对于人的全面发展大有裨益,政治理论课教学要与专业课教学相互配合,服务于人才培养需要;另一方面,从人才成长规律来看,应当从短期培训变为较长期的固定学制,为此,多数高校将学制增加到2—3年,课程设置上也开设有全校公共课、院系公共课和专业课三大类,政治理论课被归入全校公共课的范畴。

高校要实现为党培养各类人才的目标,就需要设置不同院系、不同专业,并大量开设文化课、专业课,相应地,政治理论课教学比重降低,其作用和功能也被重新定位。为此,不同性质高校的政治理论课是否应有所侧重? 不同专业的政治理论课是否应加以区别？政治理论课与人才培养的关系如何？政治理论课与其他专业课程的关系如何？基于回应这些问题，延安时期高校在政治理论课建设上提炼出了切实可行的方案，并出台了诸多行之有效的措施，奠定了中国共产党高校思想政治教育课程建设的雏形。

（二）积累了高等学校政治理论课建设的经验

高校政治理论课该如何设置？如何解决师资严重缺乏的难题？教材建设如何得到提升？面对亟待解决的问题，党领导高等学校进行了积极探索。在课程设置方面，高校逐渐摆脱政治课压倒一切的偏向，按照"政治与技术并重"的理念，在课程设置上力图做到"少而精"。既要避免政治理论课重复设置、内容交叉、教学内容不成体系的问题，减少课程开设的数量，又要做到课程教学能够解决学生的现实问题，提升针对性和实效性。经过不断探索，高校政治理论课教学内容最终凝练为 5 个方面："马列主义基本知识""哲学""政治经济学""党史党建""形势与政策"，这与今天思政课的内容设置已大致相同。尤其难能可贵的是，党的七大召开之后，马克思主义中国化的最新成果——"毛泽东思想"也开始进入一些高校政治理论课的教学内容。政治理论课的"少而精"为其他专业课程的开设留出了空间，让高校的专业技术教育得到加强，各类专业人才的培养逐渐步入正轨。

在教师队伍建设上，中共中央先是选派一批党的高级理论干部到高校参加政治理论课教学，以解师资队伍不足的燃眉之急。同时，在毛泽东等中央领导的带动下，中央和各机关领导干部、各根据地（解放区）领导干部大量到高校开展政治理论授课活动。各高校在政治理论课教师培养上也进行了探索，一是开设了较长学制的教员班、研究生班等，选拔优秀学员进行培养深造，以作为储备师资；二是高度重视来自国统区的知识分子，对他们进行马克思主义思想改造，充实到政治理论课教师队伍当中；三是尽力提升政治理论课教师的各项待遇，吸引各类人才转行担任政治理论课教师。除此之外，党中央还创办了专门培养政治理论人才的延安马列学院,为高校政治理论课教师队伍建设贮备人才。总体上说,延安时期高校政治理论课教师队伍建设的种种实践,为之后思政课教师队伍建设积累了宝贵经验,如领导干部兼职讲授思政课、吸引优秀人才充实到专职思政课教师队伍,这些措施直至今天仍为我们所倡导。

在教材建设方面,各高校从无到有进行了不懈努力。在短期培训时期的干部教育阶段,教材建设并未提上日程,多数课程主要依靠教师自己撰写讲义,中央领导同志授课前也要亲自撰写讲义。随着高等教育的大发展,编写统一教材成为当务之急,在党中央直接领导下,党的高级理论人才开始为高校编写统一的教材,在不能编写统一教材的情况下,也要求教师集体对课程的讲义进行研讨。为应对政治理论课教材建设的种种困难和不足,1941 年 12 月,《关于延安干部学校的决定》明确提出,由中共中央宣传部统一编写政治教材,同时要求,要把党中央机关报《解放日报》等报纸作为鲜活的政治理论教材。在党中央大力推动下,到 1945 年前后,党史党建、马克思主义基础知识、政治经济学、哲学等方面已经形成一批统编教材,满足了政治理论课教学的需要。延安时期这种由中共中央宣传部统一负责、集体编写政治理论课教材的探索,为新中国成立后的教材编写工作积累了宝贵经验。

(三)初步掌握了高等学校政治理论课建设的规律

掌握规律就是透过现象发现事物发展的本质性东西,从而对事物发展起到科学的指导作用。延安时期的实践探索,已初步掌握了高等学校政治理论课建设的一些规律。比如,第一,政治理论课建设的合目的性规律。延安时期高等学校十分重视为党领导的革命事业培养人才,并把政治合格作为培养各类专门人才的首要标准,而政治合格的根本保证有赖于学校的思想政治教育,政治理论课的主渠道作用得到充分体现。这就回答了高等学校政治理论课建设的根本目的问题。当前,我们强调高校思政课建设要服务于"为党育人,为国育才"这个大局,为社会主义培养合格建设者和可靠接班人,就是对延安时期经验的继承和发展。第二,政治理论课建设的理论性规律。延安时期政治理论课继承了土地革命时期的政治性底色,但仅有政治性还难以做到"以理服人"。为此,在党中央领导下,高校大力开展政治理论课的理论构建,课程从"政治课"逐步向"政治理论课"过渡,这就大大提升了课程的学理性和科学性。第三,政治理论课在学校课程体系中的定位规律。延安时期探索出了"公共必修课"模式,即政治理论课是必修课、公共课。政治理论课既是进行马克思主义理论武装的公共课程,同时也是服务于人才培养的必修课程,要与其他专业课、文化课进行配合、衔接。因此,政治理论课要"少而精",要为其他课程的教学留出空间,政治理论课占学校总课时数被限制在20%—30%,这一特点延续至今。第四,马克思主义中国化理论成果进课堂规律。当前,我们以马克思主义中国化为旨归设置思政课,强调以马克思主义中国化最新成果引领思政课建设。实际上,不仅马克思主义中国化起步于延安时期,而且延安时期高校政治理论课率先引入了马克思主义中国化第一次飞跃的成果——毛泽东思想。可以说,形成马克思主义中国化成果"三进"规律是延安时期政治理论课建设的历史首创。凡此种种,说明延安时期中国共产党已初步掌握了高等学校思想政治教育课程建设的规律,既推动其向科学化、学理化、系统化方向发展,也为新中国高校思想政治教育课程建设提供了直接借鉴。

三、关于延安时期政治理论课相关问题的认识

延安时期是高等学校思想政治教育课程建设的关键时期,它逐步形成新中国高校的初始禀赋。探讨100多年来中国共产党思想政治教育史的核心价值,深刻把握党领导的高等教育诞生以来的思政课建设史,就必然要求我们研究延安时期高校政治理论课建设的历史进程。当前,有学者质疑延安时期中国共产党领导的高等教育事业,认为党在新中国成立以后才开始领导高等教

育事业,自然也不存在延安时期的高校政治理论课建设。这种观点必然会引发一系列疑问,延安时期是否存在党领导下的高等教育?延安时期高校政治理论课建设是否有成功经验?新中国高校思想政治教育是否继承了延安经验?为回应这些疑问,有必要界定相关核心概念,并针对相关问题进行辨析。

一般认为,"延安时期"始于 1935 年 10 月 19 日中共中央率中央红军到达陕北吴起镇落户陕北,止于 1948 年 3 月 23 日毛泽东、周恩来、任弼时率中央机关在陕北吴堡县东渡黄河,共计 12 年 5 个月零 4 天。学界也常以"中共中央在延安十三年"指代"延安时期"①。本书研究内容界定为延安时期,也基本依照这一时间跨度。"延安十三年"历经土地革命战争后期、抗日战争以及解放战争的战略防御与战略反攻阶段等三个关键历史时期,中国共产党在各个时期的学校教育中均强调马列主义政治教育,都与延安时期高校政治理论课建设有着密切的关联。例如,土地革命时期的干部教育、解放战争后期创办革命大学等,这些教育实践依照时间跨度不能归类为延安时期,但两者却是延安时期高等学校政治理论课建设的前导和接续。因此,从研究内容的历史纵深和历史逻辑来考虑,本书在述及相关问题时会适当向前或向后推延,一方面为了更完整地展示延安时期高等学校政治理论课建设背景、内容、价值和影响意义,另一方面也为中国共产党 100 多年思想政治教育史增添丰富的历史资料。

(一)"延安时期高等教育"界定与辨析

本书所论的延安时期高等学校特指中国共产党领导的高等学校,既包括延安地区的高等学校,也包括各抗日根据地、解放区创办的高等学校,但不涉及国统区的高等学校。虽然,对于延安时期党领导的高等教育创立问题,已经

---

① 如谭虎娃:《历史的转折——中共中央在延安十三年》(人民出版社 2018 年版),中国延安干部学院编写:《党中央在延安 13 年》(中央文献出版社 2010 年版),中共陕西省委党史研究室编写:《中共中央在延安十三年史》(中央文献出版社 2016 年版)等。

在学界形成较多共识①,但仍有部分学者对此持有异议。有些学者有意或者无意回避延安时期的高等教育,在论及中国共产党高等教育史时,从新中国成立后对旧高校的改造谈起;研究高校思想政治教育课程建设时,也常把新中国成立后借鉴苏联经验作为源头。笔者认为,全面抗战爆发后党创办的高等学校虽多数属于短期培训性质,修业年限较短且以政治教育为主,客观上与现代高等教育、与同时期国统区高校还有不少差距。但高等学校并非仅从组织形式、修业年限等角度进行简单定义,学校的办学理念、教育层级、培养对象、培养目标、服务社会的功能等,都应成为判断高等教育是否成立的标准。综合来说,延安时期是党的高等教育事业诞生并逐步发展的重要时期,这是经得起历史检验的。

首先,延安时期高等学校虽然脱胎于干部学校,但也在逐渐突破干部教育的范畴,我们要看到历史发展中的这一趋势。从招生对象上看,全面抗战后学校主要招收来自全国各地的青年;在学制上,逐渐从短期培训性质向较长学制转变,1940年前后高等学校整合发展后,多数专业的学制改为2—3年;在人才培养目标上,强调为党的事业培养各类专门人才,政治人才只是其中的一类。其次,延安时期高等学校已具备了现代大学的功能。高等学校已有了院系、专业的概念,自然科学、社会科学专业都有开设,强调"技术与政治并重"培养学生的"真才实学",提出要创办"学科学"与"学做人"的学校,初步实现人才培养、科学研究、社会服务、文化传承的一体化办学,已基本涵盖现代大学的主要功能。再次,延安大学、华北大学等具有现代大学特质的高等学校出

---

① 如曲士培:《抗日战争时期解放区高等教育》(北京大学出版社2005年版),对全面抗战时期中国共产党在各解放区(抗日根据地)大办高等教育予以充分肯定,并详尽论述了这一时期高等教育发展的阶段和主要高校;盖青:《1921—1949:中国共产党创建和领导的高等教育研究(上)》(广东教育出版社2012年版),较多论及延安时期党的高等教育事业发展历史。一些通史类著作,如华东师范大学教育系编:《中国现代教育史》(华东师范大学出版社1983年版),熊明安:《中国高等教育史》(重庆出版社1983年版),郑登云:《中国高等教育史》(华东师范大学出版社1994年版),曲士培:《中国大学教育发展史》(北京大学出版社2006年版)等,都在相关章节论及并肯定了延安时期中国共产党领导高等教育发展的历史。

现。延安大学是延安时期高等学校整合发展后创办的第一所综合性大学,华北大学则由北方大学和华北联合大学合并成立,两所学校院系众多,办学理念、专业设置、师资队伍、学生规模等都已具备了现代大学的特征。最后,当时人们已普遍认为是高等教育。不管是党中央领导同志、学校师生和社会各界都已认为延安时期创办的高等学校是高等教育,尽管这些高等学校与国统区的高校还有差距,但延安时期高等学校正努力向正规化发展。强调"正规化",一方面表明这些高等学校有不够正规之处,需要改进提升;另一方面也表明,在性质上这些学校已经是高等教育,否则就不需要对标现代大学进行"正规化"改造。因此,我们不能完全以现在的标准和观点来判定延安时期是否有高等教育,而是要坚持历史唯物主义的观点来分析和判断。当前,一些高等院校在追溯办学历史时,均将办学渊源确定在延安时期,这也从另一个侧面说明,延安时期是新中国高等教育的重要源头。

此外,可能还有一些疑问:为什么有时把延安时期的高等教育的主体分述为干部学校和高等学校?高校毕业生为什么被称为"干部"?笔者认为,延安时期高等学校脱胎于干部学校,两者之间密切联系,一些学校在办学上具有传承、渐变关系,难以在某个时间点上划定它从干部学校蜕变成为高等学校。因此,并称为干部学校和高等学校,或者统称为高等教育,既是对高校发展历史的客观表述,也是为了避免引起不必要的争议。

实际上,"干部"是外来词汇,大约 19 世纪末 20 世纪初出现在中国的语言体系中,干部先是指"机构",后演变为指"人"。1922 年中国共产党第二次全国代表大会修订的党章中就使用了"干部"一词,如"由地方执行委员会指定若干人为该机关各组之干部",各干部,每月召集全体党员或组长会议一次①。这里的"干部"特指某一组织机关的负责人。此后,逐渐以"各级干部"指代为党工作的同志,"既可指一定组织的领导者,也可指专业的、知识的、技

① 《中国共产党党章》(1922 年 7 月中国共产党第二次全国代表大会议决),见中国革命博物馆编:《中国共产党党章汇编》,人民出版社 1979 年版,第 5—7 页。

术的骨干"①。因此,将高等学校毕业生称为"干部",这是中国共产党的一贯表达方式,即高等学校毕业的学生已经取得了干部身份,不管从事什么工作都是党的干部。需要指出的是,这里的"干部"绝不仅指政治干部,更不表明这些学生是从党的干部学校毕业的。如1941年12月,中共中央政治局通过的《中共中央关于延安干部学校的决定》②,并不仅仅规范中央党校等干部学校,而是涉及延安及各抗日根据地内的所有高等学校。横向来看,当时社会主义国家苏联的高校毕业生也多被称为"专家"或"干部",而中国共产党常使用或借用苏联的一些词汇和表述方法,如"布尔什维克""苏维埃",因此,使用"干部"来指代高校的毕业生便顺理成章。笔者认为,这种称谓是特殊历史条件下的安排,并不能作为质疑学校性质的理由。延安时期高等学校的学制与国统区高校有较大差距,应该看到这是在根据地、解放区艰苦条件下办学的特殊现象,在极端困难的战争条件下,党的各条战线亟须各类人才,以较短的学制培养人才是为了适应革命形势发展的需要,节约培养成本。实际上,每当根据地、解放区相关高等学校争取到了较为有利的办学条件,学校总是积极开展办正规大学和设立较长学制的探索。总体上说,我们应以全面的、发展的、辩证的观点看待延安时期的高等教育事业,而不能陷入孤立的、片面的、细枝末节的争论当中。

(二)延安时期是高校思政课建设源头的疑问与解析

即便延安时期有高等教育,也探索出了政治理论课建设的一系列经验和规律,但延安时期是不是高校思政课建设的起源的问题,仍然存在有不同认识。有的学者认为新中国高校思想政治教育课程建设始于对苏联模式的引入,这不仅有史料支撑,而且有当事者可以证明。笔者认为,新中国高校思想

① 盖青:《1921—1949:中国共产党创建和领导的高等教育研究(上)》,广东教育出版社2012年版,第273页。

② 参见《中共中央关于延安干部学校的决定》,《解放日报》1941年12月20日。

政治教育课程建设引入苏联模式是一个重要方面,而继承新民主主义革命时期党领导的根据地、解放区的经验同样是不可或缺的另一方面。新中国成立以后,在国家政治、经济、军事等各个领域"以苏为师"的背景下,高等学校引入苏联模式是十分自然的事情。新中国成立初期,大批苏联专家来到中国高校工作,他们介绍了苏联高校发展模式,推动中国学习苏联经验发展高等教育。1952年全国高等院校院系调整,大批综合性高校被拆分、设置为专业性高校,这也是学习苏联经验的结果。在高校思想政治教育课程建设上,大量苏联专家编译苏联高校教材、讲义,移植了苏联高校思想政治教育课程建设的核心内容和经验,这些都是不争的事实。但是我们还应该看到,延安时期高等学校政治理论课建设的历史经验仍产生了巨大影响。一方面,新中国成立后在对旧高校进行改造基础上设立的思想政治教育课程,虽然在课程的理论性、系统性上大量吸收了苏联经验,但仍然没有超出延安时期所探索出的框架结构,课程设置与延安时期大致相同。另一方面,延安时期高等学校政治理论课建设的核心力量,不管是学校重要领导干部吴玉章、成仿吾等,还是骨干教师吴亮平、艾思奇、范文澜、何干之、王学文等,都是新中国成立后探索高校思想政治教育课程建设的领军人物,他们必然继承了延安时期高等学校政治理论课建设的红色基因。因此,我们可以认为,延安时期不仅是高校思政课建设的源头,而且为新中国高校思想政治教育课程建设奠定了坚实的基础,这既是本书研究和立论的基本依据,也是要重点阐释的重要问题之一。

第一章　延安时期高等学校政治理论课建设的背景条件

十月革命一声炮响,给中国送来了马克思列宁主义,以李大钊、陈独秀为代表的先进知识分子开始在中国传播马克思主义,进行思想启蒙和理论宣传。马克思主义作为科学理论,揭示了自然界和人类社会发展的普遍规律,传播马克思主义就是要构建一种新的社会意识形态,具有初步共产主义思想的先进知识分子必然要进行理论灌输和思想政治教育。在马克思主义经典作家那里,关于思想政治教育已经有了丰富的论述和实践,中国共产党成立之后,以马克思主义经典作家的思想政治教育理论为指导,将马克思主义的立场、观点、方法同中国革命实际相结合,将中华优秀传统文化中的思想政治教育资源融入其中,成为党的思想政治教育的思想文化基因和政治理论课建设的内生动力。

为了领导和推动中国革命事业发展,中国共产党在实践中将思想政治教育核心内容凝练成为政治理论课程,在工农学校、干部培训班、黄埔军校等进行课程讲授的尝试,取得了较好的政治宣传效果。尤其是土地革命时期,中国共产党独立开创了学校教育事业,干部教育、社会教育和普通教育初步发展,政治理论课作为各类学校日常教育的重要内容,在实践中得到改进和提升。此外,留苏归来的党内高级领导干部自觉借鉴苏联高校政治理论课教育模式,努力推动政治理论教学的改革和实践,逐渐让政治理论课成为中国共产党学校教育的突出特色。这些历史探索成为延安时期高等学校政治理论课建设的重要实践基础。全面抗战爆发后,中国共产党基于革命斗争需要创办了为数众多的干部学校、高等学校,作为学校思想政治教育主渠道的政治理论课迎来发展新机遇。总体上说,延安时期的高等学校政治理论课建设,既有深厚的理论基础和丰富的思想文化资源,同时也汲取了苏联模式经验和中国共产党学校教育的探索成果,是理论与实践结合、目标与需求契合的一次重大探索。

第一节　延安时期高等学校政治理论课建设的思想文化基础

思想文化属于上层建筑范畴,它既承载了思想和文化上的长期积淀,反映出社会存在对人们意识形态的决定性影响,同时也能够迸发出强大的精神动力,对社会存在产生重要指导作用。思想是行动的先导,马克思主义经典作家的思想政治教育理论、中国共产党关于思想政治教育的理论创新成果,以及中华优秀传统文化中的教化思想,共同为延安时期高等学校政治理论课建设提供了扎实的思想文化基础。在中国共产党的大力推动下,这些思想文化基因汇聚成为政治理论课创新发展的内生动力,是决定延安时期高等学校政治理论课建设发展的基本性力量,也预示着以马克思主义为根本指导的新型高等教育在中国诞生。

一、马克思主义经典作家的思想政治教育理论

马克思主义经典作家虽然没有直接使用过"思想政治教育"这一概念,但他们在革命实践和理论研究中却经常论及思想政治教育问题,这些论述涵盖思想政治教育的思路、观点、方法和意义,尤其是关于思想政治教育意义的论

述,成为马克思主义经典作家思想政治教育理论的逻辑起点。①

(一)统治阶级的思想总是占据统治地位

统治阶级的思想在任何一个时代都占据统治地位,这是马克思主义唯物史观的重要观点。这一观点不仅深刻揭示了社会存在与社会意识的辩证关系,而且也暗含着意识形态教化活动在历史上是客观存在的。马克思和恩格斯在首次系统阐述唯物史观基本原理的《德意志意识形态》一书中提出,"统治阶级的思想在每一时代都是占统治地位的思想"②。在《共产党宣言》中,马克思和恩格斯再次强调"任何一个时代的统治思想始终都不过是统治阶级的思想"③。为什么会有占统治地位的思想意识? 从根本上说是由于社会存在对社会意识的决定作用。在一定社会形态中,社会生活的物质生产方面具有决定意义,这就是所谓的"社会存在";社会生活的精神方面,包含人的心理、思想、理论等,就是所谓的"社会意识"。马克思指出:"物质生活的生产方式制约着整个社会生活、政治生活和精神生活的过程。不是人们的意识决定人们的存在,相反,是人们的社会存在决定人们的意识。"④既然社会存在对于社会意识有决定作用,那么,在一定社会形态中占统治地位的社会存在就会产生与之相对应占主导地位的社会意识。而此时,由于统治阶级在社会物质生产中占据统治地位,相对应地也会在社会意识中占据主导地位。也就是说,统治阶级因为掌握了物质生产的领导权,他们就必然掌握着精神生产的主导权。从另一方面讲,意识形态又会对社会存在产生反作用,从而影响到统治阶级的根本利益。因此,统治阶级为了维护自身的经济利益和政治利益,也要充分利用其在精神生产中的主动权,强化一种主流意识形态构建,将统治阶级的思想

①　参见刘建军:《马克思主义经典作家论思想政治教育的意义》,《西北师大学报(社会科学版)》2020 年第 1 期。
②　《马克思恩格斯文集》第 1 卷,人民出版社 2009 年版,第 550 页。
③　《马克思恩格斯文集》第 2 卷,人民出版社 2009 年版,第 51 页。
④　《马克思恩格斯文集》第 2 卷,人民出版社 2009 年版,第 591 页。

意识贯彻其中,进一步巩固了占统治地位的思想。

马克思和恩格斯关于"统治阶级的思想总是占统治地位"的论述,包含着丰富的思想政治教育意蕴。一方面,为我们分析不同历史时代和不同社会的意识形态提供了锐利思想工具。在阶级社会中,每一个时代都会存在统治阶级主导构建的意识形态体系,这种意识形态,表面上看是因为获得社会大多数人所接受而成为主流意识形态,但从根本上说,这是由于统治阶级掌握了社会物质生产的控制权,从而对意识形态产生了决定性的影响。因此,马克思主义政党在领导革命斗争中,不仅要教育无产阶级同资产阶级进行经济上的斗争,而且要进行坚决的政治斗争、思想斗争,努力摆脱资产阶级利用其意识形态对无产阶级思想上的奴役。另一方面,认识到统治阶级的思想教化是客观存在的。在任何社会,统治阶级为了维护其统治地位,都会有意识地进行政治控制和思想教化,如社会教育、道德约束和宗教控制等,从而将自己的思想上升为全社会占统治地位的思想。由于统治阶级这种思想教化是客观存在的,马克思主义政党在领导革命斗争中,要有目的地对人民群众进行思想启蒙和革命鼓动,从而将开展思想政治教育作为革命工作的重要内容。可以说,马克思和恩格斯的这一论述为开展思想政治教育提供了理论基础。

(二)没有革命的理论就不会有革命的运动

马克思主义认为,人们的社会存在对社会意识具有决定性作用,但同时,社会意识作为上层建筑又会对社会存在产生反作用,一定意义上还影响着历史的进程。恩格斯就曾指出:"我们自己创造着我们的历史,但是第一,我们是在十分确定的前提和条件下创造的。其中经济的前提和条件归根到底是决定性的。但是政治等等的前提和条件,甚至那些萦回于人们头脑中的传统,也起着一定的作用,虽然不是决定性的作用……但是第二,历史是这样创造的:最终的结果总是从许多单个的意志的相互冲突中产生出来的,而其中每一个意志,又是由于许多特殊的生活条件,才成为它所成为的那样。这样就有无数互相交错的力量,有无数个力的平行四边形,由此就产生出一个合力,即历史结果,而这个结果又可以看做一个作为整体的、不自觉地和不自主地起着作用的力量的产物。"①这就充分说明了政治思想在革命斗争中具有不可忽视的作用。此外,马克思和恩格斯在领导工人运动的实践中也发现,对于工人阶级的思想指导极为关键,没有科学的理论进行思想指导,就不能有效地组织工人进行革命斗争,"只有当工人通过组织而联合起来并获得知识的指导时,人数才能起举足轻重的作用"②。这种"知识"指导,实际上就是要用理论来武装工人的头脑,从而将理论转化为强大的物质力量。马克思还指出:"批判的武器当然不能代替武器的批判,物质力量只能用物质力量来摧毁;但是理论一经掌握群众,也会变成物质力量。"③这就是说,理论批判工作不能代替武装斗争,资产阶级的统治最终需要物质力量来摧毁,但是,先进的理论如果能够被群众所掌握,也能够产生巨大的物质力量。这就肯定了理论武装对于革命工作的重要意义,也是对思想政治教育工作价值作用的最好诠释。

列宁在领导俄国革命的过程中进一步发展了马克思和恩格斯这一观点。他说:"没有革命的理论,就不会有革命的运动","只有以先进理论为指南的党,才能实现先进战士的作用"。④ 列宁强调的理论并非抽象的革命理论,而是特指马克思主义的革命理论,这种理论是先进的、科学的、系统的理论,对于革命的指导意义十分重大。列宁专门引用了恩格斯关于理论斗争的论述,认为除了政治的、经济的两种斗争形式外,还有理论的斗争与之并列。列宁批评了俄国社会民主党在革命实践中轻视理论、贬低理论指导作用的现象,进一步明确了革命理论对于革命行动的重要意义。他认为革命理论能够为革命者提供革命信念,进而才能产生革命的行动;此外,这种先进理论能够塑造先进的

---

① 《马克思恩格斯文集》第 10 卷,人民出版社 2009 年版,第 592 页。
② 《马克思恩格斯选集》第 3 卷,人民出版社 2012 年版,第 10 页。
③ 《马克思恩格斯文集》第 1 卷,人民出版社 2009 年版,第 11 页。
④ 《列宁选集》第 1 卷,人民出版社 2012 年版,第 153、312 页。

无产阶级政党,从而实现塑造先进战士的作用。列宁的论述明确了思想政治教育工作的任务:一方面,要通过思想政治教育让革命理论为无产阶级政党和党内同志所接受,从而在理论指导下发挥党的先进性作用,领导人民群众开展坚决的革命斗争;另一方面,要通过对人民群众的思想政治教育,提升他们在革命实践中的理论修养。

(三)社会主义意识形态只能从外面灌输进去

灌输理论是确立思想政治教育地位、宗旨、目标、原则、方针、功能、任务以及内容的直接理论依据。马克思和恩格斯曾多次谈道"灌输",强调对于工人阶级进行科学社会主义意识灌输的重要性。灌输理论在马克思和恩格斯那里已经萌芽,但真正系统论述灌输理论的则是列宁,尤其是列宁在《怎么办?》一书中的论述。列宁在考察俄国工人运动时认为,从"自发的"毁坏机器到"自觉的"罢工斗争,仅仅是阶级斗争的萌芽,"这些罢工本身是工联主义的斗争,还不是社会民主主义的斗争……工人还没有意识到而且也不可能意识到他们的利益同整个现代的政治制度和社会制度的不可调和的对立,也就是说,他们还没有而且也不可能有社会民主主义的意识"[1]。列宁进一步指出,能够产生科学社会主义学说的是资产阶级中有教养的知识分子,他们(如马克思和恩格斯)是从创造的哲学理论、历史理论和经济理论中发展起来的[2]。也就是说,自发的工人运动并不能产生社会主义意识形态,社会主义意识形态也完全不依赖于工人运动的自发而增长,这种意识形态是资产阶级知识分子或者革命的社会主义知识分子思想发展的自然和必然的结果。因此,要让工人具有社会主义的意识形态,就"只能从外面灌输进去"[3]。

列宁的灌输理论包含着这样的观点:首先,工人通过自发斗争不能产生社

---

① 《列宁选集》第1卷,人民出版社2012年版,第317页。

② 参见《列宁选集》第1卷,人民出版社2012年版,第317—318页。

③ 《列宁选集》第1卷,人民出版社2012年版,第317页。

会主义意识和理论,单靠工人阶级自身的力量只能形成工联主义的意识;其次,社会主义意识形态有赖于资产阶级或者无产阶级知识分子创造而来,只有他们能够系统地阐释理论;再次,正因为社会主义意识形态产生不依赖于工人的自发斗争,因此,要引导无产阶级进行自觉阶级斗争,就需要向无产阶级灌输革命的理论。需要指出的是:列宁所指的"灌输"并不是不讲究方式的"硬灌输",而是要以通俗化的方式向革命群众宣传、讲解和阐释理论,这种灌输就是要做好理论的宣传和对群众的思想政治工作。总体上说,列宁的灌输理论为思想政治教育提供了直接理论依据,强调了思想政治教育担负着社会主义意识形态灌输的重要职责,对于革命工作具有极端重要性;同时,灌输不是填鸭式的灌输,实现灌输的效果需要思想政治工作方式方法的改进,这为领导革命的政党提出了新要求。

(四)无产阶级政党是思想政治教育的首要主体

无产阶级政党是思想政治教育的首要主体,这是由政党本身的先进性所决定的。在阶级社会中,总会有一种占主导地位的意识形态或思想体系,它反映和贯彻了统治阶级的思想,并在统治阶级的思想教化下被大多数人所接受。在社会大变革到来之前,生产关系和生产方式的变化催生新兴阶级,相应的新的思想体系必然伴随着新兴阶级的诞生而出现,新兴阶级为了实现自身利益就会自觉将代表本阶级的思想向社会大众灌输和教化,封建地主阶级、资产阶级在推动社会变革中无不注重阶级思想的灌输。马克思主义是在批判地继承德国古典哲学、英国古典政治经济学和英法空想社会主义的基础上,由马克思和恩格斯创立的崭新的无产阶级思想的科学体系。马克思主义作为新的无产阶级思想体系,想要被先进群众所接受、认同、掌握和践履,必然要伴随着理论灌输和思想教育,作为代表无产阶级先进分子的政党必然要承担起这种思想灌输和社会教化的重任。正如马克思和恩格斯在《共产党宣言》中所言:"共产党一分钟也不忽略教育工人尽可能明确地意识到资产阶级和无产阶级的敌对的对立"①。《共产党宣言》的发表标志着马克思主义的诞生。《共产党宣言》向全世界无产阶级阐释了马克思主义的基本原理,这一原理与当时占统治地位的资产阶级的意识形态是根本对立的。无产阶级政党作为无产阶级的先锋队组织,思想理论先进、组织纪律严明、代表着无产阶级的根本利益,其首要任务就是在这种对立之中不断强化马克思主义思想体系的灌输,从而为推动革命发展和社会变革提供思想武装。因此,从革命的根本任务上看,无产阶级政党应当成为思想政治教育的首要主体。

在早期无产阶级政党革命斗争实践中,如共产主义者同盟、德国社会主义工人党、俄国社会民主工党等,都自觉把理论宣传和思想灌输作为建党的主要任务,他们进行思想政治教育的经典文本正是《共产党宣言》。《共产党宣言》以通俗的语言、简短的文字阐述了一个全新的科学社会主义理论,预示着一个不可抗拒的历史潮流的到来,也为共产党人开展思想政治教育提供了新的指导思想、新的目标任务和新的斗争方式。在这篇经典文献中,马克思和恩格斯认为,共产党人(政党)不仅"不屑于隐瞒自己的观点和意图",而且要"公开宣布:他们的目的只有用暴力推翻全部现存的社会制度才能达到"②。无产阶级政党就是要以这样的使命感,向工人阶级进行思想上的教化和灌输,从而引领革命斗争的到来。列宁在领导俄国革命的实践中发展了这一思想,他在《怎么办?》一书中,将"灌输"作为无产阶级政党开展思想政治教育的本质规定。列宁引用了考茨基"十分正确而重要的话"说:"社会主义意识是一种从外面灌输到无产阶级的阶级斗争中去的东西,而不是一种从这个斗争中自发地产生出来的东西","社会民主党的任务就是把认清无产阶级的地位及其任务的这种意识灌输到无产阶级中去"。③ 列宁引用考茨基谈话的目的,就是要说明纯粹的工人运动本身并不能创造出独立的思想体系,而需要无产阶级政党在

---

① 《马克思恩格斯选集》第1卷,人民出版社2012年版,第434页。
② 《马克思恩格斯选集》第1卷,人民出版社2012年版,第435页。
③ 《列宁全集》第6卷,人民出版社1986年版,第37页。

这一过程中发挥思想灌输的作用,这就规定了无产阶级政党是思想政治教育的主体。列宁在《国家与革命》中还提出:"马克思主义教育工人的党,也就是教育无产阶级的先锋队,使它能够夺取政权并引导全体人民走向社会主义,指导并组织新制度,成为所有被剥削劳动者在不要资产阶级并反对资产阶级而建设自己社会生活的事业中的导师、领导者和领袖。"①这就是说,无产阶级政党基本的政治活动就是教育引导无产阶级,这种政治活动和思想教育是密不可分的。此外,列宁还多次使用马克思主义理论"宣传员""政治教育工作者""从事马克思主义理论工作的人"等名称来指代无产阶级政党。1920 年 7 月,列宁在领导共产国际第二次代表大会时曾起草了《加入共产国际的条件》的文件,阐述建立新型无产阶级政党的组织原则。在这一文献中将加入共产国际的条件列为 19 条,其中,第 1 条、第 4 条、第 5 条都明确要求无产阶级政党要加强宣传和鼓动。总之,马克思主义经典作家在进行革命实践和理论研究中,都十分明确地认为无产阶级政党始终是思想政治教育的主体。

(五)无产阶级革命家、政论家是有力的思想政治教育者

无产阶级革命家、政论家成为思想政治教育者,是其本身使命使然。早在 1894 年,列宁在《什么是"人民之友"以及他们是如何攻击社会民主党人?》一书中强调,"社会主义者的任务是要做无产阶级的思想领导者,领导无产阶级进行现实斗争",在这种条件下理论工作和实际工作是融合在一起的,即"研究、宣传、组织"。并强调,"不做上述理论工作,便不能当思想领导者;不根据事业的需要进行这项工作,不在工人中间宣传这个理论的成果并帮助他们组织起来,也不能当思想领导者。"②由此可以看出,一个无产阶级革命家的使命就是"研究、宣传、组织",在完成这个使命的同时才能做无产阶级的思想引领者,这种思想引领过程就是从事思想政治教育的过程。对于普通的工人阶级

---

① 《列宁专题文集·论无产阶级政党》,人民出版社 2009 年版,第 338 页。
② 《列宁全集》第 1 卷,人民出版社 1984 年版,第 262 页。

先进分子来说,他们虽然具有革命的需求、热情和动力,但是往往会受到"资产阶级思想体系的控制",这是因为"资产阶级思想体系的渊源比社会主义思想体系久远得多,它经过了更加全面的加工,它拥有的传播工具也多得不能相比"①。因此,列宁认为,在革命的道路上不可能实行"自发的运动",而是要在无产阶级革命家的思想引领下,开展主动的、积极的斗争。从这一意义上讲,无产阶级革命家、政论家作为思想政治教育者,既是自身的政治使命,更是一种革命担当。

列宁在《怎么办?》中提出:"进行最广泛的政治鼓动,以及组织全面的政治揭露,是真正的社会民主党的活动中绝对必要和极其迫切需要的任务。"②他要求社会民主党人充分认识到工人阶级对政治知识和政治教育的迫切需要,并充当"人民的代言人",向工人灌输阶级政治意识。要做到这一点,"我们应当既以理论家的身分,又以宣传员的身分,既以鼓动员的身分,又以组织者的身分'到居民的一切阶级中去'"③。在列宁看来,党的优秀干部充当思想政治教育者时,应兼具"理论家""宣传员""鼓动员""组织者"的综合素质。作为一个理论家,要求具有较高的马克思主义理论素养,不仅能用马克思主义理论武装头脑,并能够创新和发展马克思主义;作为一个宣传员,要能够自觉运用马克思主义的立场、观点和方法解释现实问题,"他应当提供'许多观念',多到只有少数人(相对地讲)才能一下子全部领会,完全领会";作为一个鼓动员,特别是能够"举出全体听众最熟悉和最明显的例子",用大家都知道的事实来传播革命思想,"竭力激起群众对这种极端不公平现象的不满和愤恨"④;作为一个组织者,要能够团结、组织和动员群众开展政治活动,为迎接革命的到来积蓄力量。这四种身份,可以看作是党员干部开展思想政治教育

---

① 《列宁专题文集·论无产阶级政党》,人民出版社 2009 年版,第 87 页。
② 《列宁全集》第 6 卷,人民出版社 1986 年版,第 75 页。
③ 《列宁全集》第 6 卷,人民出版社 1986 年版,第 79 页。
④ 《列宁全集》第 6 卷,人民出版社 1986 年版,第 64 页。

工作应具备的四种素质,无产阶级革命家要成为职业革命群体,就应该是集理论家、宣传员、鼓动员、组织者为一体的优秀分子,具备作为思想政治教育者的素质和能力。

二、中国共产党思想政治教育的理论创新成果

依据思想政治教育工作领域、教育对象的不同,中国共产党早期思想政治教育工作由三个部分构成,即军队的"政治工作",党内的"干部教育",党外群众的"宣传鼓动工作",这三者都是党的思想政治教育理论成果产生的重要支撑点。毛泽东、陈云、刘少奇关于党的干部教育的相关论述,毛泽东关于政治工作的三大原则、周恩来《抗战军队的政治工作》、谭政《关于军队政治工作问题的报告》所形成的军队政治工作理论,以及以张闻天《党的宣传鼓动工作提纲》为代表的宣传鼓动工作理论,都体现了中国共产党关于思想政治教育问题探索的理论创新成果,而就其主要内容来说,可概括为以下三个方面。

(一)精神对于物质具有反作用

开展革命工作需要发动群众,广泛发动群众则需要开展有针对性的思想政治教育,但思想政治教育的作用和地位到底如何? 这是经常困扰着思想政治教育工作者的问题。马克思主义经典作家们虽然在实践中阐释了一些思想政治教育的理论观点,但系统性、鲜明性尚有不足。例如,马克思和恩格斯非常重视社会存在对社会意识的决定作用,但对于社会意识的相对独立性和反作用则论述不多。随着革命实践发展,列宁提出"没有革命的理论,就不会有革命的运动",毛泽东认为这一论断表明,在一定条件之下"革命理论的创立和提倡就起了主要的决定的作用"[1]。毛泽东根据革命斗争实践需要,运用辩证唯物主义发展了这一理论,他说:"诚然,生产力、实践、经济基础,一般地表

---

[1] 《毛泽东选集》第一卷,人民出版社1991年版,第326页。

现为主要的决定的作用,谁不承认这一点,谁就不是唯物论者。然而,生产关系、理论、上层建筑这些方面,在一定条件之下,又转过来表现其为主要的决定的作用,这也是必须承认的。"①因此,我们"必须承认精神的东西的反作用","这不是违反唯物论,正是避免了机械唯物论,坚持了辩证唯物论"②。毛泽东的论述在哲学意义上为思想政治教育的功能进行了理论铺垫。正是因为精神对于物质具有反作用,这就需要我们发挥主观能动性去做好思想政治工作,以此来推动革命斗争。为此,毛泽东在《论持久战》中提出"一切事情是要人做的"③,"武器是战争的重要的因素,但不是决定的因素,决定的因素是人不是物"④,"如此伟大的民族革命战争,没有普遍和深入的政治动员,是不能胜利的"⑤,这一系列观点都基于精神对于物质的反作用,深刻阐释了思想政治工作是中国共产党推动革命工作的重要武器。

精神对于物质具有反作用是思想政治工作的哲学基础之一,在进行哲学阐释的基础上,毛泽东不断发展着党的思想政治教育理论。在《论联合政府》报告中,他提出:"掌握思想教育,是团结全党进行伟大政治斗争的中心环节"⑥,这就明确阐释了思想政治教育的作用和功能,为全党大力开展思想政治教育工作指明方向。新中国成立后,毛泽东进一步阐释思想政治教育理论,他在《人的正确思想是从哪里来的?》的文章中提出:"代表先进阶级的正确思想,一旦被群众掌握,就会变成改造社会、改造世界的物质力量",这就是说"物质可以变成精神,精神可以变成物质"。⑦ 毛泽东的这一论断与革命战争时期一脉相承,从根本上肯定了精神对物质的反作用。

---

① 《毛泽东选集》第一卷,人民出版社1991年版,第325页。
② 《毛泽东选集》第一卷,人民出版社1991年版,第326页。
③ 《毛泽东选集》第二卷,人民出版社1991年版,第447页。
④ 《毛泽东选集》第二卷,人民出版社1991年版,第469页。
⑤ 《毛泽东选集》第二卷,人民出版社1991年版,第480页。
⑥ 《毛泽东选集》第三卷,人民出版社1991年版,第1094页。
⑦ 《毛泽东文集》第八卷,人民出版社1999年版,第320、321页。

（二）思想政治工作是党的生命线

中国共产党成立后随即领导工农运动和投身国共合作的国民革命,在动员人民群众参与革命和在血与火的斗争实践中,共产党人充分认识到思想政治工作的极端重要性。在随后中国共产党创建人民军队并领导军队政治工作中,毛泽东、周恩来、朱德等领导人十分重视军队的思想政治教育。毛泽东在总结井冈山斗争经验时对军队政治教育给予充分肯定,他说:"经过政治教育,红军士兵都有了阶级觉悟,都有了分配土地、建立政权和武装工农等项常识,都知道是为了自己和工农阶级而作战。因此,他们能在艰苦的斗争中不出怨言。"①在古田会议上,毛泽东针对红四军内存在的各种错误思想,提出要加强军队的政治教育、思想教育和宣传工作,肃清各种非无产阶级思想,加强党领导下的军队思想政治工作。1934年2月,在中国工农红军全国政治工作会议上,朱德提出:"我们的红军从游击队到现在大规模的正规红军,这是从政治工作领导得来的","红军因为有政治工作,才能保证它为无产阶级利益而牺牲,才是英勇无敌的百战百胜的红军"。② 会议指出,加强政治工作不仅包括前方的军队,还要包括预备军和后方的军事部门,并确立了"政治工作是红军的生命线"的观点。周恩来是党内较早认识到思想政治工作重要性的领导人之一,他在领导黄埔军校的政治工作时就曾借鉴苏联创建红军的经验,强化学校的政治工作,开展了富有成效的思想政治教育活动,为中国共产党领导学校思想政治教育积累了经验。全面抗战爆发后,他结合军队政治工作的实践经验,发表《抗战军队的政治工作》一文,指出,"以革命主义为基础的革命政治工作是一切革命军队的生命线与灵魂"③。针对有人错误地认为"政治工作是空谈",周恩来驳斥道,"政治工作之变为空谈,这决不是政治工作的本身错

---

① 《毛泽东选集》第一卷,人民出版社1991年版,第64页。
② 《朱德年谱(1886—1976)(新编本)》上卷,中央文献出版社2006年版,第367页。
③ 《周恩来年谱(1898—1949)(修订本)》,中央文献出版社1998年版,第408页。

误,而是由于政治工作人员没有实行真正的革命的政治工作"①。1944 年谭政在中共中央西北局高级干部会议上作的《关于军队政治工作问题的报告》,进一步提炼了军队政治工作的经验,是对党和军队思想政治教育工作全面系统的总结,是全党集体智慧的结晶。从历史的角度来看,《关于军队政治工作问题的报告》已经超出了军队政治工作的范畴,成为中国共产党思想政治教育理论成熟的标志。②

与军队政治工作同步,中国共产党高度重视对党员干部和人民群众的思想政治教育。尤其是延安时期,毛泽东、刘少奇、陈云等发表了诸多关于干部教育的理论文章,党的干部学校大量创办,延安整风运动的深入开展,这都表明面向干部的思想政治教育得到了显著加强。此外,党中央十分重视对根据地、解放区人民群众的政治宣传和政治动员。正如毛泽东在《论持久战》中指出的,"如此伟大的民族革命战争,没有普遍和深入的政治动员,是不能胜利的"③,他还强调,政治动员不仅首先把战争的政治目的告诉军队和人民,而且要有明确的政治纲领、用好政治宣传载体、并做经常性的政治动员运动。④ 通过卓有成效的思想政治工作,中国共产党赢得了人民群众的认可和支持,使党的革命事业获得深厚的社会基础。可以说,加强思想政治工作使全党的凝聚力、战斗力得到了空前提升,"政治工作是红军的生命线"的论述在党的各条战线、各项工作中得到充分实践。在不断探索实践中,党中央逐步确立了思想政治教育在各项工作中的重要地位,"政治工作是红军的生命线"的观点,也进一步拓展成为"思想政治工作是党的生命线"的著名论断。

(三)思想政治工作与尊重群众利益相结合

做好思想政治工作要坚持什么原则? 毛泽东认为,从根本上说,要想得到

---

① 《周恩来选集》上卷,人民出版社 1980 年版,第 93 页。
② 参见王树荫:《论毛泽东思想政治教育理论成熟的标志》,《教学与研究》1996 年第 4 期。
③ 《毛泽东选集》第二卷,人民出版社 1991 年版,第 480 页。
④ 参见《毛泽东选集》第二卷,人民出版社 1991 年版,第 480—481 页。

群众的拥护就需要尊重群众的利益,因此,思想政治工作要想取得成效,必须坚持与群众利益相结合的原则。在国共第一次合作的国民革命时期,毛泽东曾参与起草过《关于宣传决议案》,其中指出:"一个政党,只宣传有利于群众的理论和主义,断不能使群众与政党在行动上采取一致的态度。所以抽象的宣传,不能造成一个群众的党。唯有从事实上表示某党对民众的工作,才能造成一个群众的党","要使民众相信本党确能为他们在实际上谋利益"。① 作为领导革命的政党,脱离群众实际的思想政治工作并不能起到作用,只有维护群众切身利益,才能调动群众的革命积极性。土地革命时期,毛泽东进一步强调关心群众生活对于思想政治工作的重要性。他说:"我们对于广大群众的切身利益问题,群众的生活问题,就一点也不能疏忽,一点也不能看轻"。"假如我们对这些问题注意了,解决了,满足了群众的需要,我们就真正成了群众生活的组织者,群众就会真正围绕在我们的周围,热烈地拥护我们"。② 相反地,如果"单单动员人民进行战争,一点别的工作也不做"③,就不可能实现宣传动员群众的效果。这就十分明确地指出,思想政治工作必须与维护群众实际利益相结合。全面抗战时期,为了动员根据地人民群众发展生产、支持抗战,毛泽东再次深刻地指出:"一切空话都是无用的,必须给人民以看得见的物质福利"。做人民的动员工作"并不是向人民要东西,而是给人民以东西",具体来说,就是"组织人民、领导人民、帮助人民发展生产","帮助人民具体地而不是讲空话地去解决这些问题"。④ 这就是说,思想政治工作不能仅靠思想动员,却不解决实际问题。而是在尊重人民群众利益的基础上,教育他们将眼前利益和长远利益统一起来,将局部利益与整体利益结合起来,引导他们在实现自身利益的同时得到思想上的教育。为此,毛泽东多次告诫党员干部,尊重

① 《毛泽东年谱(1893—1949)(修订本)》上卷,中央文献出版社 2013 年版,第 150 页。
② 《毛泽东选集》第一卷,人民出版社 1991 年版,第 136、137 页。
③ 《毛泽东选集》第一卷,人民出版社 1991 年版,第 136 页。
④ 《毛泽东文集》第二卷,人民出版社 1993 年版,第 467 页。

群众利益是思想政治工作的立足点之一,缺少了这一点,思想政治工作就会脱离群众,甚至引起群众讨厌。解放战争时期,毛泽东在论及革命统一战线中领导者与被领导者关系时再次强调:"对被领导者给以物质福利,至少不损害其利益,同时对被领导者给以政治教育"①,这就充分说明给予物质福利和思想政治教育工作是并行的关系,缺少了物质福利的保证,思想政治教育的成效就会打折扣,甚至失去效果。毛泽东关于"尊重群众利益"的系列论断,是对思想政治工作根本原则的深度概括,从本质上阐释了只有给予人民群众根本的物质利益,思想政治工作才能最终取得人民群众支持的道理。1941 年 6 月,中央宣传部《关于党的宣传鼓动工作提纲》在述及宣传鼓动工作特点时也明确指出,"我党的宣传鼓动工作就是为着全民族与全国人民的利益服务。因此,我党的宣传鼓动是能为群众所接受与拥护的"②。这就从总体上确立了思想政治工作与尊重群众利益相结合的工作原则。

在新民主主义革命时期,中国共产党在实践中形成了一系列关于思想政治教育的创新理论,除以上对于思想政治教育功能、地位、方法的理论阐释外,还有大量具有规律性的论述。比如,"解决思想问题与解决实际问题相结合","思想政治教育与业务工作相结合","思想教育与工作对象的特点相结合"等,这些论述大多是对工作实践的总结和提炼,与以上内容共同构成新民主主义革命时期党的思想政治教育理论创新成果。这些理论创新有力推动了思想政治教育工作的开展,为中国共产党统一思想、凝聚力量、赢得民心提供了保证。

三、中华优秀传统文化中的思想政治教育资源

中华传统文化源远流长、博大精深,它是中华民族 5000 多年历史长河中多元文化融合发展起来的,具有稳定形态、饱含民族特质和风貌的文化。这些

---

① 《毛泽东选集》第四卷,人民出版社 1991 年版,第 1273 页。
② 《关于党的宣传鼓动工作提纲》,《共产党人》1941 年第 19 期。

文化传统已深深镌刻在中华民族的思想意识当中，内化为全民族共同的性格和心理，并渗透到社会政治、经济、生活各个领域，成为调适人们思想、意识、行为的内生性力量。中华优秀传统文化包含着精辟的为人处世哲理，也孕育着丰富的思想政治教育资源，人民群众对于这些教育资源具有极强的认同感。延安时期，为提升思想政治教育工作的实效性，中国共产党十分重视运用中华传统文化中的积极元素开展思想政治教育。毛泽东、刘少奇、陈云等领导干部在撰写政治理论文章、讲授政治理论课程、开展日常政治教育中，就经常引用成语故事、历史典故等，为思想政治教育工作增添了历史文化厚度。笔者认为，中华优秀传统文化中的思想政治教育资源，是延安时期高等学校政治理论课建设的重要支撑，政治理论课在其浸润下散发出浓郁的中国历史气质和中国文化精神。

（一）"自强不息"的进取精神

中国传统文化中自古就有"刚健有为、自强不息"的精神传承，这既是倡导一种积极向上、奋发有为的进取精神，也是在人生态度上营造乐观主义的处世哲学。在革命战争年代，自强不息精神对于党员干部的理想信念教育十分有益，也经常被作为塑造崇高革命理想的鲜活教育资源。

自强不息精神发源于《周易》之《象传》中的"天行健，君子以自强不息；地势坤，君子以厚德载物"。这句话意思是说：上天的运行刚健有力，有理想的人也应该如上天一样力求进步，以自强不息；大地因胸怀博大而滋润万物，有理想的人也应宽厚待人，以厚德载物。这种效法天地、追求进步、生生不息、有容乃大的精神，成为中国历代仁人志士抒发积极进取情怀的思想动力。孔孟创立的儒家学派对中国文化影响深远，儒学也十分推崇自强不息精神。孔子为宣传自己的政治主张而周游列国，虽屡屡碰壁但仍然"知其不可而为之"，显示出通达乐观、志向高远的精神追求。他说："知者不惑，仁者不忧，勇者不惧"，"君子坦荡荡，小人长戚戚"，用于教导弟子树立自尊、自信、心胸开阔、积极进取的人生态度。孟子说:"万物皆备于我矣。反身而诚,乐莫大焉"。这就是说,万物的灵性我都具备了,就要反躬自问是否达到了至诚的境界,这便是人生最大的快乐。老子在《道德经》中说:"知人者智,自知者明;胜人者有力,自胜者强;知足者富,强行者有志",也是在倡导人们做事做人应坚定信念、坚持不懈。北宋政治家范仲淹的"先天下之忧而忧,后天下之乐而乐"则是古代仁人志士忧国忧民、追求进步、自强不息精神的集中写照。此外,中国古代神话典故中也包含有众多奋斗不息的故事,比如"女娲补天""神农尝草""夸父逐日""精卫填海""愚公移山"等,都展示了人们勇于实现梦想的执着精神。正是这种积极进取、以苦为乐、敢于奉献的自强不息精神,成为千百年来激励中华民族砥砺奋进的力量源泉。中国传统文化中的这种精神品质,对于革命战争年代塑造远大理想和坚定信念、树立积极进取的人生态度、营造生生不息的革命精神大有裨益,成为延安时期高校政治理论课建设的宝贵资源。

(二)"天下兴亡,匹夫有责"的家国情怀

中华民族具有强烈的家国情怀和"大一统"的精神追求,这也是中华文明能够生生不息、纵横五千年的重要依托。正所谓"位卑未敢忘忧国",国家忧患、民族存亡历来是关乎每个人价值取向的大义。抗战时期,在中华民族面临生死存亡的历史关头,"天下兴亡,匹夫有责"的家国情怀,成为激励中国军民奋起反抗日本侵略者的重要精神支柱。

实际上,中华文化的爱国主义传统源远流长,其孕育、产生、发展、变化有着深厚的政治、经济和文化土壤,因此,有学者认为爱国主义起源于自给自足的经济生产方式、家国一体的政治组织结构、修齐治平的伦理道德文化①。爱国主义的核心内涵有两个方面:一是公而忘私,舍小家为大家的家国情怀。即

---

① 参见刘水静、魏薇:《中华优秀传统文化中的爱国主义精神:起源、内涵与特征》,《学校党建与思想教育》2020 年第 17 期。

当爱国与爱家产生冲突时，爱国的义务则大于爱家、保家的义务，即"国尔忘家、公尔忘私"的家国观念。从大禹受命治理洪水，"劳身焦思，居外十三年，过家门不敢入"，到林则徐因"虎门销烟"而抒发"苟利国家生死以，岂因祸福避趋之"的爱国情怀，公而忘私成为中华民族的精神印记。对此，孔子以"志士仁人，无求生以害人，有杀身以成仁"，成"杀身成仁"之最高道德标准；孟子以"生，亦我所欲也，义，亦我所欲也；二者不可得兼，舍生而取义者也"，得"舍生取义"之敢于牺牲精神。二是守卫中华文化，抵御外敌入侵的爱国精神。"华夷之辩"是中华民族抵御外来侵略、反抗民族压迫的一面旗帜，华夏族作为中华民族的主体民族，居住中原、善事农耕，但却屡屡遭受周边游牧民族的侵扰，中华文化遭受严重破坏，引发主流知识分子对于国家、民族前途的强烈忧患意识。陆游的"位卑未敢忘忧国，事定犹须待阖棺""王师北定中原日，家祭无忘告乃翁"，文天祥的"人生自古谁无死？留取丹心照汗青"，都是士大夫阶层对于爱国主义精神的深刻阐释。明末清初大思想家顾炎武对于爱国主义精神的阐释具有开创性贡献，他在《日知录》中提出，"亡国"与"亡天下"是不同的概念，认为"保国者，其君其臣肉食者谋之；保天下者，匹夫之贱与有责焉耳矣"①。这就是说，虽然保有国家是君臣等士大夫阶层需要考虑谋划的事情，但保有天下即便是普通百姓也应担负责任，这就是振聋发聩的"天下兴亡，匹夫有责"思想。这些以天下为己任、忧国忧民的爱国主义思想深入人心、代代相传，已成为中华民族精神之精髓。

抗日战争时期，无论是公而忘私的家国情怀，还是抵御外族入侵的爱国精神，都因为革命斗争的现实需要而被大力弘扬，以"天下兴亡，匹夫有责"为核心思想的爱国主义教育和抗日政治动员成为各类学校思想政治教育的重要内容。尤其是在干部学校和高等学校，专兼职政治理论课教师在"中国革命史""形势政策"等相关教学内容中大量融入中华传统文化中的爱国主义思想元

---

① 顾炎武：《日知录》，郑若萍注释，崇文书局 2017 年版，第 75 页。

素,将优秀传统文化的深厚影响力与挽救民族危亡的紧迫性进行了最为紧密的结合,起到了良好思想政治教育效果。

(三)重视道德践履和自我修养传统

中国传统文化在道德修养上十分重视主体自觉性,这种主体自觉表现在两个方面:一是道德践履,注重在实践中培养道德情操;二是自省自律,注重反省自身不足来提升修养。在道德践履方面,中国哲学认为,人的内在精神总要外化于实践行动,进而形成人与自然、人与人之间的社会性关系,人的道德境界高低取决于修行、践行的程度①。无论儒家的孔孟仁学、程朱理学、陆王心学等,都把天道与现实生活的践履相联系,完成了形上形下的转化。孔子注重仁学,曰:"克己复礼为仁。一日克己复礼,天下归仁焉。为仁由己,而由人乎哉?"就是说,通过约束自己使言语和行动都上升到"礼"的高度,一旦做到了约束自己,天下人都会称赞你是有仁德的。孔子在这里强调的"仁",是从实践中得来的。陆九渊曾主张"宇宙便是吾心,吾心即是宇宙",王阳明主张"心即理",这些虽是典型的唯心论,但探其根源仍包含这样的思想:性是人的本然状态,性的外化即践行。在自省自律方面,儒家认为道德修养的基本方法是"自省"和"慎独"。曾子曰:"吾日三省吾身:为人谋而不忠乎? 与朋友交而不信乎? 传不习乎?"在这里,曾子用三句自问式的反省,铸就了完美的人格。在他看来,反省是一种很好的道德修养手段,由此可以找到自身不足之处,并及时地加以改正,以提升自身思想修养和道德境界。所谓"慎独",即"莫见乎隐,莫显乎微,故君子慎其独也",就是说,一个人在独处的时候更要严格要求自己,谨言慎行,不做有违道德的事情。"自省"和"慎独"作为提升个人道德素养的方法,具有广泛的教育意义,逐步演变为中华传统文化中的"省身"观,即要时时躬身反省、慎独慎微。

---

① 参见李云霞:《"实践"与"践行"——兼谈马克思主义哲学与中国哲学之比较和沟通》,《理论学刊》2003 年第 3 期。

重视道德修养的践履和自律自省精神对于提升党员干部的修养具有重要指导意义,成为延安时期干部教育的重要素材。例如,刘少奇在创作《论共产党员的修养》中,较多引用传统文化的这一精髓,他强调共产党员要躬身实践,在改造自然界、改造社会的同时改造自己,"革命者要改造和提高自己,必须参加革命的实践,绝不能离开革命的实践"①。刘少奇还强调,修养的提升并非一朝一夕之事,而是需要长期学习锻炼、循序渐进的过程,为此,他引用《论语》的"吾十有五而志于学,三十而立,四十而不惑,五十而知天命,六十而耳顺,七十而从心所欲,不逾矩",来说明这个道理。② 为了说明反省对于提升党员干部修养的重要意义,他引用曾子的"吾日三省吾身",《诗经》中的"如切如磋,如琢如磨"。③ 对中华优秀传统文化的吸收和运用,为《论共产党员的修养》这部经典著作增添了历史文化的厚重感,也为延安时期高等学校党性教育和政治理论课教学提供了鲜活教材。

延安时期,中国共产党在意识形态上对封建主义总体上持批判态度,但却以"取其精华,去其糟粕"的辩证思维,对于2000年封建社会形成的中华传统文化精华部分仍然大力弘扬。尤其是传统文化蕴含的丰富思想政治教育资源,常常能够通过理论著作、课堂教学、演讲报告方式进入高等学校政治理论课,这既是鲜活的教学案例和文化元素,也是涵养高等学校政治理论课建设的优渥养分。

第二节　延安时期高等学校政治理论课建设的实践基础

任何事物的产生、发展都离不开一定的历史条件,历史条件为事物的发

---

① 《刘少奇选集》上卷,人民出版社1981年版,第99页。
② 参见《刘少奇选集》上卷,人民出版社1981年版,第101页。
③ 参见《刘少奇选集》上卷,人民出版社1981年版,第109页。

展奠定现实基础。如果说思想文化基础主要表现为推动延安时期高等学校政治理论课建设的内生性动力,那么,历史条件则从内生性和外源性两个方面,为延安时期高校政治理论课建设提供动力和基础。从内生性动力看,中国共产党在国民革命时期和土地革命时期开展思想政治教育的实践经验,是延安时期高校政治理论课建设的基本推动力量;延安时期革命形势发展对于干部人才的迫切需求,高等教育和干部教育的创立发展,则是延安时期高等学校政治理论课建设基于客观需要的现实推动力量。从外源性动力看,作为先进经验的苏联高校政治理论课教育模式,经过中国共产党重要领导人的亲身体验,成为延安时期高等学校政治理论课建设极为重要的外部推动力量。这些历史条件共同构成延安时期高等学校思想政治工作的实践基础,一定程度上也决定了高等学校政治理论课建设的历史进程和实践特色。

一、中国共产党早期的思想政治教育实践经验

中国共产党成立后,在宣传和鼓动人民群众进行革命斗争的实践中,逐步认识到思想政治教育的重要性。国民革命时期,党积极开展军队政治工作的尝试,并通过思想政治教育培养工农运动骨干;土地革命时期,党在进一步加强军队政治工作的同时,对党员干部进行思想政治教育,为塑造坚强有力的革命队伍创造条件。在思想政治教育实践中,中国共产党积累了丰富的历史经验。例如:充分认识到思想政治工作要结合群众需求,解决实际问题;基于课程讲授的思想政治教育更加有效、更加持久,政治课程建设提上日程;学校因具有组织性、规范性特点,创办学校开展思想政治教育成为重要选择;领导干部因理论素养较高、政治上具有权威性等优势,在思想政治教育中扮演着越来越重要的角色。这些经验对于延安时期高等学校政治理论课建设产生了重要影响。

（一）思想政治教育要解决实际问题

思想政治教育不是简单地进行政治引导和理论灌输，更非不了解教育对象实际的"硬灌输"，而是要先着眼于解决受教育者面临的实际问题，在解决问题过程中进行浸润式教育。在早期思想政治教育实践中，中国共产党根据正反两方面的历史经验，进一步确立了解决实际问题的思想政治教育切入点。陈独秀、李大钊作为中国共产党创立的先驱人物，他们以《新青年》等报刊为中心，一面发表文章宣介马克思主义理论，一面与无政府主义等其他思想流派开展论战，回答了先进知识分子对于国家前途和命运的种种困惑。他们往往将理论宣传工作与思想政治教育融为一体，既能产生理论宣传的效果，也能解决受众在思想政治上的问题和困惑。1936 年 6 月，毛泽东曾向斯诺说，新民学会等"这些团体的大多数，或多或少地是在《新青年》影响之下组织起来的。《新青年》是有名的新文化运动的杂志……我非常钦佩胡适和陈独秀的文章。他们代替了已经被我抛弃的梁启超和康有为，一时成了我的楷模"①。周恩来留学日本期间，在极端苦闷中多次阅读《新青年》第三卷，他在日记中写道："把我那从前的一切谬见打退了好多"②。《新青年》宣传的新思想强烈地吸引了周恩来，"使他顿时感到眼前变得豁然开朗"③。陈独秀、李大钊不仅重视利用报刊这种先进的大众传播工具，而且十分注重以人际传播的方式，走到青年学生当中开展更为深入的宣传和教育工作。五四运动后，各地兴起的社团组织成为联系知识分子的纽带，他们积极应邀参加各类社团宣传马克思主义理论，解答学生在思想上的困惑。例如：天津觉悟社建立后的第五天，李大钊就以天津学生联合会的名义前去演讲；1920 年 8 月，李大钊多次参加觉悟社、

---

①　[美]斯诺：《西行漫记（英汉对照）》，董乐山译，外语教学与研究出版社 2005 年版，第 222 页。

②　金冲及主编：《周恩来传》，中央文献出版社 2011 年版，第 30 页。

③　金冲及主编：《周恩来传》，中央文献出版社 2011 年版，第 30 页。

少年中国学会、青年工读互助团、曙光社、人道社 5 个团体在北京陶然亭、北京大学图书馆召开的联合会议，并代表少年中国学会发表演讲。① 这就是将报刊上的思想传播与论战变为人际交流中的演讲、沟通，着眼于解决青年知识分子的各种困惑，为他们转变成为具有初步共产主义思想的知识分子进行了思想上和理论上的启蒙。

相反，不了解受教育者的实际需求，盲目进行革命宣传和动员，则往往会受到挫折。彭湃是早期农民运动领袖，1922 年 6 月，他"下决心到农村去做实际运动"，只身进入农村宣传革命，意图领导和发动农民运动。但彭湃并不了解农民的所需所盼，其文人式的着装和言行举止，让农民们认为他是来讨账的士绅，或是来收税的官吏，应酬几句便躲开了。彭湃遇到了前所未有的挫折，他在给朋友的信中说："……几乎把要到民间去的念头打销。幸而湃的决心是十二分坚决的，遂把这个形单影只的我，送到农村去作单独的奋斗。"②经过深入反思，彭湃认为广大农民因缺少组织而变得一盘散沙，致使不能够维护自己的利益，农民最需要的就是组织起来。为此，他向农民讲授团结的重要性，以"宜同心，宜协力"的口号在潮汕地区组织农会，以帮助农民解决实际问题为切入点，使思想政治教育初显成效。1924 年 8 月，彭湃在主持完第一届农民运动讲习所后，花费大量时间到广东等地农村组建农会，他一个乡一个乡、一个县一个县地发动和组织，至 1925 年 4 月，广东全省有农民协会组织 22 个，会员人数达 21 万余人③，深入农民群众的宣传鼓动工作终于打开了局面。

中国共产党对于工人的宣传动员也有着类似经历。1921 年 8 月，中国共产党在上海成立中国劳动组合书记部，作为领导全国工人运动的总机关。湖南安源路矿是萍乡煤矿和株萍铁路的合称，共有工人 1.3 万余人，是当时中国工人阶级最为集中的地方之一。12 月，中国劳动组合书记部即派毛泽东、李

---

① 参见朱文通：《李大钊年谱长编》，中国社会科学出版社 2009 年版，第 306—308 页。
② 《彭湃文集》，人民出版社 1981 年版，第 22 页。
③ 参见《工农两大会开幕志盛》，《广州民国日报》1925 年 5 月 5 日。

立三、宋友生、张理全等到安源路矿领导工人运动。① 但正面的政治宣传并不成功,一是工人的文化知识水平较差,对于革命的理解能力有限,对激烈的斗争口号有恐惧心理;二是官僚买办资本家和工头对中国共产党组织工会等活动极为惧怕,采取了敌视态度。为此,毛泽东等人以交朋友的方式与工人谈心,深入矿井工棚了解工人的痛苦和受压迫的情形,参加工人组织的工会活动。在了解到工人的文化知识薄弱时,他们创办了新兴教育机构——工人补习学校、工人夜校,在教给工人文化知识的同时,用通俗的语言向工人开展政治宣传。经过长期的政治宣传和精心准备,1922 年 9 月李立三和刘少奇领导了安源路矿工人大罢工,迫使路矿当局承认工人的各项权益,发清了拖欠工人的工资,罢工取得完全胜利。② 罢工胜利使工人深切认识到团结的重要性,大大提高了工人的阶级觉悟和组织性,万余名工人要求加入工人俱乐部,"安源工人俱乐部会员由七百人迅速发展到一万七千多人"③。关心工人的诉求、解决工人的问题,使政治宣传和鼓动工作得到工人的充分认可,思想政治教育也有了根本切入点。

经过国民革命前后开展政治宣传动员的探索,中国共产党深切明白了解决实际问题的重要性。而解决实际问题,就要先了解受教育对象的基本情况,结合不同对象的实际情况开展思想政治教育。中国共产党在黄埔军校开展思想政治工作时,恽代英、萧楚女等就根据学生提出的问题,汇编成长达 10 万言的《政治问答集》,提出"针对不同对象采取不同的宣传方法,要按照他们生活上的要求,用他本身日常生活中的材料去宣传"。还形象地以打比方解释"不仅知道枪要怎么放,而且知道枪要向什么人放"。④ 毛泽东在《古田会议决议》中提出,红军上政治课,要分为普通、特别、干部三种类型的班,即为一般

---

① 参见《毛泽东年谱(1893—1949)(修订本)》上卷,中央文献出版社 2013 年版,第 89 页。
② 参见《刘少奇年谱(1898—1969)》上卷,中央文献出版社 1996 年版,第 24—25 页。
③ 《毛泽东年谱(1893—1949)(修订本)》上卷,中央文献出版社 2013 年版,第 99 页。
④ 龚海泉等:《党的思想政治教育史》,高等教育出版社 1993 年版,第 53—54 页。

兵士讲授初步政治常识的普通班；造就较高一级政治常识人才，以备将来升当下级干部之用的特别班；提高现任下级干部的政治水平线，以备将来能充当中级干部的干部班。① 这些都是对"思想政治教育要解决实际问题"这一经验的灵活运用。此外，解决实际问题一定程度上也意味着，要给予受教育者以物质利益，毛泽东曾多次阐释这一观点，最终形成"思想政治工作要尊重群众的利益"的著名论断。

（二）将政治课程作为思想政治教育的重要渠道

课程教学可以增强理论宣传和政治教育的深度，能够对受教育者产生持久的影响，较一般的宣传鼓动更有效果。中国共产党在总结政治宣传工作经验的基础上，较早开始了以课程教学方式推动思想政治教育的实践，并在实际中不断推进，取得较好的思想政治教育效果。李大钊是较早利用课程教学开展思想政治教育的领导干部，他曾在北京大学开设"唯物史观研究""社会主义与社会运动""社会主义"等课程，并在北京高师、女子高师、朝阳大学等高校兼课，通过课堂教学向青年宣传马克思主义②。开设相关课程能够分类别、分专题、持续性地开展理论宣传和教育活动，能够强化思想政治教育工作的效果。中国共产党成立后，分门别类地为受教育者开设相关课程的实践得到发展。周恩来领导黄埔军校政治工作时，就十分重视为学员开设系统的政治课程。面对军校原有政治课比重小、内容单薄的现状，周恩来说服蒋介石增加新的政治课，包括"社会主义发展史""帝国主义侵略中国史""各国革命史""中国民族革命问题""工人运动""农民运动"等③。在周恩来影响下，黄埔军校的政工人员大多由共产党员担任，包惠僧、熊雄、鲁易等先后担任过政治部负

---

① 参见《毛泽东文集》第一卷，人民出版社 1993 年版，第 103—104 页。
② 参见《李大钊年谱》，甘肃人民出版社 1984 年版，第 116 页。
③ 参见陈答才：《周恩来与黄埔军校的政治工作》，《陕西师范大学学报（哲学社会科学版）》1997 年第 3 期。

责人,恽代英、萧楚女、聂荣臻等人先后担任过政治教官,向学生讲授政治课成为常态。在工农干部培训班,各类课程的开设也十分广泛。1924 年 7 月到 1926 年 9 月,彭湃、罗绮园、阮啸仙、谭植棠、毛泽东等先后在广州主持了 6 届农民运动讲习所,其间就十分重视课程建设,使农讲所的政治教育更加丰富、更符合革命需要。罗绮园曾撰文介绍讲习所的科目(类似于课程,笔者注)安排:1.“本党主义者”,包括三民主义、五权宪法、国民党党纲及宣言;2.“中国国民革命之基础知识者”,包括帝国主义侵略史、中国民族革命史、各国革命史、社会学、政治经济学、各国政党状况、法律常识等;3.“农民运动之理论及其实施方略者”,包括农民运动理论、世界农运史、农民运动现状及趋势、农村教育等;4.“实习宣传训练者”;5.“军事训练”;6.“农民运动见习”等。[①] 这些教学内容安排已具有课程的雏形,其经验被后来的工农运动培训班所效仿。1927 年 3 月,毛泽东在武汉主持中央农民运动讲习所,已开设有“帝国主义与中国”“社会进化史”“中国民族革命运动史”“各国革命史略”“中国政治经济状况”“中国农民运动及其趋势”等 20 余门课程。[②] 共产党员恽代英、彭湃、方志敏、周以栗、夏明翰、陈荫林等均在这里讲过课。[③] 再如,1927 年 1 月在武汉举办的工人运动讲习所速成班上,虽然培训时间仅有 4 天,但培训也是以课程方式进行的,刘少奇讲授“工会组织工作”和“工会经济问题”,李立三讲授“劳动运动史”,陈潭秋讲授“中国民族运动史”,董必武讲授“国民党农工政策”,李汉俊讲授“三民主义”。[④] 中国共产党在各类工农培训班开设课程,并邀请国内知名理论专家授课,为党创办学校政治理论课积累了实践经验。

　　土地革命时期,中国共产党在艰苦的斗争环境中创办了各类学校教育,以政治课程为渠道的思想政治教育探索进一步得到强化。如在苏区中央局创办

---

① 郭德宏编著:《彭湃年谱》,中共中央党校出版社 2007 年版,第 197—198 页。
② 参见方向阳:《中央农民运动讲习所史料剪辑》,《理论战线》1959 年第 11 期。
③ 参见武昌农讲所纪念馆、武汉大学历史系:《毛泽东同志主办的中央农民运动讲习所》,《历史研究》1977 年第 5 期。
④ 参见《刘少奇年谱(1898—1969)》上卷,中央文献出版社 1996 年版,第 61 页。

的马克思共产主义学校,已开设有"马克思主义基本原理""党的建设""苏维埃建设""自然科学建设""地理历史知识"等课程①,较国民革命时期更加规范。在沈泽民苏维埃大学,张闻天强调指出"以马克思列宁主义的实际课程教育学生"②,同样强调课程教育的重要性。在红军大学③,"马克思主义政治经济学""党的建设""中国革命的基本问题""社会发展史""中国革命史""红军政治工作"等,都是日常开设的政治课程。总体来说,从创党先驱者李大钊在北京大学开设课程宣传马克思主义开始,中国共产党在面向不同群体的思想政治教育实践中,都坚持把讲授课程作为强化思想政治教育的重要方式。这一时期,在课程设置上,从"多而不精"逐步向系统化发展;在课程内容上,也注重将较为成熟的报告、讲义拓展为规范的教材。这充分表明,政治课程已成为党开展思想政治教育的重要渠道。

(三)将学校作为思想政治教育的重要阵地

开设政治课程能否取得预期政治教育效果,创造与之相适应的良好教学环境是关键因素,而创办学校无疑是优化教学环境的重要选择。党在各类工农运动培训班上虽然开设了政治课程,但这些所谓"课程"内容简单、系统性较弱、稳定性较差,更像是分专题的讲座或演讲,并且会随着课程主讲者的不同而出现较大区别,这不利于提升思想政治教育的效果。而学校作为当时新兴的教育机构,具有组织性、规范性特点,有利于将课程教学的成果进行积累和改进,从而形成较为规范的课程讲授内容;有利于稳定师资队伍,通过设立

---

① 参见《张闻天年谱(1900—1941)(修订本)》,中共党史出版社 2010 年版,第 139—140 页。

② 《国立沈泽民苏维埃大学开学志盛》,《红色中华》1934 年 4 月 3 日。

③ 据卢庆洪、卢秀芹《人民军队历史上的红军大学》(《党史博采》2009 年第 8 期)考证,在中国共产党的历史上曾经有四次成立红军大学,分别是中央苏区红军大学(1933 年 10 月—1934 年 10 月)、川陕苏区红军大学(1934 年 12 月—1935 年 3 月)、长征途中的红军大学(1935 年 8 月—1936 年 12 月)、陕北苏区红军大学(1936 年 2 月—1937 年 1 月)。本书在此不作区分,泛指这些学校。

专职教师以传承课程教学的各种经验;也有利于加强对受训学员的管理,为思想政治教育创造良好政治氛围。周恩来在黄埔军校的教育实践充分说明了这一点。1924年11月,周恩来正式就任黄埔军校政治部主任,而在他之前担任这一职务者都没有打开工作局面。周恩来到任后,对学校的政治工作进行了全方位改进,他主持制定士兵政治训练计划,举行学生政治讨论,出刊物、办墙报、教歌曲,编制《政治问答集》。① 此外,他推动开设丰富多彩的政治课程,选派优秀共产党员加强日常政治教育和政治动员。通过一系列努力使黄埔军校的政治工作大有改进,军校毕业生政治素养大大提升,呈现出与旧军队截然不同的革命气质。周恩来领导黄埔军校政治工作的成功经验为中国共产党提供了重要参考,党中央开始重视创办学校,并把学校作为加强党员干部思想政治教育的重要场所。

土地革命时期,党在创办人民军队过程中多次强化军队政治工作,并尝试创办随军学校,努力培养军事政治人才。当革命形势稍有好转时,党中央就积极谋划在根据地创办培养党、政、军人才的各类学校。1933年3月,苏区中央局创办的马克思共产主义学校在瑞金洋溪成立,主要培养党的高级政治人才。同年9月,苏维埃大学在瑞金沙洲坝创办,主要培养苏维埃工作干部。11月,中国工农红军大学在瑞金创办,主要培养高级军事政治人才。与中央苏区同步,其他革命根据地也积极创办共产主义学校、苏维埃大学和红军大学等。这些学校都将马列主义政治课作为主要教学内容,对苏区党员干部进行思想政治教育和培训,从而强化了学校在党的思想政治教育工作中的重要地位。实际上,正是因为有了诸多培养党、政、军人才的学校,党的思想政治教育工作才得以深入开展。首先,通过学校课程教学,参训学员能够在一段时期内比较系统地学习马列主义政治理论和其他知识,大大加强了思想政治教育的深度;其次,通过对各地选派的学员进行集中培训和轮训,为各根据地播撒了思想的种

---

① 参见《周恩来年谱(1898—1949)(修订本)》,中央文献出版社1998年版,第70页。

子,参训学员将学到的理论知识和方针政策传递给各地区广大党员干部,使思想政治教育扩大了覆盖面;最后,由于学校教学组织功能发挥了作用,教学活动的规范性、传承性得到加强,师资队伍建设、课程建设、教材建设得以提上日程。总体上说,学校的创建增强了思想政治教育的深度和广度,使思想政治工作有了重要依托,工作成效显著提升,因此,学校也逐渐成为党开展思想政治教育的主阵地。正是基于这一经验,延安时期中国共产党在陕甘宁边区和各根据地、解放区大量创办干部学校和高等学校,使各类学校在思想政治教育中充当了主阵地和风向标的角色。

(四)领导干部积极参与讲授政治理论课工作

早期党的重要领导人都有参加政治理论授课的经历,这既是对马克思主义经典作家优良传统的继承,也是领导中国革命的现实需要。作为领导干部,其自身具备较高的政治理论素养和良好的组织领导能力,这是他们开展政治宣传和鼓动的重要优势。正如列宁所说,党的优秀干部应当以"理论家""宣传员""鼓动员""组织者"的身份投身革命工作一线。国民革命时期,中共许多领导干部面向群众开展宣传、鼓动和组织工作,取得显著成就。农民运动领袖彭湃、毛泽东深入群众开展政治宣传和动员,并结合革命动员的工作经验,将农民运动的各种问题研究上升到理论高度,形成一系列理论文章和教学案例,不仅使自身成长为农民运动的理论家,而且也通过授课培养了一批农民运动骨干。刘少奇根据领导工人运动的经验,撰写了大量相关理论文章,并时常将这些理论研究成果运用于课堂讲授。周恩来在黄埔军校亲临一线主持政治工作,结合工作实践撰写并出版《政治工作须知》①,对军队政治教育产生了深远影响。这一著作也由此成为革命军队政治工作的鲜活教材。以这些领导干部为代表,国民革命时期大批领导干部参与了政治宣传和理论授课活动,他们

---

① 参见《周恩来年谱(1898—1949)(修订本)》,中央文献出版社1998年版,第79页。

以理论与实践相结合的方式进行授课,大大提升了思想政治教育的成效。

土地革命时期,党的思想政治教育工作进入学校教育阶段,更多领导干部参与讲授政治课活动。在党创办的各类学校,中央领导同志经常抽出时间为学生授课,传授马列主义基本理论,宣讲党的方针政策,介绍革命斗争形势。如 1933 年 8 月,中华苏维埃共和国临时中央政府创办苏维埃大学,由毛泽东担任校长,苏维埃大学在瑞金沙洲坝开学后,他经常到校为学员讲课。① 1933 年初,苏区中央局在瑞金洋溪创办马克思共产主义学校,张闻天亲自兼任校长。他不仅多次到学校演讲,还主讲"中国革命基本问题"课程,讲稿在 1934 年 1 月出版 8 万字的著作——《中国革命基本问题》,该书成为学校的重要教材。② 再如,1933 年 5 月至 7 月,刘少奇在马克思共产主义学校讲授"职工运动史",共讲课 12 次,解答问题 2 次。③ 这一时期,党中央重要领导干部朱德、陈云、博古、项英等都曾亲自授课,一些领导干部如林彪、聂荣臻、何长工等,也曾为学校讲授过政治课。在他们的带领下,各根据地党政军领导也到学校讲授课程。笔者认为,领导干部讲授政治课具有天然优势,他们不仅具有政治身份上的权威性,而且理论政策水平较高、实际工作经验丰富,能够将理论政策与实际问题相结合,提升了课程教授的针对性、实效性。因此,经过国民革命和土地革命时期的探索,领导干部讲授政治课逐渐成为提升学校思想政治教育成效的重要方式,这为延安时期大批领导干部投身政治理论课教学提供了实践体验和经验积累。

二、延安时期对干部人才的迫切需求与干部教育发展

1935 年 10 月中共中央到达陕北后,中国革命形势正处于重大转折的前

---

① 参见《毛泽东年谱(1893—1949)(修订本)》上卷,中央文献出版社 2013 年版,第 408—411 页。

② 参见《张闻天年谱(1900—1941)(修订本)》,中共党史出版社 2010 年版,第 153—154 页。

③ 参见《刘少奇年谱(1898—1969)》上卷,中央文献出版社 1996 年版,第 127—128 页。

夜,一方面,中国共产党经过长征的艰苦斗争在陕北找到落脚点,中国革命大本营奠基西北,即将开创新局面;另一方面,华北事变后,中日民族矛盾加剧,全国各阶层人民掀起抗日救亡高潮,建立抗日民族统一战线有了可能。基于斗争形势的变化,1935 年底在瓦窑堡召开的中共中央政治局扩大会议,确立了建立抗日民族统一战线的政治路线。"政治路线确定之后,干部就是决定的因素"①,中共中央随即开始了干部的培养和轮训工作,努力为实施这一政治路线培养具有一定政治觉悟和理论素养的干部人才。党中央随即着手恢复中共中央党校,创办陕北苏区红军大学,陕北的干部教育和干部轮训拉开帷幕。此后不久,中共北方局、华中局、西北局也相继成立了党校,以培养党内高级干部,党的干部教育被紧迫地提上了日程。

随着日本帝国主义侵略的加剧,西安事变和平解决和国民党五届三中全会后,抗日民族统一战线初步建立。1937 年 5 月 8 日,毛泽东在延安召开的中国共产党全国代表大会上发表《为争取千百万群众进入抗日民族统一战线而斗争》的讲话,对于干部问题,他指出:"指导伟大的革命,要有伟大的党,要有许多最好的干部。"并强调:"还要作为一种任务,在全党和全国发现许多新的干部和领袖。我们的革命依靠干部,正像斯大林所说的话:'干部决定一切'"。② 这一时期,党的干部教育和干部轮训最重要的一个目的,就是大量培养迫切需要的抗战人才。实际上,党中央早已高度重视这项工作,早在 1936 年 6 月 1 日,中国人民抗日红军大学在瓦窑堡举行开学典礼,毛泽东、周恩来、张闻天等中央领导同志出席并讲话。抗大一期学员分为 3 个科 9 个队,有学员 1063 人。③ 其中,一期一科有 38 名学员,都是红军军级干部和部分师级干部。抗大教育的主要目标是提升他们的军事理论和政治素养,以迎接全面抗战的到来。毛泽东曾为抗大一期一科学员讲授"中国革命战争的战略问题",

---

① 《毛泽东选集》第二卷,人民出版社 1991 年版,第 526 页。
② 《毛泽东选集》第一卷,人民出版社 1991 年版,第 277 页。
③ 参见武继忠等:《延安抗大》,文物出版社 1985 年版,第 2 页。

历时两个月之久。① 抗大前三期主要是轮训红军的中高级干部,第四期、第五期才面向社会招生。

全面抗战爆发后,党的各条战线需要大量优秀干部,创建更多干部学校培养抗战所需人才极为迫切。尤其是党领导的八路军、新四军挺进敌后建立抗日根据地,为动员民众参加抗战、扩大抗日力量,需要大批干部深入群众做政治动员工作。到 1940 年,中国共产党领导的各抗日根据地干部学校(包括高等学校)发展到 60 余所。专门培养政治干部的学校,如中央直属的干部学校有中央党校、马列学院等;隶属于陕甘宁边区的有中共西北局党校、行政学院等;在华北抗日根据地主要有华北联合大学、抗日军政大学第二分校;晋绥边区有军政干部学校等;华中抗日根据地则有华中局党校、华东局党校等。其中,以中央党校和马列学院担负的干部培训工作最为重要。

中央党校发源于在江西瑞金创办的马克思共产主义学校,它是中国共产党创办的第一所高级党校,长征期间停办,1935 年 11 月在陕北瓦窑堡复校,更名为中央党校,董必武任校长。1936 年 7 月中央党校迁入陕北保安县(今志丹县)办学,西安事变后迁入延安办学,李维汉接任校长。此后,中央党校一直在延安办学,直到 1947 年 3 月中共中央撤离延安,中央党校的工作才停止。中央党校在陕北办学期间培养了大批干部,到 1941 年底以前,主要轮训区、县干部和青年知识分子,共毕业学生 3000 多人,有力支援了抗战。② 1941 年 12 月,《中共中央关于延安干部学校的决定》规定“中央党校为培养地委以上及团级以上具有相当独立工作能力的党的实际工作干部及军队政治工作干部的高级与中级学校”,并明确“中央党校直属中央党校管理委员会”③。此后,中央党校多次进行改组、合并,规模不断扩大,发展十分迅速。到 1944 年 10 月,中央党校设有六个部,学生规模发展到 3000 多人,聚集了大批党的高、

① 参见《毛泽东年谱(1893—1949)(修订本)》上卷,中央文献出版社 2013 年版,第 603 页。
② 参见李忠全、宋易风:《延安时期的中央党校》,《理论导刊》1981 年第 7 期。
③ 《中共中央关于延安干部学校的决定》,《解放日报》1941 年 12 月 20 日。

中级干部。据统计,党的七大正式代表544人,候补代表208人,共752人,而来自中央党校的代表就有401人,占七大代表的53%。① 可见,当时的中央党校在党内干部培养中所处的地位。延安时期,中央党校开展干部教育时间最长、影响最广,中央领导同志毛泽东、朱德、刘少奇、周恩来等都曾在该校长期授课或作演讲、报告。

随着抗日战争斗争形势发展,全党同志越来越认识到掌握马克思列宁主义理论的重要性,正如毛泽东所说:"我们的任务,是领导一个几万万人口的大民族,进行空前的伟大的斗争。所以,普遍地深入地研究马克思列宁主义的理论的任务,对于我们,是一个亟待解决并须着重地致力才能解决的大问题。"② 而马列学院正是定位于一所专门研究马列主义理论,着力培养高级政治理论人才的学校,被公认为是延安最高学府。1938年春,马克思列宁学院(简称马列学院)在延安创办,中共中央负责人张闻天担任院长,他亲自领导、精心筹划,对调派干部、制定教学计划、邀请教员都直接过问,甚至还对应考青年进行口试,决定是否录取。③ 马列学院对招收学员的条件要求很高,入校后以理论学习和研究为主,属于精英型教育。正如毛泽东所说,"马列学院必须党员并须学养较高者才能进去"④。学校"开办三年,招生共五届,先后毕业学员达八九百人"⑤,学员结构主要是青年知识分子和参加革命战争多年的老干部、老党员。马列学院规模不大,但在教学安排和教员选派上却是一流的,一些国内理论界的知名人士成为学校的教员。如副院长王学文讲授"政治经济学",吴亮平讲授"马列主义基本问题",艾思奇讲授"哲学",杨松讲授"中国现代革命运动史",陈昌浩讲授"西洋革命史",康生讲授"党的建设"的党建

---

① 参见陈模:《我所知道的延安中央党校》,《中共党史资料》2008年第2期。
② 《毛泽东选集》第二卷,人民出版社1991年版,第533页。
③ 参见程中原:《张闻天传》,当代中国出版社2016年版,第275页。
④ 《毛泽东书信选集》,人民出版社1983年版,第130—131页。
⑤ 《张闻天年谱(1900—1976)(修订本)》,中共党史出版社2010年版,第391页。

理论部分,党建基本问题部分则由刘少奇、陈云、李富春等作专题报告。① 毛泽东、朱德、周恩来、彭德怀、彭真、董必武等党的高级领导也时常为学员授课。可以说,马列学院在延安的干部培训和干部教育中居于领头羊的地位,直接促进了党的高级干部研修马列理论传统的形成,也开启了中国共产党从事中国化马克思主义理论研究的先河。

三、延安时期高等教育的创立和发展

延安时期干部教育的深入发展推动了高等教育的创立。抗大作为较早开展干部教育的学校,从第二期开始面向社会招生,第三期开始大量招收革命知识青年,到第四期则是空前发展的一期,学生总数达到 5562 人,学生被编为 8 个大队。② 在办学过程中,抗大的学员主体发生了变化,由主要招收党的中高级军事指挥员逐渐变为招收来自全国各地的抗日青年,抗大干部教育的性质也随之发生变化,从而兼具高等军事院校的属性。与此同时,在全民族抗日怒火高涨的背景下,一批批有志青年选择"到陕北去,到延安去",党中央为了把他们培养成为抗日民族统一战线的政治人才,决定成立陕北公学。此后,为了培养服务抗日战争的文艺工作者,党中央在延安成立了鲁迅艺术文学院;为了培养妇女工作干部,党中央在延安成立中国女子大学。随后,青训班(泽东干部学校)、行政学院、延安大学、医科大学、自然科学院、民族学院等,以及华北根据地的华北联合大学、华北大学等学校相继成立,中国共产党高等教育事业初步创立并发展。在这些高等学校中,陕北公学和之后组建的延安大学是延安时期的典型代表,担负起了探索中国共产党高等教育办学道路的重任。

陕北公学是与抗大齐名的高等学校,但在办学定位上与抗大有明确的分

---

① 参见程中原:《张闻天传》,当代中国出版社 2016 年版,第 276 页。
② 参见武继忠等:《延安抗大》,文物出版社 1985 年版,第 6—7 页。

工。抗大主要培养军事干部,教学计划安排原则是七分军事、三分政治;陕北公学主要培养政治干部,教学计划安排原则是七分政治、三分军事。1937年11月1日,陕北公学在延安举行开学典礼,毛泽东出席典礼并分析了中国的抗战形势,阐明陕北公学培养政治人才的重要意义。他鼓励学员不要以现在的局面而悲观,"坚决打到底,一直打到最后一个人一根枪还要再打,这就是共产党'为保卫祖国流最后一滴血'的意思"①。会场上挤满了包括各机关人员和学员在内的500余人,学员中不仅有北方人,而且有南方的云南省人,甚至还有暹罗国人②,这足以说明初创时期陕北公学在全国的影响力。陕北公学校长成仿吾回忆说,"原来我们准备办五个系,即社会学系、师范系、国防工程系、日本研究系和医学系"③,但由于抗日战争形势的发展,迫切需要培养大批干部到各个战场去,发动千百万人民群众参加抗日。因此,学校只能压缩学习时间,改为短期训练班性质,目的是把青年培养成为有一定政治觉悟和初步军事知识,有独立进行群众工作、政治工作能力的抗战建国干部。

随着抗日战争进入相持阶段,国内政治形势发生了变化。1939年1月,国民党五届五中全会召开,国民党从积极抗战转为"消极抗战"并推行"溶共""防共"和"限共"的方针,国民党军队向共产党领导的八路军、新四军挑起军事摩擦,国民党顽固派胡宗南调集部队对陕甘宁边区采取围堵政策,这使陕甘宁边区陷入了经济困难。一方面,从1937年到1939年,陕甘宁边区每年的外来援助占到财政支出的50%—85%④,而国民党围堵造成边区外援断绝,延安军民的经济生活陷入了困境;另一方面,为应对国民党的反共摩擦和重兵包围,中共中央被迫从前线陆续调回军队戍卫边区,致使党政军脱产人员从

---

① 《毛泽东文集》第二卷,人民出版社1993年版,第63页。
② 参见《陕北公学举行开学典礼》,《新中华报》1937年11月4日。
③ 成仿吾:《战火中的大学:从陕北公学到人民大学的回顾》,人民出版社2014年版,第25页。
④ 参见黄正林:《陕甘宁边区社会经济史(1937—1945)》,人民出版社2006年版,第82页。

1937 年边区成立时的 14000 人,迅速上升到 1939 年的 49000 人,支出随之大幅增加①,而人员增加又造成经济困难的加剧。国民党的围堵政策和陕甘宁边区经济困难对党的高等教育发展产生了深刻影响。首先,由于国民党封锁,国统区抗日青年前往陕北的道路被切断,延安地区高等学校的生源持续减少;其次,华北根据地抗日青年进入延安的路途遥远,学习培训后还要跨越敌人的封锁线才能到达敌后抗日根据地,这对于人才培养不甚便利;再次,由于经济困难,高等学校的教学行政人员也被组织起来开展生产劳动,参加劳动锻炼推动了教员注重联系实际开展教学;最后,由于要深入推进大生产运动,中央开始认识到技术人才培养的重要性,此前高等学校人才培养中政治教育压倒一切的做法得到丰富补充。

在这样的背景下,延安地区高等学校呈现出新变化。一是高等学校合并和正规化发展。最具代表性的是 1941 年陕北公学、中国女子大学、泽东干部学校合并成立了延安大学,这被认为是延安时期第一所具有现代大学雏形的高等学校。二是到各抗日根据地办学。如 1938 年底到 1939 年初,抗大开始在敌后建立了第一、第二分校,到 1945 年共办有 12 个分校。与此同时,为应对国民党军对陕北公学的封锁,就近为华北地区培养革命人才,中央决定陕北公学、鲁迅艺术学院、安吴堡战时青训班、延安工人学校的一部合并成立华北联合大学,到达晋察冀边区办学。三是培养技术人才的学校创建,代表性院校如延安自然科学院。1940 年 1 月,延安自然科学研究院改为延安自然科学院,目的在于服务陕甘宁边区经济建设的需要,为根据地和新中国培养科学技术干部。

抗日战争胜利前后,中国共产党领导的抗日根据地取得快速发展,为进一步巩固根据地并迎接革命胜利的到来,党在华中、华北、山东和东北根据地新设立一批军政大学,这些学校在抗战结束后逐步发展成为高等学校。与此同

---

①　参见李维汉:《回忆与研究(下)》,中共党史资料出版社 1986 年版,第 500—501 页。

时,根据党中央部署,延安地区高校在抗战胜利之后分批次赴华北、东北办学,使党的高等教育事业在解放区得到更大范围的发展。解放区高等教育的蓬勃发展,既拓宽了高校政治理论课建设的新场域,也促使高校在多样化办学环境中对政治理论课进行灵活探索,从而在实践中强化了对政治理论课建设规律的认识。

四、苏联高校思想政治教育模式的影响

延安时期,中国共产党高等学校政治理论课建设是否借鉴了苏联高校经验?或者说,苏联高校思想政治教育模式是否影响了延安时期的高等学校政治理论课建设?回答这一问题需要辩证来看。首先,从必要性上看,中国共产党要构建的意识形态与苏联已经存在的社会主义意识形态具有高度一致性,而高校政治理论课又是意识形态建设的主渠道。所以,从意识形态构建角度说,苏联高校相关经验对延安时期的高校具有直接借鉴意义。这既是客观存在的事实,也是党领导高等学校政治理论课建设的主观愿望。其次,从可能性上看,在共产国际和联共(布)的支持下,中国共产党大批高级干部具有在苏联留学和工作的经历,他们受到苏联高校(政治大学)政治理论课的耳濡目染,这种政治上和教学上的影响力必然会被带入延安时期高等学校政治理论课的实践。再次,从直接或间接的史实看,延安时期有不少"留苏"干部直接参与高等学校政治理论课教学活动,党在干部学校和高等学校也推动《联共(布)党史简明教程》的学习等,这都与苏联高校政治理论课有着密切的关联。据此,笔者认为,延安时期借鉴苏联高校政治理论课程是存在的,但这种借鉴是局部的、间接的,也具有一定历史局限性。主要原因在于:一方面,新民主主义革命时期中国共产党的中心工作是动员人民群众、发展壮大革命力量,完成反帝反封建的根本任务,高等学校政治理论课建设尚不是党中央亟须解决的事项;另一方面,延安时期尚不具备新中国成立后全面"以苏为师"的政治环境,党中央很难有全面学习苏联高校政治理论课程模式的整体规划和具体举

措。总体上说,延安时期的高等学校政治理论课建设,固然没有出现新中国成立初期全面学习苏联模式的盛况,但仍然间接地、局部地受到了苏联高校政治理论课教育模式的影响。

(一)莫斯科东方大学、中山大学政治理论课程模式的影响

莫斯科东方大学、中山大学是苏联政府主导创办的干部学校,两所学校为中国革命培养了大批高级干部,他们在早期中国共产党内形成了著名的"留苏派"。这些高级干部在两所学校求学和工作期间,大量学习马列主义相关课程,不仅提升了自身的政治理论修养,而且对苏联马列主义课程设置情况、教学内容、教学方法了然于心。土地革命时期,以张闻天为代表的"留苏派"即开始借鉴苏联经验,为中国共产党创办了"马克思共产主义大学""苏维埃大学"等培养党政干部的学校。随着延安时期干部学校、高等学校的大量创办,更多"留苏派"干部参与学校教学活动,对于莫斯科东方大学、中山大学政治理论课模式的借鉴就更为普遍。那么东方大学和中山大学是什么样的大学呢?其政治理论课教学又有哪些特点?

1920年9月,共产国际东方各民族代表大会在俄国巴库召开,会上提出要开办"东方劳动者共产主义大学",专门为东方各国培养干部,以增强各国民族民主革命的力量。[①] 次年2月,俄共(布)中央决定成立东方劳动者共产主义大学,简称东方大学。学校设立国内部和外国部,其中,外国部设有中国班、日本班、印尼班、伊朗班、土耳其班、蒙古班、朝鲜班等。[②] 1921年8月,首批到达苏联的任弼时、刘少奇、彭述之、罗亦农、肖劲光等10余人进入东方大学学习。[③] 东

---

① 参见黄修荣:《共产国际与中国革命关系史(上)》,中共中央党校出版社1989年版,第63—64页。

② 参见中国革命博物馆党史研究室编:《党史研究资料:第3集》,四川人民出版社1982年版,第331页。

③ 参见《任弼时年谱(1904—1950)》,中央文献出版社2014年版,第21—22页。

方大学开设的课程①在不同时期虽有所变化,但主要课程包括"马列主义经典著作""政治经济学""国际工人运动史""哲学""列宁主义理论""联共(布)党史",以及相关国家的革命运动史等,其中,"联共(布)党史""列宁主义理论"是最重要的课程。3 年后,东方大学的规模已仅次于当时苏俄最大的政治大学——斯维尔德洛夫大学,中国班学员已达到 100 多人。②

　　随着国共合作的国民革命的到来,俄共(布)中央提议创办另一所政治大学——莫斯科中山大学,为国共两党培养革命人才。学者徐元宫、张治银通过史料考证,认为创办莫斯科中山大学由苏联方面具体实施,办学经费也由苏联承担,国共两党主要负责选派学生,学校规模设置在 500 人左右,两党选派学生大致各占一半。③ 中国共产党首批选派学生 103 人到中山大学学习,包括中国共产党党员 24 名,中国共产主义青年团团员 67 名,中国共产党党员兼中国共产主义青年团团员 12 名④,后来成长为党中央领导和高级理论干部的张闻天、王稼祥、吴亮平等都名列其中。学校除开设语言类课程外,主要是政治理论课程,马列主义基本理论课主要包括"政治经济学""列宁主义""哲学",历史课包括"社会发展史""俄国革命运动史""中国革命史""东方革命史""西方革命史",其他课程还有"中国问题""经济地理""军事学"和实践教育等⑤。中国国民党中央执行委员会名义上也是该校的管理方之一,但是实际

---

　　① 对于该校开设的课程,李琦在《任弼时与莫斯科东方大学》(《百年潮》2014 年第 11 期)一文中认为,这些课程包括:联共(布)党史、国际共运史、俄语和一门西方语言、相关国家的革命运动史、东方革命运动史、西方革命运动史、社会发展史、哲学、政治经济学、经济地理、列宁主义理论等。黄纪莲在《莫斯科东方大学和中山大学》(《黑龙江社会科学》1997 年第 5 期)中则认为包括:科学社会主义、政治经济学、辩证唯物主义和历史唯物主义、国际职工运动史、社会学、俄语,以及马列主义经典著作。《刘少奇年谱(1898—1969)》上卷(中央文献出版社 1996 年版,第 19 页)记载:主要学习《共产党宣言》、国际工人运动史、《共产主义 ABC》、政治经济学等课程。

　　② 参见李琦:《任弼时与莫斯科东方大学》,《百年潮》2014 年第 11 期。

　　③ 参见徐元宫、张治银:《关于莫斯科中山大学创建主体的历史考证》,《中共党史研究》2014 年第 6 期。

　　④ 参见《共产国际、联共(布)与中国革命档案资料丛书》第 1 卷,中共党史出版社 2012 年版,第 728 页。

　　⑤ 参见《王稼祥年谱(1906—1974)》,中央文献出版社 2001 年版,第 22—23 页。

上主要由苏联方面管理,学生食宿费用,甚至是中国学生赴莫斯科的路费也由苏联资助。苏联创办莫斯科中山大学目的之一是为纪念中国革命先驱孙中山先生,中国国民党甚至是名义上的管理者,但学校却没有开设任何有关孙中山三民主义学说的课程,所开设课程很明显是要用马克思主义、社会主义的理论和学说教育中国学生。[①] 这从侧面说明,苏联方面不仅是这所学校的创办者、管理者,而且这所学校完全是按照苏联模式创办的"政治大学"。大革命失败以后,1928 年 9 月,东方大学中国部并入中山大学,两校整合后改称"中国劳动者共产主义大学",简称劳动大学,直到 1930 年底学校关闭。

莫斯科东方大学、中山大学的办学具有鲜明的政治性特点。在课程设置上,主要开设马列主义基本理论课程、历史类课程、语言课程和军事实践课;在课程教学中,注重理论讲授的系统性,强调课堂讲解与讨论,甚至是辩论相结合;在对学员的日常教育中,鼓励他们研究马列主义理论,重视实践教育。此外,共产国际执委会、联共(布)中央主要领导人如克鲁普斯卡娅、斯大林、洛佐夫斯基、马努伊尔斯基、片山潜等,经常到学校看望学生,并亲自给学生讲课;东方大学校长舒米亚茨基,中山大学校长狄拉克、米夫等,都曾专门主讲相关课程。这些办学思路和具体措施在延安时期高等学校都有一定程度体现。鉴于研究所限,笔者并不能就现有资料直接认定延安时期高等学校政治理论课建设借鉴了苏联模式,但莫斯科东方大学、中山大学的办学不啻是一场苏联高校政治理论课教育模式的演练,深深地影响了中国共产党在此留学的高级干部。曾留学苏联的高级干部中,不少人成为中国共产党内著名的革命家、理论家、军事家、教育家,正所谓两所学校的学生名册就是一部党的名人录。仅就理论宣传和教育的贡献来说,东方大学时期瞿秋白、任弼时、谢文锦、蒋光慈、罗亦农、梁柏台、王一飞等人,不但翻译了大量俄国政治、文学著作,还在中共中央机关刊物《新青年》上推出《列宁纪念号》,共同研究宣传马克思主义;

---

① 参见徐元宫、张治银:《关于莫斯科中山大学创建主体的历史考证》,《中共党史研究》2014 年第 6 期。

中山大学时期的俞秀松、董亦湘、沈泽民、孙冶方、吴亮平、沈志远等人认真攻读马列主义著作,或者积极编译马列主义著作,或者致力于马列主义理论研究,为党的理论宣传、干部教育进行了坚实的理论储备。尤其值得一提的是曾在中山大学学习工作 5 年之久的张闻天,深谙苏联高校政治理论课教育之道。张闻天在中山大学学习期间因成绩优异进入学校教员班,先后为学员讲授"列宁主义"和"联共党史"两门课。① 1928 年 12 月,他进入莫斯科红色教授学院深造,仍然担任劳动大学的中国问题研究所的研究员,一直讲授"政治常识""中国阶级斗争史"课程②,直至 1930 年该校停办。1931 年初,张闻天回国后长期负责中共中央的宣传思想工作,并一度成为党中央的总负责人。他积极领导和创办党的干部学校、延安马列学院等,并坚持从事政治理论课教学工作,直到 1943 年他离开中央主要领导岗位。

客观地说,莫斯科东方大学和中山大学并非一般意义上的普通高校,而是苏联创办的具有"高级干部学校"或者"政治大学"性质的高校,其办学目标和模式与普通高校有所区别。但仅就政治理论课教学来说,普通高校和政治大学仍具有共通性,都在实践中构建了苏联高校政治理论课的教学模式。作为政治大学的代表,莫斯科东方大学、中山大学以马列主义政治理论课程教学为主,呈现出政治教育中心化的特点。延安时期高等学校脱胎于干部学校,因此在初期课程设置上强调"政治压倒一切",这与苏联上述两所学校的办学风格十分相似。笔者认为,这里既有学校类型接近的客观性因素,也有主观上积极学习借鉴的因素,是党内诸多留学苏联干部共同推动的结果。

(二)对苏联政治理论课程教学经验的借鉴

苏联高校政治理论课建设也是在探索中不断发展的,苏联模式和经验往往能够通过各种渠道传递到国内,在一些价值取向上影响延安时期高等学校

---

① 参见《张闻天年谱(1900—1976)(修订本)》,中共党史出版社 2010 年版,第 62 页。

② 参见《张闻天年谱(1900—1976)(修订本)》,中共党史出版社 2010 年版,第 70 页。

政治理论课建设。最典型的例子莫如《联共(布)党史简明教程》出版后,苏联围绕该教材对全国高校政治理论课的调整转变。在此之前,苏联全国各大专院校不分社会科学与自然科学院系,都设有服务于政治教育的公共必修课,即"列宁主义""辩证唯物论与历史唯物论""政治经济学"3 门课程。1938 年 10月,由斯大林主导编写并审定的《联共(布)党史简明教程》出版,随即对苏联高校的政治理论课程产生重大影响。1939 年 1 月苏联全国高等教育委员会发布九号命令,认为在以往课程设置和教学中,将列宁主义与马克思主义分开,与辩证唯物论和历史唯物论分开,与党的历史教学分开,这实际上是割裂了几个部分的联系,而《联共(布)党史简明教程》使高校"获得了伟大的理论武器与政治武器"①。随后联共(布)中央作出决定,将高校政治理论课改为"马列主义的基础""政治经济学"两门课,其中,"马列主义的基础"的课本使用《联共(布)党史简明教程》、马恩列斯原著选读、列宁与斯大林传记。正如联共(布)中央在决议上所说,"在大学里教授马列主义的理论基础,必须从研究《联共(布)党史简明教程》起,必须同时从研究马列主义的原著起"②。这就使"马克思—列宁主义理论讲授的组织起了根本的转变",就是围绕《联共(布)党史简明教程》展开,从而"用历史事实,更好地、更自然地与更易懂地说明马克思—列宁主义的基本思想。布尔什维克党的历史,乃是行动中的马克思—列宁主义。"③苏联围绕《联共(布)党史简明教程》的政治课理论教学改革一直延续到 20 世纪 50 年代,这足以说明该教材对于苏联高校政治理论课建设带来的重大影响。实际上,这一影响不仅发生在苏联国内,也深度改变了中国共产党延安时期干部学校和高等学校的政治理论课教学。

---

① 李正文编译:《苏联大学的公共必修科——政治课》,见教育资料丛刊社编:《苏联的高等教育》,人民教育出版社 1951 年版,第 69 页。

② 李正文编译:《苏联大学的公共必修科——政治课》,见教育资料丛刊社编:《苏联的高等教育》,人民教育出版社 1951 年版,第 70 页。

③ [苏]C.B.卡夫坦诺夫:《全力改进高等学校中马克思—列宁主义基本知识的讲授》,见教育资料丛刊社编:《苏联的高等教育》,人民教育出版社 1951 年版,第 86 页。

《联共（布）党史简明教程》出版后,共产国际十分重视其推广发行工作,早在 1939 年上半年就将中文版《联共（布）党史简明教程》1 万册送达延安,并询问发行和学习情况。中共中央很快作出详细回复,在提及学习情况时表示:"一般县委以上干部都已经开始学习《联共（布）党史》,它成为教学的必修科目。该书是延安所有学校的教科书"。① 有学者研究表明,仅在 1939 年国内就出现 4 种不同的《联共（布）党史简明教程》中文译本②,在党内干部中学习传阅已较为普遍。毛泽东阅读《联共（布）党史简明教程》后十分推崇。据郭化若回忆,毛泽东曾经对干部说:《联共党史》是本好书,我已读了十遍③,而对他启发最大、使他觉得最鞭辟入里的,是书中关于"马克思列宁主义理论不是教条,而是行动的指南"④这一论断。为此,毛泽东要求党员干部认真学习《联共（布）党史简明教程》,以此来反对党内外存在的教条主义错误。1941年 5 月 19 日,毛泽东在延安干部会议上发表《改造我们的学习》的报告,深刻剖析了党内不注重研究现状,不注重研究历史,不注重马克思列宁主义应用的问题,"只知生吞活剥地谈外国",造成"理论和实际分离"的现象⑤。在认真分析党内外存在的各种教条主义错误后,他对学校教育明确提出要求:"应确立以研究中国革命实际问题为中心,以马克思列宁主义基本原则为指导的方针,废除静止地孤立地研究马克思列宁主义的方法。"⑥这一主张与苏联要求高校讲授马列主义理论"必须从研究《联共（布）党史简明教程》起",已经十分接近。但毛泽东并未就此止步,而是借鉴联共（布）中央对高校政治理论课教学的指示精神,进一步指出:"研究马克思列宁主义,又应以《苏联共产党

---

① 《共产国际、联共（布）与中国革命档案资料丛书》第 18 卷,中共党史出版社 2012 年版,第 248—249 页。

② 参见汤志华、钟慧容、武圣强:《〈联共（布）党史简明教程〉对中共党史研究的影响》,《社会科学研究》2014 年第 5 期。

③ 参见郭化若:《在毛主席身边工作的片断》,《解放军报》1978 年 12 月 28 日。

④ 《联共（布）党史简明教程》,人民出版社 1975 年版,第 391 页。

⑤ 参见《毛泽东选集》第三卷,人民出版社 1991 年版,第 798 页。

⑥ 《毛泽东选集》第三卷,人民出版社 1991 年版,第 802 页。

(布)历史简要读本》为中心的材料",并赞扬该书"是一百年来全世界共产主义运动的最高的综合和总结,是理论和实际结合的典型,在全世界还只有这一个完全的典型"。① 在随后不久的延安整风运动中,《联共(布)党史简明教程》的"结束语"成为干部必学的 22 个文件之一。

党内学习《联共(布)党史简明教程》活动很快影响到高校政治理论课教学。一方面,多数高校虽没有将"联共党史"作为必修课,但借鉴《联共(布)党史简明教程》开展中共党史教育已提上日程。1942 年 3 月,毛泽东作了《如何研究中共党史》的报告,强调:"如果不把党的历史搞清楚,不把党在历史上所走的路搞清楚,便不能把事情办得更好"②。在这种背景下,干部学校和高等学校的专兼职教员开始向学员讲授联共党史课程,并借鉴《联共(布)党史简明教程》的撰述风格来讲授中共党史课程,逐步形成了以中共中央党校为代表的党校系统和以陕北公学、华北大学为代表的根据地革命大学两大党史教育系统。③ 中央领导刘少奇、陈云、张闻天、王明等都曾在中央党校讲授过中共党史课程,一些高等学校领导干部如何干之、胡华等成长为著名的党史研究和教育专家。另一方面,由此带来反对政治理论课教学中的教条主义深入开展,最直接的案例便是对延安马列学院进行改组。在党中央主导下,马列学院改组为研究性质的马列研究院,原"政治经济学研究室"也改为"中国经济研究室",研究方向主要有大后方的经济、陕甘宁边区和各抗日根据地的经济、各种错误经济思想的研究与批判。这就是要把马列主义研究同中国革命实际结合、同党史研究结合。党中央对专门培养政治理论人才和政治理论课教师的延安马列学院进行改组,具有十分明确的风向标意义,为其他高等学校政治理论课教学改革指明了方向。

---

① 《毛泽东选集》第三卷,人民出版社 1991 年版,第 802—803 页。
② 《毛泽东文集》第二卷,人民出版社 1993 年版,第 399 页。
③ 参见孙玉凡:《我国高校党史教育的演变及启示》,《东北师大学报(哲学社会科学版)》2017 年第 2 期。

直到党的七大召开时,毛泽东仍强调要学习《联共(布)党史简明教程》,他说:"斯大林主持写的《联共(布)党史简明教程》,比较厚一点。这本书是历史的,又是理论的,又有历史,又有理论,它是一个胜利的社会主义国家的历史,是马克思主义在俄国成功的历史,这本书要读。"①不仅如此,该书框定的联共党史研究的基本思路与观点,对于中共党史研究和教育的影响也日益明显②,特别是高等学校逐步把"中共党史"列为政治理论课教学的核心内容,深刻影响了延安时期政治理论课建设的方向。综上所述,如果说《联共(布)党史简明教程》推动了苏联高校政治理论课建设发生根本性变革,那么,这本教程对于延安时期中国共产党领导高校政治理论课建设至少带来了局部性的改变。

---

① 《毛泽东文集》第三卷,人民出版社 1996 年版,第 350 页。
② 参见许冲:《论〈联共(布)党史〉对中共党史编撰的影响》,《现代哲学》2013 年第 2 期。

第二章　延安时期高等学校政治理论课建设的发展历程

延安时期高等学校的创建和发展让政治理论课建设成为学校亟须解决的问题。高等学校要建立什么样的政治理论课程体系？这既是干部学校课程体系建设的延续，也是实现高等学校办学目标而亟待解决的新问题。党的干部学校主要以短期培训方式强化学员的政治理论素养，从而克服他们意识形态中的非马克思主义思想，以服务党领导的革命斗争需要，这决定了开设大量马克思主义政治理论课成为必然要求。但这些课程如何能在较短培训时间内实现提升干部政治理论素养、解决干部思想问题的目标，仍需要在实践中加以研究和探索，因此，政治理论课如何建设对于干部学校是老问题，而对高等学校来说则是一个新问题。随着一些学校办学性质逐渐从干部教育转为高等教育，政治理论课教学在人才培养中的地位需要重新定义。如何能够既坚持中国共产党创办高等教育的特色，又能体现出现代高等教育的本质特征，这就需要在政治理论课如何建设上进行深入研究。延续干部学校"政治课压倒其他一切课目"的方式显然已不可行，而若另起炉灶重建高等学校政治理论课体系，那么党领导学校教育长期积累的经验可能会被丢弃。为此，党领导了高等教育的整顿提升，引导高等学校在向着正规化办学道路上重新定位政治理论课的功能和作用，在坚持"政治与技术并重"理念指导下，政治理论课向"少而精"

转型。但"少而精"仅是一种对课程设置的倡导和期许,并没有从本质上阐释高等学校政治理论课是什么模式? 当高等教育继续发展,党对高等教育规律把握更加深入之后,"公共必修课"模式得到确立,政治理论课的作用和功能定位更加科学,就是要解决"立德树人"问题。面对来自全国各地的知识分子和青年学生,高等学校政治理论课承担着用马克思主义理论来武装他们头脑的主渠道功能。正如吴玉章所说:"只要给他们一个正确的人生观宇宙观、马列主义理论和毛泽东思想的教育,他们就很快的会接受新的思想和方法,成为新的人才。"[1]

第一节　高等教育初创时期"政治课压倒其他一切课目"

高等教育初创时期基本延续了干部教育的办学传统。全面抗战爆发后,中国共产党对军政人才的需求大大增加,为了在短时间内培养革命青年的军事政治素养,使他们成为接受党领导的革命战士,学校将政治理论课教育放在突出地位是一种必然选择,这就形成"政治课压倒其他一切课目"的特点。不仅如此,四面八方涌入延安的青年知识分子给高等学校办学带来较大压力,学生文化水平参差不齐,社会背景相对复杂,意识形态领域多元思想并存,这使教学活动的推进十分困难。此外,由于高等学校政治理论课建设本身存在不足,课程多而不精、教学内容滞后、师资严重缺乏,在此情况之下,党的高级领导干部带头讲授政治理论课成为缓解教学难题的一种选择。

一、高等教育初创及高等学校的课程设置

面对抗日战争培养军政人才的急迫需要,中国人民抗日军政大学、陕北公

---

[1] 《吴玉章教育文集》,四川教育出版社1989年版,第98页。

学成为中国共产党最先创办的高等学校。1938 年,中共中央又先后创办了鲁迅艺术学院、中国女子大学,随后,行政学院、延安大学、医科大学、自然科学院、民族学院等,以及华北根据地的华北联合大学、华北大学等也相继成立。这些高等学校虽然各有特色,但在课程设置上大多延续了干部学校政治课"中心化"的特点,开展马克思主义思想政治教育成为学校的重要办学内容。

(一)中国人民抗日军事政治大学的创办及课程设置

中国人民抗日军事政治大学简称抗大,它源自中央苏区时期的红军大学,1935 年 10 月改建为中国工农红军学校,1936 年 2 月改称西北抗日红军大学,并由毛泽东、周恩来、彭德怀和校长周昆、政治委员袁国平发布招生布告。其办学宗旨是"招收各地革命青年爱国志士来校学习,以培养和造就大批军事政治的民族抗日干部"①。1936 年 6 月,西北抗日红军大学改建为中国人民抗日红军大学(简称红军大学、红大),一般认为这是抗大办学的开端。1937 年 1 月,为适应西安事变后抗战的新形势,学校改称为中国人民抗日军事政治大学(简称抗大)②,并将办学地址从保安迁至延安。虽然西北抗日红军大学时期就决定招收各地革命青年和爱国人士,但抗大成立后第一期并未面向社会招生。一期共三科:一科以红军师团以上干部为主,共有学员 40 人;二科主要训练红军的营、连级干部,共有学员 225 人;三科主要训练班、排干部和部分老战士,共有学员 800 人左右。③ 从学员构成来看,此时的抗大从性质上说仍然

---

① 《毛泽东年谱(1893—1949)(修订本)》上卷,中央文献出版社 2013 年版,第 516 页。

② 学校名称有多种称谓,并不完全统一:其一,据《毛泽东年谱(1893—1949)(修订本)》上卷(中央文献出版社 2013 年版,第 644 页)记载,学校改为"中国人民抗日军事政治大学";《中国人民抗日军事政治大学史》(国防大学出版社 2000 年版)也采用这一名称。其二,1937 年 1 月 19 日,中央军委主席团发给彭德怀、任弼时转红一方面军前线首长左权、聂荣臻、徐海东、程子华的电报中,明确指出"红大改为抗日军事政治大学"(见《抗大影像志》,国防大学出版社 2014 年版,第 15 页)。其三,在各类档案资料中多数称"中国抗日军政大学"或"中国人民抗日军政大学",简称抗大。

③ 参见邹国贤:《抗大影像志》,国防大学出版社 2014 年版,第 8 页。

是军事干部学校。抗大从第二期开始面向社会招生,第三期开始大量招收革命知识青年,到第四期、第五期来自全国各地的知识青年就成为学员主流(见表2-1),学校也因此具备了高等军事学校的性质。

表2-1 抗大总校前五期发展简表①

期别	始、结业时间	校址	学员人数	学员成分	学校领导人
第一期	1936. 6—1936. 12	瓦窑堡保安	1063	红一方面军及红十五军团干部	校长林彪、教育长罗瑞卿、政治部主任杨尚昆
第二期	1937.1—1937.8	延安	1362	一、二、四方面军及陕北红军干部,知识青年	教育委员会主席毛泽东、校长林彪、副校长刘伯承、教育长罗瑞卿、政治部主任傅钟、副主任莫文骅
第三期	1937.8—1938.3	延安	1272	八路军干部、知识青年、海外华侨	副校长罗瑞卿、教育长许光达、政治部主任张际春、政治部主任胡耀邦
第四期	1938. 4—1938. 12	延安	5562	知识青年、八路军和新四军干部、海外华侨	副校长罗瑞卿、教育长许光达、政治部主任张际春、政治部主任胡耀邦
第五期	1939. 1—1939. 12	延安灵寿陈庄	4962	陕、晋、冀、鲁、豫知识青年,本校干部	副校长罗瑞卿、教育长许光达、政治部主任张际春、政治部主任胡耀邦

抗大在演变为高等军事学校的过程中,主要课程仍是政治理论类课程,尤其以第一期、第二期最多。第一期的政治理论课主要有4门:"联共(布)党史""马列主义""政治经济学""哲学"②。1937年1月,第二期学员到校后,国内政治形势已发生重要变化,西安事变的和平解决和国民党五届三中全会的召开,标志着抗日民族统一战线初步形成。党急需培养一批既有一定政治理论基础,又能掌握抗日民族统一战线政策的干部,再加之学员中有来自国统区的知识青年,因此,政治理论课开设就更多,主要有"马列主义""政治经济学""哲学""世界革命运动史""共产主义与共产党""三民主义""中国问题"

---

① 参见武继忠等:《延安抗大》,文物出版社1985年版,第43—44页。
② 参见武继忠等:《延安抗大》,文物出版社1985年版,第25页。

"日本问题""民众运动""政治工作"等。① 学校还经常组织学员学习党的抗日民族统一战线方针政策,开展正确认识抗战形势方面的教育。此外,由于战争形势的变化和学员中知识分子增加,学校也加强了军事理论课程和实战课程的教学。随后,抗大的课程设置还有一些调整,如针对一些学员文化水平较低的情况,增加了文化课程;针对实战需要,增加了一些军事训练课程等。据1938年《抗日军政大学招生简章》显示,抗大开设两类学制:预科学习两个月,开设的政治理论课程有"抗日民众运动""抗日民族统一战线""政治常识""政治工作""社会科学"5门,另有3门军事课;正科学习6个月,开设"政治经济学""社会科学""中国革命史"3门政治课,另有6门军事课。② 总体上说,抗大的政治理论课主要有"中国问题""社会科学概论""三民主义概论""政治常识""哲学",课程讲授比重主要根据军事队或者政治队来决定,"政治队的政治课占百分之七十,军事课占百分之三十,军事队则正好相反"③。招生简章上所指的预科相当于政治队,正科相当于军事队。随着抗日战争进入相持阶段,中央要求抗大到抗战的前线办学,各根据地开始创办抗大分校后,抗大总校第五期学员也于1939年夏迁往敌后办学,但抗大总校在办学中的各项措施基本上得到继承,在政治理论课设置上大体保持了稳定。

　　抗大作为中国共产党领导的高等军事院校,在学员中进行马克思主义的政治理论教育,是实现办学目标的应有之义。尤其是学员中有大量来自全国各地的知识青年,他们所接受的国统区意识形态教育与党领导下的意识形态存在较大差异,因此,首先要对学员进行马克思主义基本政治理论的灌输,才

----

① 参见武继忠等:《延安抗大》,文物出版社1985年版,第25—26页。
② 参见陕西师范大学教育研究所编:《陕甘宁边区教育资料(高等教育和干部学校部分)》上册,教育科学出版社1981年版,第2页。
③ 陕西师范大学教育研究所编:《陕甘宁边区教育资料(高等教育和干部学校部分)》上册,教育科学出版社1981年版,第19页。

能使他们在党的领导下开展革命斗争,才能把党的各项政策贯彻到实际的抗日动员和组织工作中去。除了开设政治理论课程以外,中央领导同志还十分重视抗大学员的培养,并带头为学员授课或作报告。如毛泽东曾亲自担任抗大教育委员会主席,为抗大学员讲授《中国革命战争的战略问题》《矛盾论》《实践论》《论持久战》等课程,并经常通过出席抗大的开学和毕业典礼、题词等进行思想政治教育;其他领导人如刘少奇为抗大师生作过《华北地区工作经验》的演讲①,周恩来在抗大作过《和平、抗日与民主——统一战线的政治目标》的政治报告②,朱德为抗大学员讲授过"中国革命近代史"课程③,陈云在抗大作过"怎样做一个革命者""论干部政策"等报告④。这些授课、报告、演讲都是抗大政治理论课程教学的重要组成部分,增强了抗大思想政治教育的权威性和针对性。

(二)陕北公学的创办及课程设置

陕北公学被认为是中国共产党高等教育的另一重要源头。创办陕北公学有两个因素:一是随着大批知识青年源源不断地来到延安求学,抗大已经无法容纳更多的学员,亟须创办新的高等学校来吸收和培养这批青年;二是面临全面抗战形势的快速发展,中国共产党也迫切需要以最快速度培养大量的抗战干部人才。在此背景之下,1937 年 8 月,党中央委派组织部长李富春直接领导学校的创办工作,并任命成仿吾为校长,延安陕北公学开始筹办。⑤ 学校校名原拟定为"陕北大学",但国民政府认为已经批准陕北成立了中国人民抗日军政大学,则不能再成立大学。为了不被蒋介石领导的国民政府捆住手脚,中共中央决定仿照国民革命时期党在上海创办上海公学的办法,将校名改为

---

①　参见《刘少奇年谱(1898—1969)》上卷,中央文献出版社 1996 年版,第 206—207 页。

②　参见《周恩来年谱(1898—1949)(修订本)》,中央文献出版社 1998 年版,第 376 页。

③　参见《朱德年谱(1886—1976)(新编本)》上卷,中央文献出版社 2016 年版,第 632 页。

④　参见《陈云年谱(修订本)》上卷,中央文献出版社 2015 年版,第 254—255、264—265 页。

⑤　参见李维汉:《回忆与研究》(上),中共党史资料出版社 1986 年版,第 396 页。

"陕北公学"①。陕北公学创办的目的是"为了实施国防教育,培养抗战人才",学校虽属短期培训性质,但办学初衷却是要建成大学。据校长成仿吾回忆,陕北公学原本是要办成综合性的大学,计划创办社会学系、师范系、国防工程系、日本研究系和医学系5个系②。但最终因抗战形势快速发展,急需培训干部人才,学校压缩学习时间改为短期训练班性质,目标是培养具有一定政治觉悟和初步军事知识,有独立进行群众工作、政治工作能力的抗战建国干部。

陕北公学的政治教育主要有以下四个方面:抗战的基本理论、抗战的政策和方法、指挥民众进行武装斗争的基本知识、对目前时局的认识等。陕北公学采取边招生、边办学的方式,学员随到随编班,1937年9月1日首期学员开始编班上课。最初开设"抗日民族统一战线与民众运动""游击战争与军事常识""社会科学概论"3门课程③,同时,还不定期地为学员举办时事政策报告。1937年11月1日,陕北公学正式开学后在人才培养上实施了分类,保留了两种学制,一种是普通队(即学员队),一般学习4个月;另一种是高级队(师资班),学习时间1年,主要培养学校的师资。普通队课程主要有"社会科学概论""抗日民族统一战线""游击战争""民众运动"4门;高级队因培养师资,课程设置较多,主要有"中国革命运动史""马列主义""辩证唯物主义""政治经济学""科学社会主义""世界革命运动史""世界政治""中国问题""三民主义研究""战区政治工作"10门课程。④ 1939年1月,陕北公学总校到栒邑看花宫与分校合并后,主要任务改为创办大学部,学制1年,培养行政的、民运的及

---

① 参见成仿吾:《战火中的大学:从陕北公学到人民大学的回顾》,人民出版社2014年版,第18页。
② 参见成仿吾:《战火中的大学:从陕北公学到人民大学的回顾》,人民出版社2014年版,第25页。
③ 参见中央教育科学研究所编:《成仿吾教育文选》,教育科学出版社1984年版,第16页。
④ 参见李维汉:《回忆与研究》(上),中共党史资料出版社1986年版,第401—402页。

文化工作的较高级干部。对此,成仿吾曾撰写《陕北公学的新阶段》①一文刊登在《解放》周刊上,对于办学目的和课程设置有详细介绍:

> 现在陕公主要的就是大学部,它的任务是为了满足抗战新形势下的及最近将来的迫切需要,培养行政的、民运的及文化工作的较高级的干部。

> 大学部的学习期间定为一年,课目一般规定如下:政治经济学、中国革命运动史、世界革命运动史、哲学、科学的社会主义、三民主义研究、中国革命的基本问题、世界政治、战区政治工作。

> 为了再进一步地培养专门的学者,陕公在大学部上面还在筹备一个研究部(等于各国的研究院)②,暂分四系:民主法政系,民生经济系,民族文化系,国防教育系。

> 研究部的学习期间亦暂定为一年。研究部的学生除了大学部一部分毕业同学经过考试升学的而外,预定吸收一些程度相当的外边来的学员。此外,并预备吸收少量对某些学科有相当研究的专门人才为研究部研究员。

> 对于那些不能进入大学部的青年,特附设一个训练班,学期四个月。讲授以下的课目:中国问题、社会科学概论、三民主义、游击战争及政治工作、民众运动。

由此我们可以看出:一方面,初创时期的陕北公学政治理论课设置较多,表现出"政治压倒一切"的特点;另一方面,学校办学虽然在不断调整,但政治理论课的设置基本保持了稳定,如普通队与训练班的课程、高级队与大学部的课程均大体类同。

陕北公学开设的政治理论课有两大特点。首先是启蒙性。由于学习时间

---

① 参见成仿吾:《陕北公学的新阶段》,《解放》1939年第72期。
② 据李维汉在《回忆与研究》(中共党史资料出版社1986年版)中解释,建立研究部的设想并未实现。

较短,只能进行马列主义的启蒙教育,让学员经过短期学习立即投身实际斗争,在实践中继续学习和积累经验。其次是理论联系实际。为满足革命斗争需要,讲授中有史有论、联系抗战实际、结合学生思想状况,努力做到课堂教学与社会实践密切结合。在课程的内容、讲授的分量、时间的安排上强调灵活性,根据前线开展抗战工作的需要进行调整。此外,由于学员基础不同,高级队与普通队在教学目标上也有差别,同样的课程在高级队和普通队的教学要求有所不同。例如,高级队的学员在马列主义课程教学中学习原著,《共产党宣言》《社会主义从空想到科学的发展》《马克思主义的三个来源和三个组成部分》都是必学内容,政治经济学课程要学习《资本论》[1]。在教学的组织上,陕北公学强调以自学为主、循序渐进、由浅入深的原则,教学环节分为引言、预习、质疑、讲授、复习。"各门课一般都没有讲义、教科书,但各课都编印了教学大纲,对课程内容、范围、研究方向等作扼要说明"[2]。这就在教学中贯彻了引导式教学,教员指导、学员自学、启发思考融为一体,教学不是单纯的灌输,而是采取小组集体讨论、自由参加的座谈会、集体自习方式,每天上课时间不多,少则 3 小时、多则 5 小时。[3]

由于陕北公学初创时期政治理论课建设尚不深入,讲好这些课程对于教员的要求很高,加之学校初创时期专职师资十分匮乏,学校便约请毛泽东、张闻天、陈云、李富春、王若飞等中央领导同志来授课。同时,党中央从国统区调任艾思奇、何干之、何思敬、吕骥、李凡夫等到校任教,外请或约请张如心、李培之、宋侃夫等 20 余人在陕公兼职授课。[4] 其他中央领导同志也十分关注陕北公学的成长,会尽量抽出时间到学校作报告,如周恩来在陕北公学作过关于大后方的抗战形势和平江惨案的报告,朱德作过关于敌后战场的开辟和发展的

---

① 参见李维汉:《回忆与研究》(上),中共党史资料出版社 1986 年版,第 402 页。
② 李维汉:《回忆与研究》(上),中共党史资料出版社 1986 年版,第 404 页。
③ 参见中央教育科学研究所编:《成仿吾教育文选》,教育科学出版社 1984 年版,第 16—17 页。
④ 参见李维汉:《回忆与研究》(上),中共党史资料出版社 1986 年版,第 397 页。

报告,董必武作过关于中国法制问题的报告等。①

（三）其他高等学校的创办及课程设置

除了抗大和陕北公学之外,中国共产党还相继创办了鲁迅艺术学院、中国女子大学、马列学院、自然科学院等其他一些高校。这些高校在政治理论课的设置上各有特色,是延安时期高校政治理论课建设的重要组成部分。

1. 鲁迅艺术学院

鲁迅艺术学院(简称鲁艺)创办于 1938 年 4 月,办学目的是为了"培养抗战的艺术工作干部",之所以以鲁迅为学校命名,"这不仅是为了纪念我们这位伟大的导师,并且表示我们要向着他所开辟的道路大踏步前进"②。1939年 7 月,鲁艺与陕北公学、安吴堡战时青训班、延安工人学校的一部合并成立华北联合大学,前往晋察冀边区办学。同年 11 月,留在延安的师生恢复了鲁艺,直到 1943 年 3 月并入延安大学。学校创办后强调以马克思主义文艺观来培养文艺干部,对政治理论课教学作出安排,每周都学习政治理论、时事政治和党的政策等。早期的鲁艺开设有戏剧、音乐、美术 3 个系,后增设文学系,政治理论课被认为是各系的共同必修科,包括"共产主义与共产党""社会科学概论""中国问题""艺术论""马列主义""唯物史观""唯物辩证法""艺术学说史""中国新文学论"等③。鲁艺开设的政治理论课门数较多,但实际中很难完全实施。杨立川、高宇民在《延安文艺档案》丛书中详细列举了鲁艺第一期相关政治理论课程及其授课情况(见表 2-2)。

---

① 参见李维汉:《回忆与研究》(上),中共党史资料出版社 1986 年版,第 399 页。
② 据由毛泽东、周恩来、林伯渠、徐特立、成仿吾、艾思奇、周扬 7 人发布的《创立缘起》,原载《鲁迅艺术学院成立纪念刊》(1938 年 4 月)。转引自周爱民:《延安鲁艺的创立缘起及其美术教育》,《美术研究》2004 年第 1 期。
③ 参见杨立川、高宇民:《延安文艺档案·延安戏剧·延安戏剧组织》第 4 册,太白文艺出版社 2015 年版,第 155 页。

表 2-2　鲁艺第一期相关政治理论课程和授课时间①

讲课人	科目	时间
杨　扶	列宁主义	10 次
李卓然	中国革命	6 次
艾思奇	辩证法	6 次
周　扬	中国文艺运动	6 次
周　扬	艺术论	5 次
沙可夫	苏联文艺	2 次
李富春	共产党	2 次
李富春:军事,每周 1 小时		
讲座安排:每周设特别讲座 1 次,于星期六举行		

从表 2-2 中可以看出,虽然政治理论类课程设置有 8 门,但授课时间安排较少。对于这一点,吕品、张雪艳在考察鲁艺音乐系政治理论课设置时也沿用了这一观点,并考察了第二期、第四期共同必修课设置和开课学时数:第二期课程开设"时事分析"(27 小时)、"中国革命和中国共产党"(48 小时)、"毛泽东思想"②(24 小时)等;第四期开设"中国近现代史"(60 小时)、"中国社会问题"(60 小时)、"西洋近代史"(60 小时)、"思想方法论"(60 小时)等③。实际上,与抗大、陕北公学相比,鲁艺的学生规模较小,且在人才培养过程中重视艺术创作和一些实践教学,政治理论课开设的系统性和规范性较弱,多以政治报告和讲座形式进行教学。毛泽东、朱德等中央领导同志经常到鲁艺作报告。比如毛泽东于 1938 年 4 月 10 日出席鲁艺成立大会并讲话,阐述抗战文艺工作④;

---

① 参见杨立川、高宇民:《延安文艺档案·延安戏剧·延安戏剧组织》第 4 册,太白文艺出版社 2015 年版,第 159 页。

② 此处"毛泽东思想"应指的是"毛泽东同志的思想",并非中共七大确立的党的指导思想——"毛泽东思想"。

③ 参见吕品、张雪艳:《延安文艺档案·延安音乐·延安音乐史》第 14 册,太白文艺出版社 2015 年版,第 57 页。

④ 参见《毛泽东年谱(1893—1949)(修订本)》中卷,中央文献出版社 2013 年版,第 64—65 页。

4月28日在鲁艺作题为"怎样做艺术家"的讲演①;之后还多次到鲁艺给师生作报告。尤其是1942年5月30日,毛泽东在鲁艺讲话中指出,提高要以普及为基础,并阐释"小鲁艺"与"大鲁艺"的关系②,启发鲁艺师生面向工农兵开展创作。再如朱德在1940年6月出席鲁艺成立二周年纪念大会并讲话,他用"笔杆子"和"枪杆子"作比喻说:"在前方,我们拿枪杆子的打得很热闹","希望前后方的枪杆子笔杆子能密切地联系起来。"③7月,他专程到鲁艺作《三年来华北宣传战中的艺术工作》的讲演,强调"敌人是重视利用艺术形式特别是中国的艺术形式来进行欺骗宣传的,我们也要把宣传工作和艺术工作更加紧密地结合起来"④。此外,鲁艺差不多每个月都会请《解放日报》国际版主编吴冷西来讲一次欧洲战场的形势⑤,贺龙、萧克、陈赓等同志也曾受邀到学校讲革命历史故事和当前敌后抗战的形势。特别是鲁艺成立一周年之际,毛泽东、朱德、张闻天、刘少奇、陈云、李富春等中央领导都亲临纪念大会并为鲁艺题词,中央干部教育部副部长罗迈(李维汉)作了《鲁艺的教育方针与怎样实施教育方针》的总结报告⑥。

早期鲁艺的政治理论课建设虽然存在一些不足,但随着学校不断强化马克思主义文艺观教育,在思想政治教育上也相应作出了调整。比如,1940年11月11日,鲁艺公告(艺字第25号)中显示,"于教务处下,设社会科学研究室,以专人主持,聘校中政治水平较高之同志为调研员,担任指导同学政治学习事宜"⑦。可见,在政治理论课教学之外,学校也十分重视日常政治教育和指导工作。

---

① 参见《毛泽东年谱(1893—1949)(修订本)》中卷,中央文献出版社2013年版,第67页。

② 参见《毛泽东年谱(1893—1949)(修订本)》中卷,中央文献出版社2013年版,第384页。

③ 《朱德年谱(1886—1976)(新编本)》中卷,中央文献出版社2006年版,第972页。

④ 《朱德年谱(1886—1976)(新编本)》中卷,中央文献出版社2006年版,第981页。

⑤ 参见任文:《永远的鲁艺》下册,陕西师范大学出版社2014年版,第250页。

⑥ 参见冯希哲、敬晓庆:《延安文艺档案·延安音乐·延安音乐组织》第15册,太白文艺出版社2015年版,第549页。

⑦ 杨立川、高宇民:《延安文艺档案·延安戏剧·延安戏剧组织》第4册,太白文艺出版社2015年版,第177页。

2. 中国女子大学

1939 年 7 月,中国女子大学在延安成立。学校创办的目的正如毛泽东所说,"不仅是培养大批有理论武装的妇女干部,而且要培养大批做实际工作的妇女运动的干部"①,"以养成具有革命理论基础,革命工作方法,妇女运动专长和相当职业技能等抗战建国知识的妇女干部为目的"②。中国女子大学成立后,强调以马克思列宁主义基本原则为指导,以研究中国革命实际问题为中心,教学方式是理论与实践的统一,学习制度是集体互助与个人专修并重。学校开设了较多课程,主要有"中国革命问题""政治经济学""中共问题""医药卫生"(第一期上)"马列主义""三民主义""哲学""妇女问题"(下期上)等③,以上课程除了"医药卫生"外,均属于政治理论课程。实际上,学校原计划还要开设"世界革命史略"课程,但实际教学中并未落实。尽管办学上困难重重,学校还是开设了与工作技能提升相关的会计、师范、医药、速记、新闻、音乐、戏剧、外国语等职业选修课。由于学生来源不同,既有经历过长征的妇女干部,也有从抗大转来的青年学生,还有文化素质较高的知识青年,她们的受教育程度有很大差别,受过中等教育者约占十分之八,受过大学教育者不到十分之一,仅受过小学教育者则十分之一强。④ 为此,学校努力开展分层次、分类别的教育教学,将全校 600 余人分为 8 个班:其中一、二班主要培养妇运工作干部;三、四班由前抗大的女生队归并过来,曾接受过一定的军事训练;五、六班是普通班;特别班是为长征妇女和老干部开设的;带有研究性质的高级班则是为培养较高政治文化水平的妇女干部开设。

中国女子大学的专职教师较少,主要是邀请一些兼职教师来授课,同时邀请中央领导来学校作报告。学校成立之日提名成立了名誉主席团、主席团成

---

① 《中国女子大学开学典礼》,《新中华报》1938 年 7 月 25 日。
② 《女大概况》,《中国妇女》1939 年 7 月第一卷第二期。
③ 参见方紫:《女大创始的一年间》,《中国妇女》1940 年 6 月第二卷第一期。
④ 参见《女大概况》,《中国妇女》1939 年 7 月第一卷第二期。

员,名誉主席团主要包括毛泽东、朱德、周恩来、洛甫等中央领导 15 人,中央妇委的邓颖超、蔡畅等 5 人;主席团成员则包括各机关首长、学校负责人和代表等共计 53 人①,他们是学校的兼职教师团队。中央妇委的邓颖超、蔡畅,以及延安知名人士李初梨、赵毅敏、丁玲、冼星海、陈伯达、徐一新、刘明复、李润诗、张协和等,都曾在中国女子大学兼职授课。② 在学校成立后的 1 年里,有数 10 位中共高层领导在中国女子大学作过报告,内容包括国内外时事政治分析、党的方针政策、妇女工作问题等专题。学校政治处每星期也都会邀请知名人士到校作各类专题政治报告,这被认为是"活的知识的源泉",当有些人还"不明黑白",深陷"迷雾"时,中国女子大学的学生"首先就站在真理这方面"③。

尤其值得一提的是中国女子大学高级研究班,初创时期学生较少,到 1940 年学员增加到 90 余人,包括源自学校毕业的优秀学生和学校工作人员。高级班学习时间一年半至两年,目的是"培养较高深理论的干部",课程讲授内容更多、更有深度,包括"马列主义""三民主义""政治经济学""哲学""中国问题""世界革命史""妇女运动"7 门政治理论课,及俄文英文日文等。班内学生按照各自兴趣,分别编入政治经济系、马列主义系、中国问题系,开展理论学习和研究。④ 高级研究班的教员都是经过精心选派的有专门学术素养的领导干部或理论工作者,如"马列主义"由校长王明讲授,"中国问题"由赵毅敏讲授,陈伯达、张仲实、王鹤寿、韩光、张鼎丞、艾思奇等都是这里的教员。在教学中,还经常组织一些政治问题、时事问题、各地民众运动和妇女运动报告的活动。

3. 马克思列宁学院

马克思列宁学院(简称马列学院)是中国共产党创办的高级干部学校,定

---

① 参见《中国女子大学开学典礼》,《新中华报》1938 年 7 月 25 日。
② 参见《延安大学史》,人民出版社 2008 年版,第 38—39 页。
③ 参见方紫:《女大创始的一年间》,《中国妇女》1940 年 6 月第二卷第一期。
④ 参见黎曼:《谈女大高级研究班的学习》,《新华日报》1940 年 7 月 20 日。

位于专门研读马列主义理论、着力培养政治理论干部人才,在推动理论学习和研究方面发挥重要作用。中共中央负责人张闻天担任马列学院院长,他对课程设置、教学计划编排以及教员选派等都精心筹划、认真审定,使学校很快发展成为延安理论研究的最高学府。马列学院招收学员的起点要求很高,入校后以理论学习和研究为主,属于精英型教育,学校共开办3年,前后招生5期,毕业学员达八九百人[①]。学校开设的课程,主要有"政治经济学""哲学""马列主义基本问题""党的建设""中国现代革命运动史""西洋革命史"等。众多国内理论界知名专家和高级领导干部到学校授课,如王学文、吴亮平、艾思奇、杨松、陈昌浩、康生等,中央领导刘少奇、陈云、李富春等曾就"党建基本问题"作过专题报告[②]。张闻天本人经常为学员讲课和作辅导,比如为补充《中国现代革命运动史》而作的"两次革命高潮之间的反动时期""苏维埃革命运动",以及"抗日民族统一战线中的策略问题""战略与策略问题"等专题报告[③]。此外,毛泽东、朱德、周恩来、彭德怀、彭真、董必武等中央领导也曾到学校授课。马列学院作为专门研究马列理论、培养政治理论人才的院校,不仅培养了一批研修马列理论的高级人才,也为各高校输送了一些政治理论课教员,在延安高校的思想政治教育上具有引领作用。

4. 自然科学院

自然科学院源于1939年中共中央在延安成立的自然科学研究院,其目的是"为促进边区工业生产的进步和保证国防经济建设",招收"国内外自然科学专门家和有科学基础的大学或专校毕业生,共同研究,去改善和计划当前迫切需要的一切工业建设"[④]。在此基础上,1940年9月延安自然科学院成立,李富春、徐特立先后担任院长。学校开设有初中部、高中部和大学部,初中部

---

① 参见《张闻天年谱(1900—1976)(修订本)》,中共党史出版社2010年版,第391页。

② 参见邓力群:《我对延安马列学院的回忆与看法》,见吴介民主编:《延安马列学院回忆录》,中国社会科学出版社1991年版,第7页。

③ 参见《张闻天年谱(1900—1976)(修订本)》,中共党史出版社2010年版,第392页。

④ 《边区自然科学研究院定期在延成立》,《新中华报》1939年5月30日。

学习时间 1—2 年,毕业后可转入高中部(大学预科);预科学习也是 1—2 年,毕业后可升大学本科;大学部分生物、物理、化学、地矿 4 系,学习时间先是 2 年半,后改为 3 年。① 到 1943 年 4 月,自然科学院整体并入延安大学。学校虽是一所理工科为主的高校,但坚持强调政治与业务相结合的办学方针。学校开设有"中共党史""联共(布)党史""哲学""形势任务""革命人生观"等政治理论课程,在哲学课中专门开辟"自然科学概论""自然科学史"等章节,引导学生掌握和运用自然辩证法。② 讲授这些课程的,主要是院领导李富春、徐特立及中央组织部、中央宣传部的领导干部。与其他学校不同的是,自然科学院主要培养一般通晓科学原理的自然科学人才,在政治理论课的设置上相对较少,但由于学校重视社会活动和生产劳动,通过社会实践和生产实践加强政治教育,使劳动教育成为学校思想政治教育的重要特色。

　　以上 4 所高等学校分别培养文艺干部、妇女干部、政治理论人才和专业技术人才,虽然人才培养目标不同,但在政治理论课建设上都坚持马列主义的指导地位,并以陕北公学、抗大为基本参照开设了为数较多的政治理论课程。这些学校因办学规模较小、专业特色鲜明,从事政治理论课研究和教学的师资力量相对较弱,与陕北公学、抗大相比,政治理论课的规范性尚有差距。除了以上 4 所高校,这一时期延安地区还有其他一些学校,如工人学校、泽东青年干部学校、民族学院、行政学院、八路军军政学院等,这些学校的影响力较小,在政治理论课建设上与抗大、陕北公学以及上述 4 所学校大致类似。

二、政治理论课建设中面临的各种问题

　　高等教育初创时期,各校为了对学生进行政治理论教育,开设了为数众多

---

　　①　参见《自然科学院调整教育制度》,《解放日报》1942 年 2 月 14 日。
　　②　参见《延安自然科学院史料》,中共党史资料出版社、北京工业学院出版社 1986 年版,第 10 页。

的政治理论课,但是相应的教学研究和课程建设显然有些滞后。课程设置的科学性、系统性尚未得到充分重视,课程内容也因为教材建设不足而难以规范,更重要的是教师队伍存在严重不足,这些都导致课程教学在实践中困难重重。

(一)政治理论课设置多而不精

政治理论课设置多而不精表现在两个方面:一是课程开设门数众多;二是课程设置不够精炼,科学性有待提升。这两方面互为因果关系,课程设置过多表面上看是不够精炼,实质则是对科学开展课程建设的认知有差距;而正是由于尚未掌握政治理论课建设的规律,才导致政治理论课的大量设置。在中国共产党早期思想政治教育史上,开设众多政治理论课程现象十分常见。例如,周恩来主导黄埔军校政治教育时就带领共产党人开设了包括"社会主义发展史""帝国主义侵略中国史""各国革命史""中国民族革命问题""工人运动""农民运动""苏联研究""三民主义""五权宪法"等在内的 20 多门政治课程。[1] 毛泽东领导的广州第六届农民运动讲习所和中央农民运动讲习所,开设政治课总数达到了 28 门之多。[2] 一方面来说,这种现象可认为是中国共产党十分重视通过开设课程进行思想政治教育;另一方面看,则是由于建党初期对政治理论课课程体系的研究还不够成熟,才导致课程开设门数如此繁多。

经历国民革命时期和土地革命时期的磨炼,中国共产党领导思想政治教育的能力和水平得到提升,对于高等学校政治理论课建设也有一定的经验积累。在延安时期高等教育初创阶段,党中央虽然对政治理论课建设十分重视,课程设置较以往更强调理论与实践结合,但仍然存在多而不精现象。例如,抗大预科的课程就包括"抗日民众运动""战略学""游击战争""抗日民族统一

---

[1]　参见宋桂林:《周恩来黄埔军校政治教育工作的历史启示》,《学术交流》2002 年第 5 期。
[2]　参见《毛泽东年谱(1893—1949)(修订本)》上卷,中央文献出版社 2013 年版,第 183 页。

战线""八路军战术""政治常识""政治工作""社会科学"8门①。其中,至少有5门课程可以归类为政治理论课。从课程名称上看,"政治常识""政治工作""社会科学"本身就存在交叉关系,这就对课程内容的设计带来困难,亟须厘清课程的界限并做好课程的衔接。再如,初创时期的陕北公学大学部,学制为1年,但开设了"政治经济学""中国革命运动史""世界革命运动史""哲学""科学的社会主义""三民主义研究""中国革命的基本问题""世界政治""战区政治工作"9门课程②。这样零碎的课程设置,缺乏研究和整合,远未得到系统化和科学化。

高等教育初创时期,学校政治理论课的"多",体现的是中国共产党进行政治理论灌输的需要,而"不精"则反映出党对于政治理论课建设规律的认识还存在不足。正如列宁所说"没有革命的理论,就不会有革命的运动"③,而"这种意识只能从外面灌输进去"④。在党领导的革命力量还十分弱小情况下,对革命青年"灌输"理论,使他们掌握初步的马克思主义理论,并转变成为接受党领导的革命战士十分迫切。因此,较多开设政治理论课正是为了适应这一需求。但政治理论课并非越多越好,课程设置和教育教学自有其规律,需要根据学生实际情况做到精准化,但这在当时尚未得到充分重视。究其原因:在客观上,由于革命形势不断发生变化,党的指导思想和政治路线也在实践中进行调整,这对政治理论课的开设带来极大困难,课程设计要不断匹配政治形势和路线政策的变化,给予学校思考和沉淀的时间很少。在主观上,党中央尚未集中精力对高等学校政治理论课建设进行研究,课程目标和定位尚在形成当中;而学校管理者和政治教员也受困于大学教育和管理经验不足,未能形成

---

① 参见陕西师范大学教育研究所编:《陕甘宁边区教育资料(高等教育和干部学校部分)》上册,教育科学出版社1981年版,第2页。
② 参见成仿吾:《陕北公学的新阶段》,《解放》1939年第72期。
③ 《列宁选集》第1卷,人民出版社1995年版,第311页。
④ 《列宁选集》第1卷,人民出版社1995年版,第317页。

对于政治理论课建设的规范化建议和措施。

(二)政治理论课教师极为缺乏

政治理论课教师数量不足是中国共产党高等学校教育中一直存在的问题,土地革命时期的苏维埃大学、红军大学,教师都很缺乏,中央领导毛泽东、周恩来、朱德、张闻天、王稼祥、林伯渠、陈潭秋、吴亮平等都曾到学校讲课。到延安时期,随着党的高等学校创立并发展,政治理论课师资更是捉襟见肘。主要原因有以下四个方面:第一,政治理论人才缺乏。多年的辗转征战损失了较多党内精英,既具有马列主义理论知识,又有革命实际工作经历的政治理论人才极为匮乏。全面抗战爆发后,国统区许多知识分子投奔延安,他们虽然文化水平较高,但马列主义理论知识十分欠缺,自身需要接受政治教育和改造,短期内也不能承担政治理论课讲授任务。第二,高等学校对教师的需求大大增加。例如,抗大刚成立时规模较小,负责人只有校长林彪、教育长罗瑞卿、政治部主任杨尚昆3人,专职教师仅有杨兰史、罗世文、张如心3人,全部工作人员仅14人。① 但随着面向社会招收学员以后,学生规模迅速增加,到第四期、第五期,抗大学员急剧增至5000人以上,师资需求的缺口非常大。第三,大量政治人才参与到抗战动员之中。党的高等教育初创时期,正面临全面抗战爆发的紧迫局势,党的大批政治工作干部积极投身发动群众参加抗战的重大使命。高等学校政治人才不断被派往其他战线参加革命斗争,对于政治理论课教师的供给造成一定困难。第四,高校政治理论课教师培养滞后。陕北公学、华北联合大学等校虽然开展了一些政治理论课教师的培养工作,但相对于高等学校纷纷创立和发展的形势,政治理论课教师的培养数量远不能满足需求。

面对初创时期高等学校政治理论课教师严重不足的问题,党中央采取一些措施来解决。首先,陆续从国统区抽调一批学者到延安来任教。如陕北公

---

① 参见武继忠等:《延安抗大》,文物出版社1985年版,第10—11页。

学创立后,就聚集了包括邵式平、周纯全、何干之、李凡夫、艾思奇、李培之、吕骥、徐冰、陈唯实、宋侃夫、林侹夫、邓止戈、何定华、李唯实、贾克 15 人在内的政治理论课师资力量。其次,倡导领导干部到高等学校授课。毛泽东等中央领导同志、中央机关的领导干部等,也经常受邀到各校讲课、作报告;在中央领导同志带动下,各级领导干部都有意识地到各根据地高等学校进行政治理论授课。第三,从制度上解决政治理论课教师缺乏的难题。一方面,中央决定在延安创办马克思列宁学院,作为培养研习马列主义专门人才的高等学府,为充实高等学校政治理论课教师队伍提供保障;另一方面,强调改善教员质量是学校办好的一个决定条件①,要求中央宣传部协调加强高等学校的教师队伍建设。

(三)教材讲义难以适应形势需要

战争年代的教材建设一直是中国共产党领导高等学校教育的薄弱环节。土地革命时期的苏维埃大学、红军大学,受制于专职教师不足、办学条件较差,且经常处于转、停、并等变动之中,教员为了教学忙于搜集教材、编写提纲、回答学生问题,能够主动编写课程讲义已十分不易,出版正式的政治理论课教材极为少见。即便是中央领导同志到学校授课和演讲,也多是自己准备讲课大纲、报告提纲,他们的讲话内容常在课后被收集整理,作为学员学习的参考资料。延安时期,高等教育初步创立并取得较大发展,政治理论课教师能够在较为稳定的环境中从事教学工作,他们在授课前认真编写教案、讲义,真正意义的教材建设才提上日程。但这些教案、讲义多是由教员或领导干部独自完成,并未经过深入的集体讨论和严格论证,难免会出现课程之间的讲授内容交叉重复,课程讲义的系统性、理论性、规范性也存在不足,难以适应较大规模教学活动的需要。即便是中央领导讲授的课程,也大都依据他们整理、撰写的讲义,如毛泽东讲授的《中国革命战争的战略问题》《矛盾论》《实践论》,朱德讲

---

① 参见《中共中央关于延安干部学校的决定》,《解放日报》1941 年 12 月 20 日。

授的《游击战争的战略战术》、张闻天讲授的《中国现代革命运动史》、刘少奇讲授的《论共产党员的修养》、陈云讲授的《怎样做一个共产党员》等课程,在授课初期并没有完整的教材,只是在讲课过程中经过不断修改、提炼,最终成为较为严谨的政治理论课教材。

对于专职教员来说,编写教材应是他们的基本工作内容,但由于授课任务繁重、缺少编写团队,教师能够制定出较为充分的讲义已很不容易。笔者曾看到叶蠖生编写的《抗战以来的历史学(教案)》①,全文18000多字,共分为4节,即"抗战后历史学的一般趋向""抗战营垒中各学派的活动""日寇及投降分子的活动""关于历史学的理论斗争简单的结语"。这份刊登在《中国文化》杂志上的教案,内容较为翔实,注释也相对完整,应是作为典型进行推广的案例,但这份教案与正式教材仍有很大的距离。1940年6月,李维汉曾以陕北公学为例深入总结过战时的干部教育,但在长篇论述中尚未触及教材建设这个问题,仅强调对于"大纲、提纲和参考材料的编制与修改,一般的应通过教员的集体研究"②。这也从一个侧面说明,在当时学校的政治理论课教学中,教员集体研究课程大纲、讲义尚且不易做到,组织编写规范化的教材更难推动。

三、"政治课压倒其他一切课目"的原因

"政治课压倒其他一切课目"并不是高等学校主动寻求设定的政治理论课模式,而是党中央在反思高等学校政治理论课教学问题时作出的概括,这一提法最早出现在《中共中央关于延安干部学校的决定》中,即要"坚决纠正过去以政治课压倒其他一切课目的不正常现象"③,但这一现象的出现,有其深刻的历史背景。

第一,延安时期高等教育脱胎于党的干部教育,党创办干部学校就是要培

① 参见叶蠖生:《抗战以来的历史学(教案)》,《中国文化》1941年第三卷第二期。
② 罗迈:《战时干部学校教育》,《中国文化》1940年第一卷第四期。
③ 《中共中央关于延安干部学校的决定》,《解放日报》1941年12月20日。

养干部的政治理论素养,消除他们中存在的非马克思主义意识形态,因此,大量开设马列主义政治课是干部学校的主要任务,高等学校初创时期基本延续了干部教育的这一传统。第二,全面抗战爆发后,中国共产党对军政人才的需求大大增加,为在短时间内培养革命青年的军事政治素养,使他们成为接受党领导的革命战士,除了军事课之外,最重要的就是对他们进行马列主义理论和统一战线政策的教育,这必然要求学校将政治理论课教学放在突出地位。第三,从学员自身的政治素养看,他们来到延安是为了寻求抗日救国道路的,对于什么是"共产主义"、什么是"马克思主义"则并不知晓,正如宋平所言:"他们寻找共产党,投奔延安,只是为了参加抗日斗争,为了投奔光明,至于共产党究竟是什么? 社会发展的前途和规律是什么? 头脑里并不十分清楚。"①因此,加强对学员的政治理论教育具有十分重要的现实意义。第四,从意识形态上看,马克思主义政党是根本反对所谓"教育与政治"相分离观点的。列宁就曾说过:"我们公开声明,所谓学校可以脱离生活,可以脱离政治,这是撒谎骗人"②。但是,来到延安的有些知识分子,则大多认为教育是脱离政治而存在的,所谓教育应是"超政治""超阶级"的。为此,毛泽东特别强调,学校的"政治教育是中心之一环","阶级教育党的教育与工作必须大大加强"。③ 这既是为高等学校确立了正确的办学方向,也是要教育和引导广大师生认识到学校政治教育以及政治理论课教学的重要性。

第二节　高等学校整顿提高时期向 "少而精"转型

　　延安时期高等学校的整顿发展主要包括两个方面:一是在党的领导下积

---

① 吴介民主编:《延安马列学院回忆录》,中国社会科学出版社 1991 年版,第 35 页。
② 《列宁全集》第 35 卷,人民出版社 1985 年版,第 77 页。
③ 《建党以来重要文献选编(1921—1949)》第 16 册,中央文献出版社 2011 年版,第 539 页。

极回应社会需求办教育,强调要为社会培养各类人才,在人才培养中贯彻"政治与技术并重"的思想;二是党领导高等教育向正规化方向发展,主要表现为高等学校合并后办综合性大学,设立校、院、系三级管理,梳理学校的课程体系和相互之间关系,将学制增加至2—3年,探索研究型人才的培养等。在这种背景下,政治理论课的设置目的和课程地位得以重新审视,政治理论课在高等学校人才培养中担负的任务进一步明确,课程设置的规范性、合理性受到重视,以往"政治课压倒其他一切课目"的偏颇也得到纠正。

一、高等学校在整顿提高中向正规化发展

抗日战争进入相持阶段以后,国民党采取消极抗战政策,并对陕甘宁边区进行政治和经济上的围堵,这对边区高等学校发展产生了深刻影响。首先,国民党的封锁造成国统区抗日青年前往陕北的道路被切断,延安地区高等学校的生源持续减少,较多学校并存出现了资源被分割浪费现象,学校办学资源的调整合并已势在必行。其次,国民党的围堵政策造成陕甘宁边区外援被切断,边区经济处在难以为继的崩溃边缘,为此,毛泽东和党中央动员干部群众开展了轰轰烈烈的大生产运动。而领导经济工作、发展生产自救又需要大量技术人才,以往主要培养政治人才的高等学校必然要通过转型以适应社会需要,这也要求高等学校作出有针对性的调整。最后,中国共产党领导的抗日武装深入敌后开辟了大批根据地,开展抗日斗争和进行根据地建设,同样需要各类人才。但培养高素质人才的高等学校却集中在延安地区,这对于人才培养和使用都十分不便,不仅根据地抗日青年进入延安的路途遥远,而且学成以后还要跨越敌人的封锁线才能到达各抗日根据地。

在这种背景下,党中央出台一系列措施推动高等教育的整顿和提高。一是推动延安地区的高等学校分赴抗日根据地办学,抗大在各根据地办分校,成立华北联合大学并开赴晋察冀边区办学,都是响应这一转变的具体措施;二是整合延安地区高等学校办学资源,将陕北公学、中国女子大学、泽东干部学校

三校合并成立延安大学,为中国共产党高等教育向正规化发展积累经验;三是设立延安自然科学院、中国医科大学等高等学校,为培养专门技术人才开辟道路,同时推动高等学校反思政治教育与技能教育的关系问题。这一时期延安地区高等学校的发展变化,为思想政治教育的创新发展带来了机遇和挑战。高等院校频繁合并和创办分校,理论联系实际的教学实施,迫切的专业技术教育需要等,促使延安高等学校探索出一条既能够加强思想政治教育,又能承载高等教育功能的新型高校办学模式。

随着根据地教育事业不断发展,到1940年前后,中等学校、高等学校出现正规化发展趋势,主要表现在学制与国统区看齐,纠正过于政治化的教育倾向,转而注重文化知识教育、专业知识教育。正规化趋势在中等学校引起了较大争议,1943年陕甘宁边区教育厅厅长柳湜在总结边区中等教育发展情况时,肯定了鲁迅师范学校办学方向是正确的,但是认为边区有些中等学校"'正规化'在各校实际的发展,已形成一种普遍的严重的倾向(国民党化的倾向)"①,这就必须要加以纠正。相对于中等教育正规化的争议,高等教育正规化则基本上得到肯定。这一时期引领正规化趋势的高等学校主要是延安大学。

延安大学的正规化主要表现在三个方面:首先,实行校长负责制的校院系三级管理。1944年延安大学形成校、院、系三级管理,设行政学院、鲁迅文艺学院、自然科学院3个学院,院下设系,共计11个系近20个专业。延安大学组建后实行校长负责制,校长作为最高管理者统揽学校发展全局,吴玉章、周扬、江隆基、李敷仁等先后担任校长。他们都是赫赫有名的教育家、理论家,体现了专家学者治校的理念。各院院长一般为某一方面的专家学者,负责本院的教育行政事务,院长定期召集由副院长、各系主任组成的院务会议商讨内部重大事宜。这种校、院、系三级管理是现代综合性大学的重要特征之一。其

---

① 陕西师范大学教育研究所编:《陕甘宁边区教育资料(中等教育部分)》上册,教育科学出版社1981年版,第47页。

次,建立了较长的规范化学制和课程体系。建立正规化学制是摆脱短期培训性质转变为学历教育的重要体现,延安大学积极探索分类实施、分层教育,在教学内容、教材建设等方面进行规范。学校设立中学部和大学部,初中及以下程度的,分在中学部学习。大学部分为本科和专修科,本科学制2—3年,专修科1—2年。社会科学院、法学院、教育学院的班级多为本科;俄文系、英文系、体育系的班级为专修科。① 在课程安排上,"法学院、教育学院、社会科学院除具特种必修课程外,决定以'中国政治''中国经济''根据地情况及政策''敌伪研究''中国通史''国际问题''三民主义''思想方法论''国文'等为一般必修课程。"在教材的选用上,"一切理论教材均保证其一定的科学的完整性,并须与实际联系起来。必修课程教材,除尽可能适合一定理论体系的原则外,并须力求其实用。"②到1944年,学校在规范化学制的探索方面更加深入,《延安大学教育方针暨暂行方案》这样规定:本校各院修业期限暂定为:行政学院2年,自然科学院3年,鲁迅文艺学院2年,医药系1—2年。但年限并非机械的规定,主要以修完规定科目为标准。③ 这说明,延安大学的规范化学制并非一刀切,"主要以修完规定科目为标准"的规定,更符合现代大学理念,为弹性学制留有空间。最后,把培养社会需要的各类人才作为办学目标。延安大学成立之后就提出"实施新型正规化的新民主主义教育,大量培养为人民服务的各项专业干部及普通干部为目的"④,这就是说,学校更加注重为社会培养各类人才,体现出现代大学的办学理念。到1944年延安大学开设3个学院和医学系,近20个专业,已基本实现全面培养抗战和边区建设所需各类人才的办学目标。延安大学正规化办学道路十分成功,是当时公认的中国共产党领

① 参见《延安大学史》,人民出版社2008年版,第60页。

② 《延大建立正规学制》,《解放日报》1942年2月10日。

③ 参见陕西师范大学教育研究所编:《陕甘宁边区教育资料(高等教育和干部学校部分)》下册,教育科学出版社1981年版,第145页。

④ 陕西师范大学教育研究所编:《陕甘宁边区教育资料(高等教育和干部学校部分)》下册,教育科学出版社1981年版,第128页。

导的第一所具有现代大学特征的高等学校。抗日战争胜利后,延安大学的部分师生前往华北和东北办学,一定程度上向其他解放区推广了正规化办学的经验。

1939 年夏到晋察冀边区办学的华北联合大学也进行了正规化办学探索。1941 年前后,学校开设有政法学院、文艺学院、教育学院,另设群众工作部和中学部,师生最多的时候达到 4000 余人。学校自身培养了 60 多个新教员,编写了一些教材。校长成仿吾要求学校教学时间"一般地延长到一年以上至两年,入学程度也要提高……保证联大进一步的正规化"①。随后不久,由于抗战形势更加困难,华北联合大学办学规模缩小,仅保留了教育学院,但学校在极端艰苦的环境下坚持办学,为抗战胜利后高等学校大发展保留了火种。

需要指出的是,延安时期高等学校向正规化发展仍具有相对性。一些学校通过办综合性大学、增加学制、注重学历教育、培养多科类人才等改革,一定程度上推动高等学校进一步摆脱干部教育模式的局限,更明显地呈现出现代大学的基本特征。但横向对比来看,延安时期高等学校的正规化与当时国统区高校的正规化办学尚有一定差距。一方面,党领导高等学校的办学积累、根据地的办学条件难以企及国统区高校,正规化只能是对之前不成熟、不规范办学方式的调整和改进,使学校注重学历教育,更多地承担起高等学校办学职能;另一方面,由于意识形态上的差异,中国共产党并不完全认同国统区高等学校办学理念,党领导的高等学校肩负着探索新型高等教育的重任,这也从根本上决定了正规化发展不会完全向国统区高校看齐。此外,从延安时期高等学校正规化发展的结果来看,正规化办学成果并未最终形成高等学校学历教育的办学制度,以至于党领导的高等学校并未真正走向规范化,这也是学界质疑延安时期高等教育的重要原因。

---

① 中央教育科学研究所编:《成仿吾教育文选》,教育科学出版社 1984 年版,第 29—30 页。

二、"政治与技术并重"思想的提出

与高等学校正规化发展相伴而生的是"政治与技术并重"思想提出,即要摆脱主要培养政治人才的干部教育模式,确立专业技术教育与政治教育同等的地位。延安大学成立之后即确立了培养社会所需各类人才的办学定位,依据校长吴玉章在学校创办初期历次开学典礼上的讲话内容,学校办学宗旨可以概括为 5 个方面:培养党与非党的各种高级和中级专门的政治、文化、科学技术人才;"政治与技术并重","以学习有关专门工作的理论与实际的课程为主";推行新的教育,反对过去那种"空虚""不实际"的教育,"反对公式化""反对教条",在教学中贯彻理论与实际相一致的原则;"要培养能做事的了解中国国情的青年",也就是要培养具有真才实学、为中国人民的革命事业奋斗的人才;"不但在专门技术和知识的获得,且更应注意培养学员的伟大品格","延大不应当只是学科学的学校,而应当是学做人的学校"。① 从吴玉章关于办学宗旨的论述可以看出,延安大学不仅着力塑造区别于党的干部学校的定位,并且认真探索符合现代新型大学的一些理念和思路。比如,强调"技术与政治并重"培养学生的"真才实学",注重培养学生的"伟大品格",提出办"学科学"与"学做人"的学校,这与现代大学提倡的人才培养、科学研究、社会服务、文化传承的办学理念已十分接近。

实际上,随着延安时期高等学校的整顿发展,教育界已经对高等学校过于政治化的办学倾向进行着反思。当时就有一篇文章这样评价道:"几年来到延安的青年们,大批大批的涌进了陕公、抗大、女大、马列学院、党校,他们在政治上的修养和训练上,固然有了相当收获。可是当一出校门踏进实际的工作环境时,往往觉得一无所长,除了做一般的政治工作外,便没办法去选择适当的职业岗位。"②高等学校强化政治教育而忽视专业教育,难以适应根据地对

---

① 参见《延安大学史》,人民出版社 2008 年版,第 59 页。

② 莫汉:《创办中的工业职业学校》,《解放日报》1942 年 3 月 22 日。

多元人才的需求,服务根据地社会建设的职能不能得到充分发挥,这不能不说是当时高等教育的突出问题。为此,一些教育界专家纷纷发表观点,阐释高等教育"太政治化"的弊端。董纯才认为,这"实际上就是一种教条主义的政治教育,只是教学生学习一大堆抽象的政治名词和空洞的政治口号,而不注意或几乎不注意群众生活所需要的社会知识。"①吴玉章在延安大学开学典礼上提出,政府不用专门人才而用政治人才是旧教育的习惯和弊病,"过去因为前方需要六个星期就训练完毕,只学会一(段)革命的基本课程",强调要"实行整顿学校,变成正规化,纠正不切实习惯"。徐特立则提出:"前进的政党要把握政治,也要把握技术,旧的政治第一的口号应该废除,今后政治与技术都要把握。"②这些论争推动了"政治与技术并重"的教育思想的确立,补充丰富了"政治教育压倒一切",给了专业技术教育应有的发展空间。笔者认为,"政治与技术并重"思想的提出,一方面反映出党对于现代高等教育职能的认知更加深入,认识到高等学校培养的绝不仅仅是政治人才或政治干部,而是要面向各行各业的需求培养人才;另一方面,在中国共产党领导根据地建设过程中,需要越来越多的专业技能人才,这也倒逼高等学校回应这一社会需求,大力推行专业教育、技术教育,并把办学的重点从短期政治培训改为较长学制的专业技术教育。

三、高等学校政治课"少而精"的探索

高等学校要加强专业技术教育,就必然要对"政治课压倒其他一切课目"进行补充,但如何处理政治理论课程多而不精的问题,当时尚未形成明确的改革思路。为此,不少高等学校依照办学中积累的经验,既要做到课程开设数量相应减少,又要让政治理论课树立学生基本的马克思主义立场、观点和方法。

---

① 董纯才:《论国民教育的改造》,《解放日报》1942 年 9 月 4 日。

② 参见《延大举行开学典礼,校长吴老宣布教育方针,徐老讲政治与技术并重》,《解放日报》1941 年 9 月 23 日。

这就是政治理论课"少而精"的最初探索。1941 年 12 月,《中共中央关于延安干部学校的决定》作出如下规定:"专门课应占百分之五十,文化课应占百分之三十,政治课应占百分之二十。坚决纠正过去以政治课压倒其他一切课目的不正常现象。"①这被认为是推动高校政治理论课向"少而精"转型的风向标。

　　政治理论课要做到"少而精"对教师队伍提出了更高要求,需要教师团队能够深刻把握马克思主义的理论体系,并将理论与学生的现实需求进行结合,从而建设精炼、实用的课程内容。相关高等学校经历过初创时期的积累,政治理论课教师团队初步形成,一定程度上具备了推动政治理论课向"少而精"转型的能力。华北联合大学是较早对政治理论课进行规范的高等学校。1940年 4 月,华北联合大学第三期学生入学后,学制改为半年一期。政治理论课开设"社会发展史(马列主义原理)""政治经济学""哲学""中国近代革命史"4门,后又增设了"群众运动""基本政策"2 门,相当于形势与政策课程。这些课程由校直属的政治研究室承担,学校自己培养的一批青年政治理论课教师负责授课,有汪志天(即项子明)、刘克明、师唯三、何戊双、明吉顺、张伯英、李滔、汪士汉、胡华、赵东黎、刘仕俊、陈汉光等。② 这时的课程设置数量已较陕北公学时期缩减不少。学校成立校直属的政治研究室来承担授课任务,这就将政治教育与专业教育进行了区分,再加上专职教师团队的形成,为政治理论课设置的"少而精"创造了条件。在高等学校正规化发展政策的推动下,华北联合大学设有法政、教育、文艺 3 个学院,院下设系,另设群工部、中学部 2 个部。学校将政治教育与专业教育结合起来,学制延长到 1—2 年,课程方面增加专业课程,相应减少了政治课程。③

---

① 《中共中央关于延安干部学校的决定》,《解放日报》1941 年 12 月 20 日。
② 参见成仿吾:《战火中的大学:从陕北公学到人民大学的回顾》,人民出版社 2014 年版,第 156 页。
③ 参见中央教育科学研究所编:《成仿吾教育文选》,教育科学出版社 1984 年版,第 30 页。

延安大学被认为是延安第一所具有现代大学特征的综合性高等学校,学校成立之初即在大学部下暂设教育、文艺、政治、经济建设4系,课程设置上也明确分为"各系共同政治课与各系专修业务课两种"①。1942年初,延安大学规定法学院、教育学院、社会科学院除了开设特种必修课程外,决定以"中国政治""中国经济""根据地情况及政策""敌伪研究""中国通史""国际问题""三民主义""思想方法论""国文"等为一般必修课程。② 这些必修课中,涉及政治理论课8门,可以明显看出课程尚未形成体系,与"少而精"的目标还有很大距离。1943年春,为了集中力量办好高等教育,提高办学质量和办学效益,中共中央西北局决定延安大学、鲁迅艺术学院、自然科学院、民族学院、新文字干部学校合并,校名为延安大学。学校合并之后,师资和办学资源得到了整合,学院人数、专业设置数都得到较大提升,这也为探索政治理论课的"少而精"提供了机遇。

到1944年,延安大学设行政学院、自然科学院、鲁迅文艺学院及医药系,学制一般2—3年。在课程编制上,分为"全校共同课"与"各院系专修课"两种,另设补助课程,以适应部分人之特殊需要。全校共同课主要为中国革命历史与现状之研究,革命人生观与思想方法之修养;各院系专修课主要为与业务有关的理论与政策之研究,及知识技术之训练等;补助课内容为文化补习课等。在学习时间上,全校共同课占30%,各院系专修课占70%;在各院系专修课中,理论政策课一般占30%,业务知识课与技术课占70%,各院系得依具体情形加以伸缩。对于"全校共同课",则明确规定包括"边区建设概论""中国革命史""革命人生观""时事政治"4门。③ 与该校1942年设立的8门政治理论课对比,从课程设置的内容来看,"边区建设概论"相当于之前的"根据地情

---

① 陕西师范大学教育研究所编:《陕甘宁边区教育资料(高等教育和干部学校部分)》下册,教育科学出版社1981年版,第130页。

② 参见《延大建立正规学制,边校确定教学方针》,《解放日报》1942年2月10日。

③ 参见陕西师范大学教育研究所编:《陕甘宁边区教育资料(高等教育和干部学校部分)》下册,教育科学出版社1981年版,第146—147页。

况及政策";"中国革命史"则至少涵盖了"中国政治""中国经济""中国通史"3门课程;"革命人生观"相当于"思想方法论";"时事政治"则大致相当于"敌伪研究""国际问题""三民主义"等课程。这样的课程设置,既满足了人才成长需求,也基本摆脱了政治理论课多而不精的弊端,预示着延安大学政治理论课设置向系统化、条理化和科学化迈进。

从延安大学的教育方案可以看出,政治理论课设置上的"少而精"基本实现,课程比重也明确定位在30%,这就从根本上界定了高等学校与党的干部学校不同,政治教育课程不应占据主要地位。然而,"少而精"仅是对高等学校过多设置政治理论课的纠偏与反思,其本身并不是一种成熟的政治理论课模式。

四、课程建设重点解决所学与所用脱节问题

政治理论课学用脱节的问题曾经被中央领导重点提及,尤其是毛泽东多次强调要将马列主义基本理论同中国革命具体实践相结合,对于只读马列原著、照搬教条的做法十分不满。他常以《联共(布)党史简明教程》中"马克思列宁主义理论不是教条,而是行动的指南"[1]这一论断教育身边同志,批评把马列理论当作教条的现象。尤其是延安整风运动开始后,高等学校政治理论课着力解决所学与所用脱节的问题,取得了一定成效。

高等学校政治理论课教学中的教条主义与党内存在的教条主义是同时存在的。1941年5月19日,毛泽东在延安干部会议上发表《改造我们的学习》的报告,深刻剖析了党内不注重研究现状,不注重研究历史,不注重马克思列宁主义应用的问题。他批评说:"许多同志的学习马克思列宁主义似乎并不是为了革命实践的需要,而是为了单纯的学习……只会片面地引用马克思、恩格斯、列宁、斯大林的个别词句,而不会运用他们的立场、观点和方法"[2],造成

---

① 《联共(布)党史简明教程》,人民出版社1975年版,第391页。
② 《毛泽东选集》第三卷,人民出版社1991年版,第797页。

"生吞活剥""理论和实际分离"的现象。他进一步提出,这种学习马克思主义的方法是直接违反马克思主义"理论与实际统一"原则的,是党内极坏的典型。在谈到学校教育中的教条主义问题时,毛泽东举例说:"教哲学的不引导学生研究中国革命的逻辑,教经济学的不引导学生研究中国经济的特点,教政治学的不引导学生研究中国革命的策略……诸如此类。其结果,谬种流传,误人不浅。"①他还说:"在延安学了,到富县就不能应用。经济学教授不能解释边币和法币,当然学生也不能解释。这样一来,就在许多学生中造成了一种反常的心理,对中国问题反而无兴趣,对党的指示反而不重视,他们一心向往的,就是从先生那里学来的据说是万古不变的教条。"②毛泽东在深刻分析当时存在的各种教条主义错误后,对学校教育提出了明确要求:"应确立以研究中国革命实际问题为中心,以马克思列宁主义基本原则为指导的方针,废除静止地孤立地研究马克思列宁主义的方法。"③这成为高等学校政治理论课改革的根本指针,推动政治理论课实现理论与实践的结合,引领了政治理论课建设的总方向。

毛泽东《改造我们的学习》的发表,在高等学校政治理论课建设中引起较大反响,尤其是对延安马列学院的触动最大。随后不久,延安马列学院即改建为研究性质的中央研究院,下设中国政治研究室、中国经济研究室、中国历史研究室、中国教育研究室、新闻研究室、中国文化思想研究室、中国文艺研究室、国际问题研究室、俄语研究室9个研究室,分别由张如心、王思华、范文澜、李维汉(负责教育、新闻研究室)、艾思奇、欧阳山、柯柏华、师哲担任主任。④这种变化明显是为了适应研究中国具体问题的需要。毛泽东甚至在中共中央政治局会议上指出,"延安的学校是一种概论学校,缺乏实际政策的教育"⑤,

① 《毛泽东选集》第三卷,人民出版社 1991 年版,第 798 页。
② 《毛泽东选集》第三卷,人民出版社 1991 年版,第 798—799 页。
③ 《毛泽东选集》第三卷,人民出版社 1991 年版,第 802 页。
④ 参见《张闻天年谱(1900—1976)(修订本)》,中共党史出版社 2010 年版,第 451 页。
⑤ 《毛泽东年谱(1893—1949)(修订本)》中卷,中央文献出版社 2013 年版,第 324 页。

为此,对所有的教育都要有"一个大的改造"。张闻天进一步指出,中央领导同志要多到学校作报告,以帮助教员以实际政策教育学生;同时改造学校课程设置比例,编辑中国革命好的教科书等来配合政治课教学。① 延安马列学院的变化带动了其他高等学校的改革,1941 年 9 月组建的延安大学从一开始就十分注重课程改革。1942 年初,延安大学在政治理论课设置上体现了对中国具体问题研究的特点,开设了诸如"中国政治""中国经济""根据地情况及政策""敌伪研究""中国通史""国际问题""三民主义""思想方法论"等等课程,总的发展趋势是,强调政治理论课要解决所学与所用脱节问题,推动政治理论课摆脱教条主义影响,在教学中贯彻理论联系实际的原则。

第三节　高等学校大发展时期"公共必修课"模式确立

抗日战争胜利后,中国共产党领导的高等学校教育事业得到大发展,华北解放区、山东解放区、东北解放区相继成立或接管了一批高等学校。一些在延安从事高等学校教育工作的教师、专家等,纷纷到这些学校担任重要的教育和管理工作,延安地区高等学校的办学特色得到重视和继承。中国共产党领导的高等学校教育事业的大发展,为政治理论课建设带来机遇和挑战。一方面,党领导的高等学校数量和在校生人数大大增加,高等学校人才培养的覆盖面进一步扩大,为探索政治理论课教育模式提供了广阔舞台;另一方面,在解放战争的复杂形势下,多数高等学校正常办学的环境和秩序被打乱,为备战而实行的战时政策基本上恢复到短期政治培训模式,这为高等学校探索政治理论课建设带来诸多困难。但在毛泽东思想指导下,中国共产党领导高等学校办

---

① 参见《张闻天年谱(1900—1976)(修订本)》,中共党史出版社 2010 年版,第 453 页。

学的实践越来越丰富,政治理论课建设的目标、方法和途径更加明确,政治理论课"公共必修课"模式基本得到确立。

一、抗战胜利后高等学校快速发展

抗日战争胜利前后,中国共产党领导的抗日根据地快速发展,在华北、东北、山东等地建立了人民政权。为进一步巩固根据地并迎接正在迅速发展的有利形势,党迫切需要培养大批干部人才,因此,各根据地开始新设立一批军政大学,这些学校在抗战结束后逐步发展成为高等学校。与此同时,延安地区高等学校在党的领导下转赴华北、东北办学,各解放区为了培养经济建设专门人才也着手创办了一批新型的综合性大学。

(一)华北解放区的主要高等学校

华北解放区主要包括晋冀鲁豫边区、晋察冀边区。据 1946 年统计,晋冀鲁豫边区高等学校主要包括大学 1 所、学院 2 所①,这所大学就是新创办的北方大学;晋察冀边区专科以上高等学校较多,如华北联合大学、白求恩医科大学、军政干部学校、铁路学院、内蒙学院、晋东建国学院等②,其中具有代表性的是华北联合大学。

1. 北方大学

北方大学是晋冀鲁豫边区政府筹办的一所大学,1946 年 1 月成立于河北邢台西关。晋冀鲁豫边区是当时面积最大、人口最多的解放区,1945 年 11 月,边区政府根据中共中央的意见筹办北方大学。应边区政府主席杨秀峰的请求,党中央派范文澜担任学校校长。学校的创办目的正如范文澜所说:"边

---

① 参见中央教育科学研究所编:《老解放区教育资料(三):解放战争时期》,教育科学出版社 1991 年版,第 174 页。

② 中央教育科学研究所编:《老解放区教育资料(三):解放战争时期》,教育科学出版社 1991 年版,第 171 页。

区需要什么人材,北大就训练什么样的人材,北大毕业的学生,不仅要有很高的文化程度,而且要有全心全意为人民服务的思想,掌握专门的技术。"①学校创办初期,设行政学院、工学院、农学院、医学院,学校师生规模已经达到 1400余人,被著名学者刘大年认为是"解放区第一所比较齐全、规模比较大且比较正规的综合性大学"②。学校聚集了来自延安地区、国统区和晋冀鲁豫边区的教育工作者,为学校发展带来活力。学校成立后,先是在河北邢台办学,受到解放战争形势的影响,1946 年 10 月学校由河北邢台迁往山西长治的潞城县高家庄办学。在长治办学的一年半时间里,办学环境较为稳定,各项教育计划得到较好实施,办学规模扩展为 7 个学院、3 个研究室和 1 个剧团。学生来自全国除西藏以外的各省及东南亚一带的华侨,著名作家徐懋庸、高沐鸿、于黑丁等曾到北方大学讲课或作学术报告。校长范文澜在繁忙的管理工作之余,也亲自为学生讲授"社会发展史""中国通史""联共(布)党史"等课程。③1948 年春,北方大学回到河北邢台办学。不久,华北人民政府成立,决定北方大学与华北联合大学合并组建华北大学,学校师生于当年夏天分批到河北正定与华北联合大学汇合。

2. 华北联合大学

1942 年以后,根据党中央精兵简政政策,华北联合大学进行缩编,仅保留了教育学院。抗日战争胜利前夕,教育学院开设政治班专门接收来自占领区的青年学生,到 1945 年 8 月教育学院师生已达 800 余人。9 月,华北联合大学进入张家口后复校,恢复原来的文艺、法政、教育 3 个学院和 1 个文艺工作团。1946 年 6 月,学校又成立外国语学院,下设俄文系、英文系。成仿吾担任校长,周扬任副校长,张如心任教务长;沙可夫、艾青分别担任文艺学院正副院长,何干之任政法学院院长,于力任教育学院院长,浦化人任外国语学院院长,

---

① 吴象:《边区最高学府北方大学开始上课》,《人民日报》1946 年 5 月 28 日。

② 王律:《正定华北大学史话》,河北人民出版社 2018 年版,第 78 页。

③ 参见一丁:《范文澜与北方大学》,《文史月刊》2004 年第 2 期。

吕骥任文艺工作团团长。① 随后不久,学校撤出张家口到河北省中部地区办学。华北联合大学的教学管理人员多是从延安走出的教育专家,复校后大家怀着极大的热情开展教育教学工作,在政治理论课教学上既继承了"少而精"的思路,也结合实际进行了新的探索。例如,在日常教学之余,学校师生还要参与文艺创作、领导农民翻身进行土地改革等社会实践活动,在为人民服务过程中接受政治思想上的锤炼。这一时期,学校学生规模保持在 1000 余人,从办学规模和理念上更加接近综合性大学。

(二)山东解放区的主要高等学校

山东解放区是党的高等学校发展较好地区之一,先后创办有华中建设大学、临沂山东大学等。1948 年 6 月山东解放区开始教育的整顿和恢复工作,高等学校教育事业发展更为迅速,到 1949 年 7 月,山东省共有高等学校 7 所,包括华东大学、山东省立工业专科学校、山东省立医学院、山东省立农学院、山东省立会计专科学校、行政学院、山东省立师范学院。② 这里主要介绍华中建设大学和临沂山东大学的办学和课程建设情况。

1.华中建设大学

华中建设大学是抗战胜利前夕创办的培养政治干部人才的高等学校,其前身是中共中央华中局党校。1944 年 11 月,中共中央华中局决定筹办华中建设大学,并任命华中局宣传部长彭康兼任校长。学校成立之初即确定了培养新干部和在职干部的办学目标。据《关于创办建设大学的通知》规定,学校首期生源主要有三种:一是地方知识青年,除了直接招生外,"责成每县委、每县政府各保送知识青年三名至四名";二是从地方政府中选派可培养为区一

---

① 参见中央教育科学研究所编:《老解放区教育资料(三):解放战争时期》,教育科学出版社 1991 年版,第 227 页。
② 参见中央教育科学研究所编:《老解放区教育资料(三):解放战争时期》,教育科学出版社 1991 年版,第 261—262 页。

级干部的人才;三是选派县级以上及地方武装中的干部。① 首期学员共有500余人,分为4系和高干班、区干班各1个。学习内容分为政治教育和业务教育,政治教育课程全校统一上课,主要进行马列主义理论、党的方针政策教育。除专职教员外,校长、各系主任都分工授课,如校长彭康就主讲"中国革命与中国共产党"。此时,学校办学是短期培训性质的军政大学模式,首期学员学习6个月后陆续分配工作。抗日战争胜利后不久,华中建设大学筹划举办第二期,强调为解放区培养各种建设人才。第二期学员来源更为广泛,既有来自苏北公学的学生,还有解放区的基础干部、中小学教师,以及国统区知识分子,学生规模在1000人左右。② 由于条件所限,本期并未设置本科,招收学生全部编入预科,计划学习3个月后转入本科学习。预科学习内容,一是中国革命基本理论教育,基本教材是毛泽东的《中国革命与中国共产党》;二是革命人生观教育,基本教材是俞铭璜的《革命人生观》。③ 由于应对战争形势的需要,经过近4个月的学习后大部分学员走上了工作岗位,少部分学员转入临沂山东大学本科各系学习。1946年3月,华中建设大学筹办第三期,主要面向社会招收知识青年,学校甚至还组织了招生考试,共招生800余人。根据需要,学校计划设立工学院、农学院、医学院、文学院、师范学院、社会科学院6个学院和1个预科部,学习时间则根据院系不同和学生生源水平的差异,分为1—4年,预科学习时间半年至1年。④ 为了实现这一办学目标,学校特从解放区和上海聘请了一批教授学者来校任教,力图把华中建设大学办成多学科、综合性、正规化大学。同年5月,学校开课后不久形势急剧恶化,教学计划尚未得

---

① 参见中共中央华中局:《关于创办建设大学的通知》,见《华中建设大学校史》,上海市新闻出版局内部资料1992年版,第329—330页。

② 参见秦明:《在华中建大几个时期的点滴回顾》,见《华中建设大学校史》,上海市新闻出版局内部资料1992年版,第112页。

③ 参见章凡:《忆华中建设大学的学习生活》,见《华中建设大学校史(续编)》,上海市新闻出版局内部资料1993年版,第103页。

④ 参见中央教育科学研究所编:《老解放区教育资料(三):解放战争时期》,教育科学出版社1991年版,第264页。

以实施,便转为开展政治教育为主,主要内容为"社会发展史""新民主主义论"和新四军军史等。① 随后不久,部分学生支援前线,其他学生则随学校辗转山东各地办学,直到 1947 年冬停办。值得一提的是,1946 年 3 月华中建设大学师生 600 余人在彭康的率领下来到临沂并入山东大学,为学校保留了血脉。

2.临沂山东大学

临沂山东大学成立于 1945 年 8 月,是山东解放区建立的最高学府,学校创办目的是培养服务解放区建设的各类人才,正如《大众日报》所述:"为建设新民主主义的独立、民主、自由、统一与富强的新中国培养为人民服务的政权工作者、财政经济工作者、教育工作者、工程师、医生、科学家、文学家、艺术家、新闻工作者、农林交通等人才。"②学校创办初期暂定开设 8 个系,即政治、财经、教育、工矿、医学、农林、交通、文学。课程设置分为必修科、专修科、选修科,其中必修科以政治教育、思想教育、基本理论教育为主,专修科以政策教育、业务教育、技术教育为主,选修科以理论教育、文化教育为主。修业年限暂定为 1—2 年。从临沂山东大学创办目的、专业设置、课程安排来看,该校在努力创办一所新型的解放区正规大学。学校办学分为三个阶段:第一,从 1945年 9 月到 1946 年 3 月为预科阶段。招收具有高中文化程度的学生进行预科教育,预科教学开设"社会发展史""中国革命史""论联合政府""论人生观"等课程③,以思想政治教育为主。第二,1946 年 3 月到 8 月是设立本科的业务教育阶段。1946 年 3 月,华中建设大学 600 余名师生并入学校,合并后的山东大学学生开始转入以专业学习为主。此时,学校教师队伍人才济济,如经济学家何封、薛暮桥,哲学家李仲融,文学家王淑明,数学家孙克定,历史学家刘力行,画家胡考等,都是解放区文教界知名人士。此外,还有华东局宣传部长

---

① 参见衡朝阳:《华中建设大学在苏北》,《档案与建设》2014 年第 7 期。

② 李鹏程:《临沂山东大学述略》,《临沂大学学报》2013 年第 2 期。

③ 参见《山东大学百年史》,山东大学出版社 2001 年版,第 146 页。

彭康,省教育厅厅长杨希文、副厅长孙陶林,省民政厅副厅长宋日昌,省文协副主任陆万美等,"教师阵容整齐,各有专长,学校具备了向新型正规大学发展的有利条件"①。这一时期,学校学生 1410 人,设立政治系、经济系、教育系、文艺系和预科。全校共同必修课有"辩证唯物主义""数学""中国历史",政治系专业课开设学习《共产党宣言》《国家与革命》《中国革命与中国共产党》《解放区政治建设》等。② 第三,从 1946 年 8 月到 1947 年底是在长途转移中坚持办学阶段。由于战争形势的需要,1946 年 8 月学校开始辗转办学。到 1947 年 2 月,临沂山东大学本科、预科学员全部参与到政工、后勤或文艺单位,学校停止办学。1948 年夏,学校渤海地区留守人员与华中建设大学部分人员在潍县组建华东大学。华东大学随后迁入济南办学,逐步发展壮大,先后开设文学院、社会科学院、教育学院等,并设有预科。学校的政治理论课教学也逐渐走向正规,以"马列主义基本理论""新民主主义论""社会发展史""中国近代史""时事政治"为共同必修课程。③

(三)东北解放区的主要高等学校

中国共产党在开辟东北解放区之初,把教育工作作为根据地建设的重要任务之一,党中央首先选派了一批有工作经验的干部来到东北领导教育工作。1945 年下半年开始,党中央以"迁建并举"的措施,有计划地在东北解放区建立起培养干部为主的高等教育体系。到东北全境解放前夕,东北已经有高等学校 20 余所,主要由三部分构成:一是由老解放区迁转来的高等学校。主要如抗大总校及第一分校、第三分校从陕北到达吉林通化,并改建为东北军事政治大学;鲁迅文艺学院经张家口、齐齐哈尔、哈尔滨等地最后到达佳木斯市办学,后并入东北大学文艺学院;延安外国语学校到达哈尔滨办学,改名为东北

---

① 《山东大学百年史》,山东大学出版社 2001 年版,第 147 页。
② 参见《山东大学百年史》,山东大学出版社 2001 年版,第 148 页。
③ 参见《山东大学百年史》,山东大学出版社 2001 年版,第 167—168 页。

民主联军司令部外语学校;中国医科大学从延安出发经张家口、哈尔滨到达黑龙江兴山市(今鹤岗市)办学,原东北军医大学并入该校。这些高等学校数量虽然不多,但却是东北高等教育发展的基础。二是接收伪满时期的高校。如私立哈尔滨大学,前身是伪"满"时期的王道书院,1946年9月被民主政府接收。三是新创办的高等学校。这类学校为数众多,主要包括两类:第一类是培养党、政、军干部人才的高校,如东北各省举办的军政干部学校,各省党政军领导如张闻天、陈大凡、王明贵、李延禄、李范五等分别兼任校长;第二类是培养政治、经济、文化、教育、医学、实业等专门人才的高等学校,其中最具代表性的是东北大学。

东北大学是在党中央、毛泽东直接关怀下创建的。1945年8月,毛泽东亲自到延安大学,向校长周扬和副校长张如心传达党中央的决定,要求延安大学的一批骨干力量去东北,创办东北大学。① 1945年10月,延安大学的部分干部和教师在周扬、张如心的带领下,以"松江支队第四大队"的行军编号前往东北建校。1945年底到达张家口市以后,由于通往东北的道路已经被切断,延安大学师生并入华北联合大学。与此同时,按照中共中央东北局宣传部指示,著名作家舒群创办了东北公学,不久学校改名为东北大学,张学思兼任校长,白希清、舒群任副校长,校址暂设于辽宁本溪。据舒群收藏的1946年2月学校招生简章,学校最初的任务是"培养为人民服务,献身于新中国、新东北之建设的政治、经济、文化、教育、实业、医学等建设专门人才,并积极进行学术研究及艺术创作,而致力于国家文化水准之提高"②。随后,学校辗转到佳木斯市办学。这一时期,学校将政治理论课归入全校共同课范畴,主要开设有"新民主主义""社会科学""解放区建设史""'九·一八'以来的中国""时事""中国历史"等。③ 1946年8月,张如心率领延安大学和华北联合大学的

① 参见《东北师范大学校史》,东北师范大学出版社1996年版,第1页。
② 《东北师范大学校史》,东北师范大学出版社1996年版,第4页。
③ 参见《东北师范大学校史》,东北师范大学出版社1996年版,第10页。

百余名教师、干部并入东北大学,充实了学校的教师队伍。学校设置有社会科学院、鲁迅文艺学院、教育学院、经济学院、医学院、自然科学院 6 个学院,各院总计下设 18 个系,并在各院设研究室。各院系修业年限暂定为 2—4 年不等,报考资格要求中等学校毕业或具有同等学力者。① 但由于战争原因,较长学制的办学设想并未实现,学校转而学习抗大经验,以政治教育为中心开展短期培训,开设了较多的政治课程,并辅以劳动教育、时事政策讲座等。1948 年 7月,中共中央东北局、东北行政委员会决定东北大学与吉林大学合并成立新的东北大学。吉林大学创建于 1946 年春,是党领导下建立起来的一所革命的新兴学校。两校合并后,东北大学开始向正规化办学过渡。学校整编为第一部、第二部和预科。第一部设立文学系、社会科学系、自然科学系,下设 12 个专业,学制 2—4 年不等;第二部学生来自国统区,主要以思想政治教育为主,对学生进行革命的启蒙教育,学习时间 3 个月;预科则以补习文化课为主,学制1 年。在课程设置方面:第一部设置三类课程:普通基本科目、教育基本科目、专业科目。其中,普通基本科目占总学时的 15%—20%,包括"中国近代史""中国革命问题""时事政策""国文"等。第二部开设政治类课程较多,有"国内形势""中国现代史""中国革命基本问题""中国共产党""孙中山与三民主义""国际问题""政策问题"等。预科开设的政治类课程有"中国通史""中国近代革命运动史"等。②

　　1948 年夏,在接收国民党政府流亡高校的基础上,东北解放区高等学校数量有了较大增加。中共中央东北局、东北行政委员会适时发出《关于整顿高等教育的决定》,明确规定高等教育的任务是:"担负起培养具有革命思想与掌握现代专门科学技术知识的高级专门人材的任务,以适应新民主主义的经济建设与文化建设的需要。"高等教育的整顿坚持"精干"与"正规"方针,东

---

　　①　参见《东北大学招生简章》,见中央教育科学研究所编:《老解放区教育资料(三):解放战争时期》,教育科学出版社 1991 年版,第 294—295 页。

　　②　参见《东北师范大学校史》,东北师范大学出版社 1996 年版,第 40—41 页。

北高等教育发展进入了新的历史时期。①

二、政治理论课设置优化后的"公共必修课"模式

"公共必修课"模式萌芽于 1938 年创办的鲁迅艺术学院。鲁迅艺术学院作为"培养抗战的艺术工作干部"的高校,与抗大和陕北公学有明显不同,在创办之初就明确了政治理论课是各系的"共同必修科",除此之外各系还有相应的专业课程。延安大学成立后也提出了"全校共同课"的概念。但"共同必修科""全校共同课"并没有体现出政治理论课程之间、政治理论课与专业课之间的逻辑关系,并非真正意义上的"公共必修课"。抗日战争胜利后,按照中央决定,延安大学自然科学院、鲁迅艺术文学院、行政学院的大部分前往东北办学,先后并入或合并成立了华北联合大学、华北大学、东北大学、东北鲁迅艺术文学院等高校,延安地区高等学校的办学经验被推广到华北、东北、山东等解放区。在此背景下,在延安地区高等学校萌芽并发展起来的政治理论课"公共必修课"模式,在各解放区得以实践和探索。

随着大批干部、学生前往东北、华北,留在陕甘宁边区的延安大学教育方针也发生了改变,强调"培养为陕甘宁边区服务的各种建设干部"②,并继续开展正规化办学的探索。但由于解放战争形势发展,延安大学探索正规化办学的进程被迫中断,学校取消一切脱离战争实际的教学内容,要求必须联系战争、联系土改、联系生产,同时必须联系学生的思想和行动。③ 但学校开展正规化办学的理念已经形成,战时短训模式仅是非正常情况下的权宜之计。1948 年 7 月,延安大学大部分师生陆续回到延安,学校恢复正常秩序,在

---

① 参见中央教育科学研究所编:《老解放区教育资料(三):解放战争时期》,教育科学出版社 1991 年版,第 309—314 页。

② 《延安大学史》,人民出版社 2008 年版,第 180 页。

③ 参见《延安大学史》,人民出版社 2008 年版,第 190 页。

1948年10月即印行《延安大学教育方案》，规定大学部建立正规学制，暂设政法、教育、经建和文艺4系，各类课程所占比重为：政治课20%，专业基础课20%，业务课60%。随后不久，又将全校课程分为4大类。① 这种课程设置不仅是在政治理论课课程内部进行了提炼升华，而且把政治理论课作为必修课程，严格按照比例融入全校课程体系，政治理论课"公共必修课"模式逐渐显现。

这一时期其他综合性高等学校对于政治理论课的探索与延安大学大致类同。例如，晋冀鲁豫边区成立的北方大学，先后设有行政学院、工学院、农学院、医学院、财经学院、文教学院、艺术学院等，院下设系，建制较为规范，另外还设有文艺、历史、财经3个研究室。② 学校创办初期，师生规模已经达到1400余人，到学校担任教师的，既有范文澜、艾思奇、黄松龄、乐天宇、张宗麟、陈唯实、陈荒煤等从延安来的知名教育家，还有部分长期在晋冀鲁豫边区从事教育工作的王振华、罗青、张柏园、增一、孟夫唐等，也有从国民党统治区来的张光年、叶丁易、王冶秋、尚钺、李何林等，汇聚了大批国内知名教授，可谓人才济济。学校院系齐全、涵盖多个学科，办学规模较大，师资力量雄厚，被认为是当时解放区"更多地接近于所谓正规的综合大学"③。该校十分重视理论联系实际对学生进行思想政治教育，一大批知名师资聚集该校，为探索政治理论课建设奠定了坚实的人才基础。全校开设的政治理论课主要有"辩证唯物主义与历史唯物主义""社会发展史""中国革命和中国共产党"，此外，还要经常联系实际进行时事政治、党的政策学习。④ 再如，华北联合大学到张家口办学后，立即恢复建立文艺、法政、教育3个学院，并新成立了外国语学院，学校成为一所综合性大学。在政治理论课安排上，各学院必修"社会发展史""中国

---

① 参见《延安大学史》，人民出版社2008年版，第213—214页。

② 参见一丁：《范文澜与北方大学》，《文史月刊》2004年第2期。

③ 刘大年：《北方大学记》，《近代史研究》1991年第3期。

④ 参见王延强：《新中国成立前夕中国共产党高等教育办学理念与实践探索——以北方大学为中心》，《江西社会科学》2020年第9期。

近代革命运动史""新民主主义论""解放区建设",比重约占全部课程的20%。① 华中建设大学将教学内容分为政治教育和业务教育,政治教育课程全校统一上课,主要进行马列主义理论、党的方针政策教育,"中国革命和中国共产党""革命人生观""社会发展史""新民主主义论"是主要课程。华中建设大学与临沂山东大学组建为华东大学后,政治理论课建设也走向正规化,以"马列主义基本理论""新民主主义论""社会发展史""中国近代史""时事政治"为共同必修课程。② 1948 年 7 月,东北大学与吉林大学合并成立新的东北大学。课程设置分三类:普通基本科目、教育基本科目、专业科目。其中,普通基本科目占总学时的 15%—20%,包括"中国近代史""中国革命问题""时事政策""国文"等。③

审视这一时期的高等学校政治理论课程设置,有以下几个特点:一是课时比重均为 20%左右。虽较抗战后期 30%的比重有所减少,但课程设置内容都进行了系统化提炼,课程内容之间的逻辑关系得到优化,重要讲授内容并没有缩减。二是课程设置的核心内容趋向一致。虽然不同学校政治理论课程设置有所差别,但大多都包含有"社会发展史""基本政治理论""中国革命问题"等内容。三是政治理论课的课程地位进一步提升。多数高等学校都将课程设置分为三类,政治理论课被归类为全校各院系、各专业的首要必修课范畴,由全校统一安排师资讲授。总体上说,这种政治理论课设置完全摆脱了多而不精的政治课中心化现象,也不再是"少而精"的简单表述,而是将政治理论课核心教学内容进行优化和规范,演变为支撑所有学院、所有学生成长成才的必修课,这就是所谓的"公共必修课"模式。

----

① 参见成仿吾:《战火中的大学:从陕北公学到人民大学的回顾》,人民出版社 2014 年版,第 199 页。

② 参见《山东大学百年史》,山东大学出版社 2001 年版,第 167—168 页。

③ 参见《东北师范大学校史》,东北师范大学出版社 1996 年版,第 40—41 页。

三、政治理论课"公共必修课"模式的确立

抗日战争胜利之后,中国共产党领导的高等教育着力向正规化方向发展,一般都按照延安大学多次合并整顿后的模式,建立了校、院、系三级管理,设立了2—4年不等的修业年限,并根据需要创办多学科、多门类的综合性大学。在课程设置上,一般分为公共必修科目、基础科目和专修科目。其中,政治理论课被列为公共必修科目,总学时数被控制在15%—20%,课程的设置更加系统和精炼,大多包括"马克思主义基本理论""社会发展史""中国革命与中国共产党""新民主主义""时事政治"等内容。然而,由于解放战争爆发,这种迈向正规化的办学设想并未实现,不管是举办面向社会培养各类专门人才的院系和专业,还是实行较长学制的学历教育,都因为战争原因而搁置。为应对战争形势需要,不少学校还实行了战时教育政策,恢复了高等教育初创时期的短期培训办学模式,主要开展以"马列主义基本理论""革命人生观"为主要内容的思想政治教育,同时引导师生积极参与土改、支前等革命斗争活动。正如1946年11月延安大学制定的《战时干部教育实施方案》,强调取消一切脱离战争实际的教材,教材内容必须联系战争、联系土改、联系生产,同时必须联系学生的思想和行动。[①] 但这仅是战争情况下的特殊安排。随着人民解放军在战场上节节胜利,1948年春夏,东北、山东、陕北战局迎来胜利曙光,党领导的高等学校教育事业再次拥有了比较稳定的发展环境。在党中央统一领导下,各解放区开始着手对高等学校进行整顿、恢复和提升,一方面对解放区现有高等学校进行整合,并接收和改造原国民党政府的流亡高校;另一方面则通过出台一系列政策推动高等学校走正规化办学的道路。在高等学校整顿过程中,各解放区的相关文件大都对高等学校政治理论课的设置进行了规范,以强化其在全校的必修课地位。这足以说明,中国共产党领导的高

---

① 参见《延安大学史》,人民出版社2008年版,第190页。

等学校向正规化发展已成必然趋势,党领导的新型高校办学理念也已基本形成,而高等学校政治理论课"公共必修课"模式正是体现新型高校特征的重要标志。

第三章　延安时期高等学校政治理论课建设的重要举措

　　延安时期,中国共产党创办新型高等学校的处境十分艰难,国民党顽固势力和日军的封锁、战争局势风云变幻、辗转办学颠沛流离、教学设施极其匮乏,高等学校师生既面临着极端艰苦的生存环境,又要应对复杂多变的军事斗争形势,还要在多元交错的意识形态领域树立马克思主义的基本立场。艰难困苦虽然可以磨砺师生的革命意志,激发他们努力为党工作的热情,但也会给正常办学带来极大困难。在这样的背景下,党中央一方面加强对高等学校的直接领导,为学校克服各种困难指引方向;另一方面则是强化对高等学校师生的思想政治教育,尤其是确立政治理论课在思想政治教育中的主渠道作用,推动了政治理论课建设的初步成熟。党中央和各中央分局根据形势需要制定颁布了关于高等教育发展的诸多文件,对于高等学校政治理论课建设提出和实施了一系列重要举措。比如课程建设要贯彻党的集中统一领导,强化制度建设,因材施教进行课程设置,建设一支政治过硬、能力突出、专兼结合的教师队伍,理论联系实际推动教学方式方法创新,等等。正是因为党中央根据实际情况采取有针对性的举措,才确保高等学校政治理论课建设始终沿着正确方向前进,也让高等学校作为党的思想政治工作主要阵地的地位更加凸显。也就是说,高等学校政治理论课在全党思想政治教育中的核心引领作用不断彰显,政治理论课不仅能为革命事业发展凝聚力量,而且能够在马克思主义意识形态构建中发挥重要作用。

第一节　加强政治理论课制度建设

高等教育初创时期政治理论课建设并没有成熟的经验可供借鉴,多数高等学校在继承干部教育短期培训政治课教育模式的基础上,根据自身发展需要调整课程设置和教学内容。但随着形势发展,四面八方涌入延安的青年知识分子给学校办学带来极大压力,学生文化水平参差不齐、社会背景相对复杂、意识形态领域多元思想并存,再加上师资储备不足,这使得政治理论课教学活动的推进十分困难,短期培训模式越来越难以适应发展需要。1941 年前后,党中央在推动高等学校合并、整顿、提升基础上,提出创办培养各类专门技术人才的综合性大学的举措,进一步确立了政治理论课和专业技术课程并举的思路,政治理论课的课程地位和设置内容得到进一步明确。为此,在党中央的指导下,高等学校加强了政治理论课的制度建设,推进课程建设向规范化、制度化和科学化转型。

一、党中央重视对高等学校政治理论课建设的领导

高等学校创立发展时期,政治理论课建设始终是党中央十分关注的事项。毛泽东、张闻天等中央领导不仅十分关注高等学校的建设发展,还经常到学校为师生作报告,与学校负责同志谈话,通过实地调查主动发现、思考、解决学校发展中的问题和难题。由于高等学校初创时期政治理论课在日常教学中占据了重要地位,因此,对于各校政治理论课的指导,就成为党中央领导高等学校发展的主要途径。尤其是党中央主要领导同志,亲身投入高等学校政治理论课建设实践:一是到学校作专题讲座、报告,丰富课程讲授的内容,引领课程建设的方向;二是通过为学校或毕业生题词等,为政治理论课建设营造思想氛

围;三是召开专题会议研究高等学校的政治教育工作。

党中央主要领导同志到高等学校作报告,往往具有思想上、政治上的导向作用,体现出中央对于学校政治理论课的极端重视。党中央主要领导人毛泽东、张闻天是到高等学校作报告或者授课最多的。毛泽东经常利用毕业典礼、开学典礼和其他节庆活动,到抗大、陕北公学、中央党校、鲁迅艺术学院等学校作报告,及时把党中央的声音传递到学校师生,不仅丰富了政治理论课的讲授内容,而且引领学校的政治教育活动。毛泽东的报告主要着眼于贯彻党中央的重大政治决策:一是在重大历史关头为学校师生阐述时事政治问题。如到抗大作关于西安事变和平解决的报告,阐释党中央的有关决定和西安事变和平解决的重要意义。二是为师生讲解党中央的重大工作部署,如以《整顿党的作风》为题在中央党校开学典礼上作报告。三是从理论和现实层面回答学生的困惑,如在抗大开学典礼上讲《在抗大应当学习什么?》等。据不完全统计,从 1936 年到 1945 年,毛泽东为抗大、陕北公学、鲁艺等高等学校作报告和讲话 50 余次。[1] 毛泽东这些报告主要集中在 1937 年至 1939 年,其中,仅1938 年 3 月至 5 月,他就到抗大、陕北公学等学校为师生作报告、讲话达 18次之多,他后来回忆道,那时我可讲得多,三天一小讲,五天一大讲[2]。张闻天则专注于到高等学校主讲比较系统的课程,抗大成立之初他就在学校讲授了"中国革命基本问题""哲学"等课程[3]。随后,又为抗大讲授"中国现代革命运动史",并提议在该校组成"中国革命史研究会"[4],他讲授"中国现代革命运动史"的教本随后也由延安解放社出版。此外,他还为抗大、陕北公学作了《论待人接物问题》《论青年的修养》等演讲。1938 年 5 月,延安马列学院成立后,张闻天兼任院长,经常参加学校的政治理论课教学活动。

---

① 　这是笔者依据《毛泽东年谱》和有关文献资料进行的不完全统计。
② 　参见金冲及主编:《毛泽东传(1893—1949)》,中央文献出版社 2004 年版,第 539 页。
③ 　参见《张闻天年谱(1900—1976)(修订本)》,中共党史出版社 2010 年版,第 231 页。
④ 　参见《张闻天年谱(1900—1976)(修订本)》,中共党史出版社 2010 年版,第 307—308 页。

　　为高等学校题词或者为毕业生赠言,是中央领导指导高等学校树立正确的办学方针,从政治思想上对学生进行教育引导的重要方式,这些题词进一步突显了学校政治理论课建设的方向。毛泽东十分重视题词和赠言的指导作用,尤其是在高等教育初创时期,他为高等学校师生题词、赠言、复信就有20余次①,有些题词内容已经成为党领导高等教育发展的重要理念和鲜明特征。如1937年4月他为抗大教员杨兰史题词:"忠诚党的教育事业"②,这一经典题词延用至今,鼓励着各类学校教师为党的教育事业贡献力量。再如1938年上半年,毛泽东两次为抗大题词:"坚定不移的政治方向,艰苦奋斗的工作作风,机动灵活的战略战术"③,这不仅成为抗大办学的基本指导方针,而且也为学校政治理论课建设指明了方向。在鲁迅艺术学院创办两周年之际,毛泽东不仅为学校题写了"鲁迅艺术文学院"的校名,并且题写"紧张、严肃、刻苦、虚心"的校训④,这一题词与抗大的"团结、紧张、严肃、活泼"的校训遥相呼应,指导了当时高等学校的思想政治教育工作。1942年6月,毛泽东为中央党校大礼堂落成题词"实事求是",并最终形成中央党校"实事求是,不尚空谈"的校风⑤。这些题词往往成为指引高等学校政治理论课建设的旗帜,不断匡正课程建设中的问题和不足。

　　对于一些高等学校在创立和办学中存在的问题,党中央主要领导常常主动召开专题会议进行研究,有针对性地为相关高校凝练办学理念,也为政治理论课教学解决实际问题。最为典型的例子莫如创办红军大学(抗大前身)。为应对抗日形势发展的需要,在1936年5月8日至9日举行的中共中央政治局扩大会议上,毛泽东在报告中着重提出要办红军政治大学。他说:"没有大

---

①　这是笔者依据《毛泽东年谱》和有关文献资料进行的不完全统计。

②　参见腾纯等:《毛泽东教育活动纪事》,湖南教育出版社1993年版,第135页。

③　《毛泽东年谱(1893—1949)(修订本)》中卷,中央文献出版社2013年版,第81页。

④　参见《毛泽东年谱(1893—1949)(修订本)》中卷,中央文献出版社2013年版,第186页。

⑤　腾纯等:《毛泽东教育活动纪事》,湖南教育出版社1993年版,第220—221页。

批干部是不行的,现在不解决这个问题,将来会犯罪"①。党中央及时采纳了毛泽东的建议,并于5月20日召开中共中央政治局会议,专题讨论建立红军大学的问题,对于学校的学制、教育方针、教育内容、教育方法、教员选派等工作进行了安排。如在学校的教育方针和内容上突出政治理论教育的重要性,把讲授世界和中国革命的基本问题、时事问题作为重要内容,把《列宁主义概论》作为主要教材;在教学方法上,强调政治课要实行讲授与讨论相结合的方式;在教员安排上,张闻天、秦邦宪、周恩来、毛泽东等15位中央领导同志名列其中。② 这次会议不仅规定了抗大办学的根本特色,同时也为政治理论课教学作出了制度化的安排,为党领导高等学校政治理论课建设工作提供了样板。对于其他高等学校办学中的问题,党中央也多次及时开会研究,尤其是确保学校的政治理论课不跑偏。例如,1939年3月4日,中共中央书记处召开会议,专题研究陕北公学的教育方针,毛泽东、张闻天分别发言,强调陕北公学是"共产党领导的统一战线的大学"③,学校的政治教育仍然要摆在重要位置。3月6日,毛泽东等专门致电抗大相关负责人,强调抗大"虽以培养军事干部为目的,但政治教育仍占重要地位,至少亦应与军事教育列于同等地位","为了教育深入,必须坚持学校教育方法上少而精的传统"。④ 随后不久,中共中央书记处又分别召开会议,专题听取李维汉关于鲁迅艺术学院工作的报告,罗瑞卿作的关于抗大工作检查的报告,尤其强调解决学校政治教育中的问题。⑤在听取抗大工作检查报告的会议上,张闻天特别强调:抗大今后要加强党的教育、马列主义教育;生活的问题、美德的问题都要贯彻马列主义的教育。会议还决定由张闻天负责指导联共党史课程,王明指导马列主义课程,李维汉指导

---

① 《毛泽东年谱(1893—1949)(修订本)》上卷,中央文献出版社2013年版,第540页。

② 参见《毛泽东年谱(1893—1949)(修订本)》上卷,中央文献出版社2013年版,第542—543页。

③ 《张闻天年谱(1900—1976)(修订本)》,中共党史出版社2010年版,第415页。

④ 《毛泽东年谱(1893—1949)(修订本)》中卷,中央文献出版社2013年版,第117页。

⑤ 参见《毛泽东年谱(1893—1949)(修订本)》中卷,中央文献出版社2013年版,第119页。

党建课程。① 实际上,在高等教育初创时期,党中央十分重视政治理论课在高等学校政治教育中的重要地位,专题研究学校政治教育时都会将落脚点定位于政治理论课建设,涉及具体课程如何设置、教学内容如何安排、采用何种教学方法以及教员的培养与选派等,这就把党中央对于政治理论课建设的领导具体化了。

二、出台相关政策文件指导政治理论课建设

对于高等学校政治理论课建设中存在的普遍性问题,中共中央及时研究并出台相关文件给予规范,推动课程建设走上正确轨道。1941 年前后,党领导高等学校教育事业的整顿提高进入新阶段,一方面,虽然高等学校向"正规化"发展,提出"政治与技能并重"思想,但仍然没有解决好政治理论课"少而精"的问题,这就造成政治理论课与专业课在取舍上存在矛盾;另一方面,高等学校的政治理论课教学一度普遍存在脱离实际,生吞活剥地讲授马列主义基本理论现象,不能运用马克思主义的基本立场、观点和方法来研究和分析中国的实际问题,存在较为严重的教条主义倾向。正如毛泽东所说,学生"对中国问题反而无兴趣,对党的指示反而不重视,他们一心向往的,就是从先生那里学来的据说是万古不变的教条"②。在毛泽东和张闻天等中央领导推动下,中共中央开始着力解决高等学校教学中脱离实际的问题。1941 年 8 月 27 日,在中共中央政治局会议上,毛泽东针对高等学校政治理论教育工作指出:"延安的学校是一种概论学校,缺乏实际政策的教育。过去我们只教理论,没有教会如何运用理论"③,提出对教育"要有一个大的改造"。根据毛泽东的提议,会议决定由张闻天等组成委员会起草有关决定,研究要彻底打破"教学

---

① 参见《张闻天年谱(1900—1976)(修订本)》,中共党史出版社 2010 年版,第 417 页。
② 《毛泽东选集》第三卷,人民出版社 1991 年版,第 798—799 页。
③ 《毛泽东年谱(1893—1949)(修订本)》中卷,中央文献出版社 2013 年版,第 324 页。

方法与思想方法上的主观主义与形式主义"①。这次会议为中共中央出台文件规范高等学校政治理论课教学设立了目标。张闻天依据此次会议的决定，提出了学校教育改造计划草案，并再次提交中共中央政治局会议研究。1941年12月1日召开的中共中央政治局会议充分肯定计划草案，同时也提出了一些新建议，并再次委托张闻天收集各学校的教育计划，结合会议精神将计划草案整理成为决议。②

在充分调查和会议讨论基础上，1941年12月，中共中央政治局会议通过了《中共中央关于延安干部学校的决定》《中共中央关于延安在职干部学习的决定》等文件，这成为指导延安时期高等学校教育改革的纲领性文件。尤其是《中共中央关于延安干部学校的决定》③，从总体上分析了延安高等学校存在理论与实际相脱节的问题，认为：目前延安干部学校的基本缺点，在于理论与实际、所学与所用的脱节，存在着主观主义与教条主义的严重的毛病。为此，必须强调学习马列主义的理论的目的是为了使学生能够正确的应用这种理论去解决中国革命的实际问题。文件要求各学校结合办学实际做好课程和教学方法的改革。具体到政治理论课建设，规定了课程设置的大致比例，要求政治课应占20%，坚决纠正过去以政治课压倒其他一切课目的不正常现象；在政治理论课教材建设上，强调应该充分利用《解放日报》、中央文件及中央各部委出版的材料书，并明确由中央宣传部主管教材的出版；在理论联系实际改进教学方式方面，强调应坚决纠正过去不注重领会其实质而注重了解其形式，不注重应用、而注重死读的错误方向，要求学校当局及教员必须全力注意使学生由领会马列主义实质到把这种实质具体地应用于中国环境的学习；文件还强调改善教员质量是学校办好的一个决定条件，并提出提升教员的政治与物质待遇，推动领导干部担任课程讲授工

---

① 《毛泽东年谱(1893—1949)(修订本)》中卷，中央文献出版社2013年版，第325页。

② 参见《张闻天年谱(1900—1976)(修订本)》，中共党史出版社2010年版，第456页。

③ 参见《中共中央关于延安干部学校的决定》，《解放日报》1941年12月20日。

作等。毋庸置疑,该文件既是党中央推动高等学校政治理论课建设的纲领性文件,也是针对政治理论课教育的纠偏与指导,直接推动了高等学校政治理论课走理论与实际相结合的道路,进而向"少而精"政治理论课设置模式转型。

除了中共中央出台相关政策文件之外,中央局、各中央分局以及各解放区政府也曾以文件形式规范高等学校的发展,对于高校政治理论课建设有着重要指导意义。如晋察冀边区党委《关于目前各地干部教育的决定》(1940 年 1月 21 日)①,中共中央北方局宣传部《关于执行在职干部教育决定的指示》(1942 年 5 月 24 日)②,对于政治理论课设置内容、教学方法等均有规范。再如 1944 年 12 月,晋察冀边区行政委员会《关于华北联大教育学院的决定》,规定了政治理论课程设置两大类:一是边区建设,包括边区史地、边区政策及边区组织;二是政治思想教育,包括整风、时事教育、政治常识等。此外,对于教学方法、政治理论课教员选配等,都作了相关安排。③ 解放战争时期,为了推动解放区高等教育事业发展,各解放区则根据需要出台了相关指导文件,如1946 年陕甘宁边区政府的《陕甘宁边区 1946 年至 1948 年建设方案(文教建设部分)》④《陕甘宁边区战时教育方案》⑤等;1948 年 11 月中共中央华北局的《关于在职干部教育的决定》⑥,1949 年 8 月中共中央东北局、东北行政委

---

① 参见王谦:《晋察冀边区教育资料选编(干部教育分册)》上,河北教育出版社 1990 年版,第 1—2 页。

② 参见王谦:《晋察冀边区教育资料选编(干部教育分册)》上,河北教育出版社 1990 年版,第 37—40 页。

③ 参见王谦:《晋察冀边区教育资料选编(干部教育分册)》上,河北教育出版社 1990 年版,第 138—140 页。

④ 参见中央教育科学研究所编:《老解放区教育资料(三):解放战争时期》,教育科学出版社 1991 年版,第 1—3 页。

⑤ 参见中央教育科学研究所编:《老解放区教育资料(三):解放战争时期》,教育科学出版社 1991 年版,第 3—8 页。

⑥ 参见中央教育科学研究所编:《老解放区教育资料(三):解放战争时期》,教育科学出版社 1991 年版,第 238—243 页。

员会的《关于整顿高等教育的决定》①等。这些文件虽然总体上是为了规范高等学校的整体性发展,但在具体内容上都涉及政治理论课的相关事项,从而在制度上规范了高等学校的政治理论课建设。

三、建立政治理论课建设的领导体制

在高等教育初创时期,对于高等学校的领导体制问题党中央并未作出明确规定,具体到政治理论课建设的领导上,中央亦是在实践中不断探索完善的。在着手创办抗大、陕北公学、鲁迅艺术学院、中国女子大学等高等学校之初,党中央对于学校创设理念、负责人安排、相关教学安排等事项,一般通过中央会议研究决定,党中央领导经常出席高等学校举办的各项工作,亲自指导学校的办学工作,此时从体制上说高等学校是直属于中央领导的。党中央甚至成立了专门管理高等学校的机构,如抗大创办之初即成立了由党中央主要领导毛泽东、周恩来等参与的教育委员会。1937 年 1 月,"中国抗日红军大学"改称"中国人民抗日军事政治大学"后,毛泽东以中央军委主席身份兼任抗大教育委员会主席。② 直到 1940 年前后,在中央会议上讨论相关高等学校的办学理念、教育方案、课程设置、教员选派、人事任命等事项仍十分常见,这表明,在高等教育初创时期党中央对于高等学校发展的高度重视。

由于这一时期开展马列主义政治教育在各高等学校教学中占据主要地位,因此,中央直接领导高等学校的重要内容就是对政治理论课建设各项事务进行具体指导。但随着学校设置数量增加,不同类型学校办学定位之间存在较大区别,学校教育中既有政治教育、政策教育,也有专业教育内容,再由中央直接指导各校的具体工作越来越不现实,规范高等学校的管理体制就越来越

---

① 参见中央教育科学研究所编:《老解放区教育资料(三):解放战争时期》,教育科学出版社 1991 年版,第 309—314 页。

② 参见《毛泽东年谱(1893—1949)(修订本)》上卷,中央文献出版社 2013 年版,第 644 页。

迫切。1941 年 12 月,中共中央政治局通过了《中共中央关于延安干部学校的决定》①,文件最初目的虽是为解决高等学校存在理论脱离实际的教条主义问题,但客观上也分析了不同类型学校人才培养目标的异同,并基于"使各校教育与中央各实际工作部门联系起来"的理念,确立了高等学校实施分类管理的方法。文件规定中央研究院直属中央宣传部,中央党校直属中央党校管理委员会,军事学院直属军委参谋部,延大、鲁艺、自然科学院直属中央文委,并要求各校主管机关应把自己直属学校的工作,当作该机关业务的重要部分。与此同时,由于高等学校是党开展意识形态教育的主阵地,文件中还强化了中央宣传部对于高等学校办学的指导地位。比如要求中央宣传部对各校课程、教员、教材及经费,应协同各主管机关进行统一的计划、检查与督促,并强调中央宣传部要为各校提升教员质量、出版教材等方面进行指导。这就确立了中央宣传部对于高等学校政治教育的管理职能,这一职能逐渐演化为由中央宣传部统一指导和管理高等学校政治理论课建设工作,主要表现在政治理论课教材建设、政治教员的培养等方面。

解放战争时期,随着各解放区高等学校的大量创办,由各中央分局党委宣传部统一协调和管理本地区高等学校政治理论课建设成为惯例。虽然我们尚未发现有中央或中央分局文件明确党委宣传部领导高等学校政治理论课建设的规定,但宣传部门对于高等学校政治理论课的指导却十分常见,一些党委宣传部门的负责人甚至领衔担任校长。如华中建设大学就由华中局宣传部部长彭康兼任校长,学校初期的政治教育主要进行马列主义理论和党的方针课程教学,彭康主讲"中国革命与中国共产党"课程。1946 年 3 月,彭康带领华中建设大学师生前往临沂并入山东大学后,他随即担任中共中央华东局宣传部部长。笔者认为,由党委宣传部门指导高校政治理论课建设有其深刻原因:一是在党领导的新型高等学校中,政治教育始终占据重要地位,政治教育与党的

_____

① 参见《中共中央关于延安干部学校的决定》,《解放日报》1941 年 12 月 20 日。

宣传工作密切相关,宣传部在业务上与政治理论课建设具有相通性;二是宣传部广泛联系了政治理论方面的专家人才,能够在政治理论课教材建设、教员质量提升方面作出实质性指导,助力政治理论课建设水平提升。由党的宣传部门指导高等学校政治理论课建设的领导体制具有深远历史影响,在新中国成立后的多数时期,中央宣传部都被明确为高校思想政治教育和政治理论课程建设的领导机关。

第二节 因材施教的课程建设

在高等教育初创时期,党中央虽然在总体上领导着高等学校的各项工作,但对于政治理论课要设置哪些内容,党中央并无统一要求,这就为学校探索课程建设留有较大的自主权。除了马列主义基本理论、时事政策教育外,多数学校遵循中华传统文化中的"因材施教"理念,根据自身办学性质不同和生源差异,有选择地开设了相关课程。比如在抗大第一期,为迅速提升学员的理论基础和战略素养,开设了大量的政治课程,对于抗大第一期第一科的高级干部,毛泽东还专门为其讲授了"中国革命战争的战略问题";抗大二期开学后,抗日民族统一战线初步形成,"三民主义""中国问题"和党的统一战线政策也进入抗大课堂。再如中国女子大学、鲁迅艺术学院、陕北公学等不同类型的高等学校,开设的政治理论课都与本校人才培养目标相联系,课程设置相当灵活,各有侧重、各有特色。随着高等学校整顿提升后向正规化和综合性大学转型,政治理论课的精华部分基本得以确定,课程设置、教材编写、教学内容逐步走向规范化。但在实际教学中因材施教并未受到排斥,各校根据具体学情开展专题报告、演讲等成为政治理论课教学的重要方面,将课程讲授与研讨、自习、实践相结合仍是政治理论课教学的重要方式。总的来说,课程建设坚持了因材施教方针,显示出严肃性与灵活性的统一,推动了政治理论课教学效果的提升。

一、依据学校类型灵活设置政治理论课

在中国共产党领导的高等教育初创时期,高等学校的数量虽然不多,但却有着鲜明特征。抗大是军事政治性质的高等学校,陕北公学是党领导下统一战线性质的高等学校,鲁迅艺术学院培养革命文艺人才,中国女子大学培养妇女工作干部,延安马列学院则培养高级理论人才,自然科学院、医科大学、民族学院等均有不同的人才培养目标。党中央在领导各校办学上,虽然十分强调政治教育的重要性,但对于政治理论课如何设置并未作出统一规定,这为各校结合人才培养需要进行探索留下了空间。以抗大和陕北公学对比来看,抗大强调"三分政治,七分军事",陕北公学则强调"七分政治,三分军事",在政治理论课设置上各有特色。抗大的政治理论课侧重动员和组织民众参加抗战,同时强调革命军人钢铁般的政治素质,开设有"抗日民众运动""抗日民族统一战线""政治常识""政治工作"①等特色课程;陕北公学强调统一战线教育,"世界政治""中国问题""三民主义研究""战区政治工作"②等政治理论课具有鲜明特点。再如,鲁迅艺术学院开设的"中国文艺运动""苏联文艺"③等课程,进行马克思主义文艺理论教育,课程兼具政治理论课与专业课性质;中国女子大学开设的特色课程"妇女问题"④"妇女运动"⑤,则结合了学校培养妇女干部的需要,将党的妇女政策贯穿其中;马列学院作为培养高级政治理论人才的学校,除了在"政治经济学""哲学""马列主义基本问题"方面的研究更加深入之外,通过开设特色课程"党的建设""中国现代革命运动史"等,拓宽了高

---

① 参见陕西师范大学教育研究所编辑:《陕甘宁边区教育资料(高等教育和干部学校部分)》上册,教育科学出版社 1981 年版,第 2 页。

② 参见李维汉:《回忆与研究》(上),中共党史资料出版社 1986 年版,第 401—402 页。

③ 参见杨立川、高宇民:《延安文艺档案·延安戏剧·延安戏剧组织》第 4 册,太白文艺出版社 2015 年版,第 159 页。

④ 参见方紫:《女大创始的一年间》,《中国妇女》1940 年 6 月第二卷第一期。

⑤ 参见黎曼:《谈女大高级研究班的学习》,《新华日报》1940 年 7 月 20 日。

等学校政治理论课的理论视野;延安自然科学院为了培养科学技术人才,侧重于技术的应用和实践,结合学生实际开设了"哲学""形势任务""革命人生观"和"劳动教育"等政治理论课程,尤其是在"哲学"课中专门开辟"自然科学概论""自然科学史"等章节①,引导学生掌握和运用自然辩证法。

　　即便是在力推创办正规化、综合性大学阶段,党中央也未统一规定政治理论课设置的具体内容。但多数高等学校在实践中逐渐明晰了政治理论课在人才培养中的重要作用和地位,在课程设置的核心内容上逐渐趋向一致,如"马克思主义基本理论""社会发展史""中国革命与中国共产党"等,都是大多数学校必开的政治理论课。由此可见,政治理论课设置内容趋向统一,是高等教育发展的必然结果。一方面,高等学校课程的类型进一步细化,出现了政治理论课、政策课、专业课相互衔接的课程体系,一些与专业教育关系密切的课程虽然在总体上可以看作是政治理论课,但已经演变成为二级学院的专业课,这就使得在全校层面上政治理论课设置更加精炼;另一方面,创办正规化、综合性大学意味着政治理论课的价值和地位需要重新审视,不仅不能出现"政治教育压倒一切"的现象,而且要求政治理论课在与专业技术课程衔接的过程中发挥关键作用,实现人才培养目标。概言之,政治理论课将作为所有大学生的"公共必修课",课程设置内容必然趋向统一。即便如此,不同高等学校内部的政治理论类课程仍可以有所创新,如二级学院仍可结合自身特点开设与全校政治理论课相衔接的政策类课程,这些课程因与学校的专业性质相关而被作为校内必修课,也具有政治理论课的某些功能,类似于当前我们所倡导的校本思政课程。从总体上说,延安时期高等学校政治理论课设置坚持了规范性与灵活性的统一,为学校因材施教、探索规律提供了较大空间。

---

　　① 参见《延安自然科学院史料》,中共党史资料出版社、北京工业学院出版社1986年版,第10页。

二、在实践探索中确定政治理论课的核心课程

随着高等学校政治理论课向"公共必修课"模式转变,政治理论课在"少而精"的基础上要选择哪些内容? 哪些内容才是对学生进行政治理论教育的精华部分? 从意识形态建设角度看,哪些内容对学生形成正确的人生观具有根本性作用? 这些问题极具研究和实践价值,各解放区高等学校在探索中取得了较多共识。如陕甘宁边区的延安大学开设有"中国革命基本问题""社会发展史"①2 门政治理论课;晋冀鲁豫边区的北方大学开设有"辩证唯物主义与历史唯物主义""社会发展史""中国革命与中国共产党"②等 3 门政治理论课;华北联合大学到张家口办学后开设了"社会发展史""中国近代革命运动史""新民主主义论""解放区建设"③等 4 门政治理论课;山东解放区的华东大学成立后,开设有"马列主义基本理论""新民主主义论""社会发展史""中国近代史""时事政治"④等 5 门政治理论课。通过对比可以看出,"社会发展史""中国革命基本问题""马列主义基本理论"是多数高等学校必开的课程,毫无疑问应当是政治理论课的核心部分。中国共产党作为马克思主义的革命政党,在高等学校开设"马列主义基本理论""中国革命问题"课程,是党领导革命斗争的应有之义。但各校为何要开设"社会发展史",这门课在政治理论课教学中有什么独特作用? 笔者认为,"社会发展史"虽是以唯物主义的视角阐释社会发展历史问题,但其根本作用并不仅限于此,更多的是在于从理论上阐释中国共产党领导革命事业的正当性与合法性。具体来说,在解放战争背景下讲授"社会发展史",可以从意识形态上构建这样的认知,即中国共产党

---

① 参见《延安大学史》,人民出版社 2008 年版,第 213—214 页。

② 参见王延强:《新中国成立前夕中国共产党高等教育办学理念与实践探索——以北方大学为中心》,《江西社会科学》2020 年第 9 期。

③ 参见成仿吾:《战火中的大学:从陕北公学到人民大学的回顾》,人民出版社 2014 年版,第 199 页。

④ 参见《山东大学百年史》,山东大学出版社 2001 年版,第 167—168 页。

领导人民群众取得革命胜利是社会历史发展的必然结果。

实际上，在高等学校开设"社会发展史"等核心课程，也是因材施教的重要举措。"社会发展史"本身就是历史唯物论的一部分，从课程内容上也可以归类为"马列主义基本理论"，把"社会发展史"单独作为课程则有助于解决学生中的非马克思主义思想，具有较强的针对性。解放战争中，人民解放军与国民党军队在战场上的争夺进入白热化，而在意识形态领域国共两党的争斗也日趋激烈。不仅如此，当时尚有民族资产阶级人士宣扬第三条路线，这就使意识形态领域的斗争更加复杂。对于高等学校师生来说，究竟哪条道路代表着中国的光明前景？为什么会是这样？他们在思想上的认识往往是比较模糊的，尤其是缺乏对中国新民主主义革命胜利的必然性和中国社会发展规律的正确认识，这就亟须从理论上为他们找到答案。学习"社会发展史"无疑可以引导师生从马克思主义历史唯物论的观点出发，认识到人类从原始社会、奴隶社会、封建社会、资本主义社会发展到社会主义社会是历史的规律，从而坚信中国共产党领导的革命斗争是符合历史发展趋势的。正是由于学习"社会发展史"具有这样独特作用，高等学校普遍开设了这一课程，并以此为理论武器反对各种非马克思主义观点，为学生进一步学习和掌握马列主义理论打下了坚实基础。正如艾思奇所说："历史唯物论的理论，就是关于人类社会和人类历史的正确的科学理论"[1]，马列主义的学习"一般都是以社会发展史——历史唯物主义作为第一步学习的主要内容"[2]。高等学校以"社会发展史"作为政治理论课的核心内容，就是在中国社会即将发生重大变革的历史关头紧紧抓住了思想政治教育的核心问题，不仅有助于精准回答学生的思想的困惑，而且在整合他们的世界观、人生观、价值观方面发挥了先导作用，为他们进一步学习马列主义提供了铺垫。

---

[1]　艾思奇：《历史唯物论、社会发展史》，生活·读书·新知三联书店 1951 年版，第 2 页。

[2]　艾思奇：《从头学起——学习马列主义的初步方法》，《学习》1949 年 9 月第一卷第一期。

三、融入实践经验撰写教材讲义

高等教育初创时期,高等学校虽然以政治理论教育为主,但在政治理论课的教材建设上却存在较大不足,多数课程没有统编教材,主要依靠主讲教师根据实际经验撰写讲义。教材建设不足,为课程讲授带来诸多困难,难以适应高等教育快速发展的需要。高等教育向正规化发展之后,政治理论课教学团队得到优化和提升,在党中央的指导下,各校开始依据教学实践的需要编写教材。尤其是延安整风运动中,高等学校思想政治教育中理论脱离实际的教条主义倾向被纠正,融入实践经验的政治理论课教材逐渐丰富起来。总体上说,延安时期高等学校政治理论课教材建设经历了教师自编讲义、有组织编写教材、统一编写教材三个阶段,而理论联系实际、结合实践经验、解决实际问题一直是教材编写的主导思想。

初创时期由主讲教师编写讲义是一种常态,教师往往根据自身对于课程的研究和理解来框定讲授内容,并根据学生的学情编写教学讲义。这一方面,毛泽东等中央领导在授课中主动编写讲义具有代表性。抗大成立后不久,为让抗大一科(上干队)学员在战略上作好理论储备,毛泽东开始为学员讲授"中国革命战争的战略问题",他在讲课中引用大量学员们关注的问题或亲身经历的事实来说明道理,在学员中引起了强烈共鸣。有一次,毛泽东讲道,有的指挥员对情况缺乏研究,别人一鼓励就来了劲,结果事与愿违成了一个鲁莽家。他强调:"我们不许可任何一个红军指挥员变为乱撞乱碰的鲁莽家;我们必须提倡每个红军指挥员变为勇敢而明智的英雄"①,此后,"不当鲁莽家,要作勇敢而明智的英雄"就成为学员的口头禅②。在讲课过程中,毛泽东一面收集课程资料,一面

---

① 《毛泽东选集》第一卷,人民出版社 1991 年版,第 182 页。
② 参见腾纯等:《毛泽东教育活动纪事》,湖南教育出版社 1993 年版,第 129 页。

认真撰写讲义,最终形成了著名教科书——《中国革命战争的战略问题》①。从1936 年底开始,毛泽东大量阅读哲学著作,并结合实际问题撰写了大量批注。1937 年 4 月,毛泽东完成了 3 章、16 节,共计 6.1 万字的《辩证法唯物论(讲授提纲)》,并开始在抗大讲授马克思主义哲学。毛泽东以这个讲课提纲为教案,每星期二、四上午授课,每次 4 小时,下午参加学员讨论,共授课 110 多小时,历时 3 个月。他在讲授中,密切联系中国革命实际,以通俗易懂的语言、生动活泼的案例,为抗大学员普及了马克思主义哲学的基本知识。② 毛泽东的这个《讲授提纲》后来经过进一步整理,成为经典教材《实践论》和《矛盾论》。此外,毛泽东撰写的讲稿《论持久战》《新民主主义论》《在延安文艺座谈会上的讲话》《论联合政府》等,在经过整理后也成为经典的政治理论课教材。再如,有感于党内一些党员干部理论基础薄弱,存在非无产阶级思想意识,刘少奇经过长期酝酿撰写了《共产党员的修养》的讲义。1939 年 7 月 8 日、12 日,他应邀分 2 次为马列学院学员演讲"共产党员的修养"③,讲稿被整理后以《论共产党员的修养》为题发表在《解放》周刊上,成为当时开展党性教育的经典教材。张闻天曾为抗大学员讲授"中国革命基本问题",并在学校成立"中国革命史研究会",参加成员就各自承担的章节撰写讲稿,并分头去各班担任教员。④ 在此基础上,"中国革命基本问题"也扩展为《中国现代革命运动史》,他们集体撰写的讲稿最终出版为抗大的教材。需要指出的是,中央领导干部融入自身实践经验撰写的讲义,经过课程讲授的打磨和提炼后,不仅成为理论与实践结合的经典教材,而且多数也成为中国共产党理论创新的经典成果。与此同时,在中央领导的率先垂范下,高等学校知名政治理论课教师如吴亮

---

① 参见《毛泽东年谱(1893—1949)(修订本)》上卷,中央文献出版社 2013 年版,第 634—635 页。

② 参见《毛泽东年谱(1893—1949)(修订本)》上卷,中央文献出版社 2013 年版,第 673 页。

③ 参见《刘少奇年谱(1898—1969)》上卷,中央文献出版社 1996 年版,第 257—259 页。

④ 参见《张闻天年谱(1900—1976)(修订本)》,中共党史出版社 2010 年版,第 307—308 页。

平、李凡夫、艾思奇、陈唯实、何干之、吕振羽、王学文等,也结合实际为各自所讲授的课程撰写了讲义,成为当时政治理论课教学的基本参考资料。

1940 年前后,随着延安地区高等学校整合发展并向正规化转变,学校集中了一大批政治理论研究的专门人才,政治理论课教师队伍力量明显得到加强,党中央开始指导高等学校集中解决政治理论课教材建设不足的问题。例如,在历史教材方面,历史学家范文澜来到延安后不久即被任命为马列学院历史研究室主任,在党中央的支持下,他运用马克思主义观点来研究中国历史,并编写供广大干部阅读的中国历史读本。1941 年至 1942 年,范文澜主持编写了《中国通史简编》(上古到鸦片战争前),是第一部以马克思主义观点叙述中国历史的全面贯通的著作。再如,《中国革命与中国共产党》[1]是在毛泽东亲自领导下合作编写的经典教材,该教材完成于 1939 年 12 月,为当时政治理论课教学提供了重要支撑。其中第一章"中国社会"经延安其他几位同志起草,毛泽东进行了认真修改[2];第二章"中国革命"则是由毛泽东自己撰写[3]。尤其是在第二章中,毛泽东分析论述了中国革命的对象、任务、动力、性质、前途和中国共产党的历史任务,所述内容密切结合中国革命实际,具有非常强烈的

---

[1] 该书原名为《中国革命与中国共产党》,初次发表于 1940 年 2 月和 4 月出版的《共产党人》杂志第四期、第五期。第四期附有编委启事:"《中国革命与中国共产党》一书,为本书编辑委员会编辑,供各学校、各训练班教课及在职干部自修学习之用。这是初稿,随编随在《共产党人》上发表,希教者读者提出意见,以便修改,使成一个完善的教本。各地教课时,可从本刊上取下付印。一九三九年十二月十五日。"该书出版后,毛泽东曾做过一些修改。新中国成立后,在收入《毛泽东选集》时,毛泽东再次对其进行修改,并将篇名改为《中国革命和中国共产党》。本书在提及该书时一般使用原书名《中国革命与中国共产党》。

[2] 王明在其海外出版的《中共 50 年》中,认为该书是由中央宣传部工作人员杨松和其他同志起草的,张闻天和王明曾修改过,而毛泽东并未参与该书的编写和修改。对此,王建国在《关于〈中国革命与中国共产党〉的几个问题》(《毛泽东思想研究》2009 年第 2 期)一文中,通过史料分析予以辩驳,并论证了该书从首次出版到 1940 年 11 月被收录《党建论文集》之前,毛泽东就曾对其进行过第一次修改。笔者认为,该书首次在《共产党人》杂志出版的编委启事中,已明确指出是由"编辑委员会编辑",并"希教者读者提出意见……使成一个完善的教本",这说明该书为集体编写,也为之后的修改留下伏笔。虽然具体哪些人参与了第一章的编写尚待研究,但毛泽东作为中央主要领导,对这个重要教本进行修改是可以肯定的。

[3] 参见《毛泽东选集》第二卷,人民出版社 1991 年版,第 621 页。

现实指导意义。不仅如此,1940 年国民党掀起的第一次反共高潮结束后,毛泽东根据当时的政治形势并总结反对第一次反共高潮的经验,对第二章中"中国革命的动力"部分进行了修改,"将大资产阶级与民族资产阶级加以区别;将亲日派大资产阶级与英美派大资产阶级加以区别;将大地主与中小地主及开明绅士加以区别"①,这充分贯彻了政治理论课教材要与革命实践深度结合的原则。

随着延安整风运动的开展,党中央着力批判理论脱离实际的教条主义和主观主义,高等学校政治理论课教材融入实践经验的理念得到进一步强化。其突出代表则是中央领导结合实际发表的一些政治理论和道德教育方面的论著,成为高等学校政治理论课的生动教材,普遍运用于教育教学。其中较具代表性的有:毛泽东的《纪念白求恩》《改造我们的学习》《整顿党的作风》《反对党八股》《在延安文艺座谈会上的讲话》《为人民服务》《愚公移山》等;朱德的《革命军队的纪律》《论解放区的战场》;刘少奇的《论共产党员的修养》《论党》;周恩来的《抗战军队的政治工作》《论统一战线》;任弼时的《关于增强党性问题的报告大纲》《共产党员应当善于向群众学习》;陈云的《论干部政策》《怎样做一个共产党员》;张闻天的《论青年的修养》《论待人接物问题》等。

抗日战争胜利后,各解放区高等教育迅速发展,高等学校政治理论课集中开设"社会发展史""中国革命基本问题""马列主义基本理论"等课程,教材的编写和使用趋向统一。如"中国革命的基本问题"主要使用毛泽东主导编写的"中国革命与中国共产党";"社会发展史"也形成了普遍使用的教材,艾思奇著的《社会发展史讲授提纲》(订正本)②及其《历史唯物论、社会发展史》③,华岗著的《社会发展史纲》④,解放社编的《社会发展简史》⑤等,这些都是结合实际编写的经典教材。

---

① 《毛泽东年谱(1893—1949)(修订本)》中卷,中央文献出版社 2013 年版,第 156 页。
② 参见艾思奇:《社会发展史讲授提纲》(订正本),华北大学出版社 1949 年版。
③ 参见艾思奇:《历史唯物论、社会发展史》,生活·读书·新知三联书店 1951 年版。
④ 参见华岗:《社会发展史纲》,生活·读书·新知三联书店 1950 年版。
⑤ 参见解放社编:《社会发展简史》,解放社 1941 年版。

四、推进互动式和启发式教学理念变革

重视互动式、启发式教学是延安时期高等学校政治理论课提倡的重要理念和方法。这一理念的形成和贯彻,一方面源于中央大力推动以启发式来改革旧教育,这在党中央召开的相关会议和颁行的文件中均有迹可循;另一方面,在各校政治理论课教学实践中,重视互动式和启发式教学提升了教学效果,受到师生的普遍欢迎。实际上,党在政治理论教育中倡导互动式和启发式教学,有着深厚的历史渊源。大革命时期,在中国共产党创办的农民学校、工人夜校和领导的工农运动干部培训班上,以至于党领导黄埔军校的政治教育中,毛泽东、周恩来、刘少奇、彭湃等均不约而同地提倡和探索互动式教学,并在政治教育实践中获得了巨大成功。土地革命时期,毛泽东基于国民革命时期教育工作经验,大力提倡教授方法上废止注入式而采用启发式。他在为红四军第九次代表大会撰写的决议中,曾系统分析了士兵的政治训练问题,把政治课的教授方法归纳了10条:(1)启发式(废止注入式);(2)由近及远;(3)由浅入深;(4)说话通俗化(新名词要释俗);(5)说话要明白;(6)说话要有趣味;(7)以姿势助说话;(8)后次复习前次的概念;(9)要提纲;(10)干部班要用讨论式。① 这10条教授法,蕴含着浓郁的互动交流与思想启发的教学理念,不仅有针对性地指导了红军的政治教育工作,而且对党领导的学校教育产生了深远影响。

延安时期,党中央把互动式和启发式教学方法作为新式教育的鲜明特色,有意识地在干部学校和高等学校中推行。中共中央政治局常委会在讨论建立红军大学(抗大前身)时,毛泽东强调,教育方法上"高级及上级科,指导自动研究为主,讲授为辅",普通科在政治教学中"教授与讨论结合"②,学校筹建之初即确立了互动式教学理念。全面抗战爆发后,党的高等教育事业不断发

---

① 参见《毛泽东文集》第一卷,人民出版社1993年版,第104—105页。
② 参见《毛泽东年谱(1893—1949)(修订本)》上卷,中央文献出版社2013年版,第542页。

展,毛泽东等中央领导不仅利用到高等学校授课机会亲自示范互动式、启发式教学方法,而且经常通过会议和讲话来督促学校贯彻启发式教学理念。例如,1937年9月10日,中共中央政治局常委会专题讨论宣传教育工作,毛泽东再次强调,"教学法要研究,旧的考试方法要改变,现在的教学法多是注入式,要注意启发式"①。在毛泽东等中央领导的身体力行和推动下,高等学校各类课程(主要为政治理论课)在教学中较多地采用互动式教学。1941年12月,《中共中央关于延安干部学校的决定》则以文件的形式规定了这一教学方法,强调:"在教学方法中,应坚决采取启发的、研究的、实验的方式,以发展学生在学习中的自动性与创造性,而坚决废止注入的、强迫的、空洞的方式"②,这进一步强化了启发式教学在政治理论课教学方法改革中的导向性地位。

延安时期的高等学校是如何运用互动式、启发式教学方法的? 这样的教学理念改革对于政治理论课提升教学效果起到了哪些作用? 对于此问题的回答,在陕北公学、马列学院、鲁迅艺术学院、自然科学院等校的史料中,均可以看到相关论述。成仿吾曾担任陕北公学的首任校长,1938年3月,他在《半年来的陕北公学》的文章中这样说道:

> 我们的教学法不是单纯的灌注,而多采取讨论与集体研究的方式。平均每天有一次小组讨论会(约八人至十人为一小组)或一队(约百二十人至百五十人)的讨论会,或自由参加的座谈会。上课时间不多,每天少则三小时,多至五小时。星期三规定为救亡日,这天下午有计划的进行各种救亡活动。上课以外的时间实行集体自习,或集体的讨论,各队都有自己的经过讨论的详细计划。③

启发式教学起到良好效果,既缓解了政治理论课教师不足带来的问题,也调动了学生学习的积极性。1938年3月李维汉从中央党校调任陕北公学副

---

① 《毛泽东年谱(1893—1949)(修订本)》中卷,中央文献出版社2013年版,第20页。
② 《建党以来重要文献选编(1921—1949)》第18册,中央文献出版社2011年版,第763页。
③ 中央教育科学研究所编:《成仿吾教育文选》,教育科学出版社1984年版,第16—17页。

校长和党组书记,他对于陕北公学政治理论课的启发式教学有过高度评价:

> 教学的基本环节为:引言、预习、质疑、讲授、复习……陕公教学程序的主要优点,是废止了注入式,能启发学生思考,讲授有的放矢,它把教员的指导、学员的自习、个人的研究、集体的讨论,有机地结合起来,组成一个连续反复、由浅入深的过程,既发挥了教员的指导作用,又调动了学员的学习兴趣与积极性。①

陕北公学这种互动式教学模式具有一定代表性。该校作为中国共产党领导下的统一战线性质高等学校,政治理论是学校教育教学的主要内容,因此,互动式理念主要落实于政治理论课教学。延安马列学院是培养高级政治理论人才的高等学校,在政治理论课教学中主要采用教师辅导、学员自修和讲练结合的方式。张闻天作为院长,在理论讲授完毕之后,他总要主持半天的课堂问答,以启发学生。邓力群曾回忆说:"他抓住问题的要点,联系当时的革命实际,根据老同志、新同志、有实际经验的同志、有书本知识的同志的不同情况,提出不同问题,请不同的同志回答"。提问结束后,张闻天再进行有针对性的概括解答,学员们则全神贯注地听他的讲解。② 张闻天主持的课堂问答深受学员喜爱,大家给这堂课起了个名字——"照相",张闻天则风趣地说:"现在我们开始'照相'吧!"③此外,张闻天还要求学员到校外讲课,通过讲课来加深对理论问题的研究,做到理论联系实际、提升学习效果。这种启发式教学方法尤其适用于培养高级理论人才,马列学院作为延安地区最高学府,以师生互动的方式提升了学员们融会贯通、独立思考的能力,增强了他们学习马列主义的信念和兴趣。

高等学校整合发展之后,启发式教学得到贯彻,华北联合大学、延安大学

---

① 李维汉:《回忆与研究》(上),中共党史资料出版社1986年版,第404页。

② 参见邓力群:《坚持对共产主义的忠贞和深情——为老师闻天同志八十五岁诞辰而作》,见《回忆张闻天》,湖南人民出版社1985年版,第32页。

③ 吴文焘:《师表》,见《回忆张闻天》,湖南人民出版社1985年版,第122页。

在教学中都十分重视这一理念和方法。尤其是在政治理论课教学方面，各校根据延安整风运动有关精神，全力克服教学中的教条主义和主观主义倾向，进而十分强调重视理论与实践结合，这更加有利于启发式教学方法的运用。启发式教学，重视师生之间的互动，既能够使教师了解学情开展有针对性的教学，也可激发学生参与学习和研究的热情，逐渐成为高等学校政治理论课教学改革的方向。例如，1944年晋察冀边区行政委员会《关于华北联大教育学院的决定》中，明确规定："采用启发式的而放弃注入式的教学方式，各种课程都以自学讨论为主，而辅之以讲授报告总结等方式，发扬民主质疑辨难研究的精神，使学习内容与学员思想认识密切联系，反对武断注入的办法。"[1]总体来说，启发式教学是延安时期高等学校政治理论课教学的主要方式之一，启发式教学打破了旧有的注入式、灌输式的教学方法，激发了学生的积极性和创造力，有力地推动了教学效果的提升。

实际上，党中央推动互动式、启发式教学，既是为了探索一种新的教育理念，更是为了解决高等学校政治理论课教学中各种待解难题。第一，这是破旧立新，进行意识形态建构的需要。从根本上说，中国共产党是马克思主义的革命政党，高等学校政治理论课既是党进行意识形态构建的主渠道，更是展示党作为革命政党的重要舞台。因此，在政治理论课中推行启发式教学，就是要从思想上树立对旧教育进行改革的意识，从而摆脱旧教育模式束缚，为开创党领导下的新型教育提供铺垫。第二，这是理论联系实际、开展因材施教的需要。延安时期高等学校的教学中曾严重存在教条主义、主观主义问题，缺乏师生互动的理论"灌输"在政治理论课教学中屡见不鲜，这在一定程度上成为因材施教的羁绊。没有师生之间的互动，就不能了解学生所思、所想、所需，就难以有针对性地解决学生的实际困惑；缺少教师的启发，就难以激发学生的学习活力，不能做到因材施教。因此，互动式、启发式教学是提升政治理论课教学效

---

① 王谦：《晋察冀边区教育资料选编（干部教育分册）》上，河北教育出版社1990年版，第139页。

果的有效方法。第三,这是弥补政治教员严重不足的一种积极探索。高等学校初创时期政治教员极为缺乏,采用启发式教学尊重了学生的主体地位,调动了学生学习的积极性、创造性,在教师的指导和启发下,让学生在自我研读、自我思考、相互讨论中提升思想认识和理论素养。通过政治理论课堂上的交流而实现师生的相互督促、互相启发,做到了教、学、做的统一。

第三节　专兼结合的师资队伍建设

在党的高等教育初创时期,师资力量极为匮乏,队伍结构很不健全。一方面,随着延安成为抗战的大后方,为了培养更多投身抗战和根据地建设的各类干部人才,党中央接连创办了一批高等学校,师资队伍建设和储备不足的问题极为突出;另一方面,当时高等学校开设了门数众多的政治理论课程,出现"政治课压倒其他一切课目"现象,但教师的培养绝非朝夕之功,这就使政治理论课教师配备不足的问题更为严重。在这种情况下,毛泽东等中央领导延续了创办干部学校教育的一些做法,通过到学校开设连续性的课程、举办专题讲座和时事报告等方式,和学校专职教师共同完成政治理论课教学任务,初步形成了高等学校专兼结合的教师队伍。为了加强高等学校政治教育,党中央从强化政治理论课教师队伍建设着手,一边选派一批理论专家充实到政治理论课教师队伍当中,一边指导学校开展教师的选拔和培养。经过一段时期的培养与积累,高等学校专职政治理论课教师队伍逐渐成长起来。但专职政治理论课教师并不能取代兼职授课教师的作用,尤其是党中央为了纠正政治理论课教学中的教条主义倾向,把领导干部讲授政治理论课作为理论联系实际推动教学改革的突破口,要求和鼓励各级领导干部到高等学校讲授政治理论课。在党中央的直接领导和推动下,高等学校政治理论课师资队伍建设秉持专兼结合理念,既突破了初创时期专职政治理论课教师不足的窘境,又拓展了政治理论课师资队伍建设的视野。

一、选派理论家、教育家、政治家充实专职教师队伍

高等教育初创时期政治理论课专职教师极为缺乏,教学工作中的困难超乎想象,为此,领导干部兼职授课甚至成为一种必然。抗大建校之初,仅有杨兰史、罗世文、张如心 3 名专职教员,全部工作人员也仅有 14 人[①];陕北公学创办之初,授课教员除了学校领导邵式平、周纯全兼课外,专职教员仅有周扬、李初梨 2 人,学校聘请吴亮平、凯丰兼课,邀请毛泽东、张闻天、陈云、李富春、王若飞等中央领导讲课[②];中国女子大学创建后几乎没有专职教师,学校成立了以中央领导、中央机关负责人、学校负责人等 53 人为成员的主席团[③],主席团成员作为学校的兼职教师团队。由于政治理论课专职教师缺乏现象十分普遍,反而是毛泽东等中央领导、中央各部门负责同志这些兼职授课的教师成为主要力量。倘若定位于干部培训学校,这种以领导干部担任兼职教师为主的师资配备基本可行,但作为面向社会招生并以学历教育为主的高等学校,缺少专职教师必然使正常教学活动捉襟见肘,从而制约学校发展和人才培养工作。为此,中央紧急选派了一批党的理论家、教育家和政治家,充实到延安高校的政治理论课专职教师队伍中。

一是在抗日战争全面爆发后,党中央集中从国统区抽调一批理论人才到陕北。如周扬、艾思奇、何干之、王学文、王思华、何思敬、吕骥、李凡夫、陈伯达等理论工作者均于 1937 年到达延安,他们多数被安排在抗大和陕北公学担任政治教员(政治理论课教师)。据李维汉回忆,除了吸纳这些理论家担任专职政治理论课教师,陕北公学还采用外聘或约请方式吸纳延安的理论界、教育界人士到学校任教,张如心、李培之、宋侃夫、林俚夫、何定华、徐冰、王观澜、杨

---

① 参见武继忠等:《延安抗大》,文物出版社 1985 年版,第 10—11 页。
② 参见李维汉:《回忆与研究》(上),中共党史资料出版社 1986 年版,第 397 页。
③ 参见《中国女子大学开学典礼》,《新中华报》1938 年 7 月 25 日。

松、任白戈、贾侃、李舜琴等,都先后在陕北公学讲课。① 二是一些理论家、教育家通过各种途径到延安后,党中央重点安排他们到高等学校工作。如吴玉章、范文澜、陈唯实、吕振羽等,都是当时国内赫赫有名的教育家、理论家。吴玉章于 1939 年底到延安,先后出任陕甘宁边区政府文化委员会主任、鲁迅艺术学院院长、延安大学校长等职务,经常到各校开展讲座或作报告,出席开学典礼和各种节庆活动,积极从事政治教育工作;范文澜于 1939 年秋离开河南确山前往延安,到延安后随即担任马列学院历史研究室主任,从事马克思主义史学的研究和教学工作;陈唯实于 1938 年底到延安,先后在抗大、陕北公学、中央党校讲授哲学课程,曾担任中央研究院特别研究员;吕振羽于 1942 年到延安后在中央马列主义研究院任职,他到延安前曾在"塘田战时讲学院"、中共中央华中局党校讲授"中国革命史"等课程。三是选派党内的重要干部到高等学校从事政治工作。如吴亮平、成仿吾、张如心、邵式平等,先后被中央安排到高等学校工作。吴亮平曾担任中宣部副部长,之后作为高级理论人才经常到陕北公学、抗大、中央党校、马列学院等学校去讲授马列主义革命理论;成仿吾曾长期担任中央党校政治教员,陕北公学成立后受命担任校长,对于学校政治理论课建设作出了不懈努力;张如心曾担任八路军军政学院教育长、中央研究院中国政治研究室主任、中共中央党校第三部副主任、延安大学副校长等职,逐渐成为党内政治理论教育专家;邵式平先是担任了抗大研究班班主任,负责高级干部的教育和政治教员培养工作,随后出任陕北公学教务长,长期从事政治理论课程的教学与研究工作。

在党中央的统一调配下,一大批理论家、教育家、政治家被派往高等学校开展政治理论课的研究和教学工作,打开了学校思想政治教育的新局面。作为学校的管理者和专职教师,他们在各校组织了政治研究室,通过发挥自身理论研究专长,在结合学情基础上搭建起基本的政治理论课课程体系。各高等

---

① 参见李维汉:《回忆与研究》(上),中共党史资料出版社 1986 年版,第 397 页。

学校"马列主义基本理论""哲学""马克思主义史学""政治经济学""中国革命问题"等课程内容的教学有序开展。与此同时,这批理论人才作为政治理论课专职教师和骨干力量,充分发挥教学中的"传、帮、带"作用,在学校选拔、培养了一批素质较高的政治理论人才担任教员,为高等学校政治理论课专职教师队伍建设作出了突出贡献。

二、建立专职教师选拔和培育制度

延安时期高等学校的快速发展,使得政治理论课教师队伍建设的任务十分紧迫。尤其是此时的高等学校以政治教育为主导,开设了为数众多的政治理论课程,倘若缺少专职教师,学校日常的教育教学工作就难以为继,培养服务抗战的军事政治人才的目标就难以实现。为此,党中央采取了一系列措施为高等学校培养政治理论课教师创造条件。

首先,党中央高度重视政治理论课教师队伍建设,通过多种方式指导培养工作。政治理论课教师的培养并非一日之功,需要花费大量的时间和精力,中央领导十分注重解决高等学校实际困难,通过会议研究、亲自指导、颁布文件等多种方式予以支持。早在1938年1月,张闻天就曾主持召开中共中央政治局常委会议,讨论政治理论课教师的培养和调配工作。会议决定党校教员训练班与抗大、陕北公学教员班合办,中央一级干部也参加其中,合并成一个高级研究班。高级研究班学员的教材要单独编写、集中上课。会议还确定各门课程研究室指导人:"中国问题——洛甫指导;党与群众工作——陈云、康生指导;列宁主义——凯丰指导;政治经济学——王学文、张国焘指导"①。党中央不仅开会研究培养政治理论课教师的高级研究班有关事宜,而且安排中央领导亲自担任课程研究室的负责人,这就为高等学校深入解决政治理论课师资培养问题提供了保证。面对高等学校政治理论课教师急缺的现状,中央领

---

① 《张闻天年谱(1900—1976)(修订本)》,中共党史出版社2010年版,第371页。

导甚至走上前台亲自示范和指导教员的培养。如张闻天亲自为抗大第二期开讲《中国现代革命运动史》，并在学校组成"中国革命史研究会"，吸收莫文骅、刘亚楼、张爱萍、杨兰史等作为成员跟班听课，然后又就个人承担的章节写出讲稿，分头去各班担任教员授课。[1] 毛泽东除了到抗大、陕北公学授课外，还经常鼓励抗大的干部要安心作教员，他指出，"教员是教育干部的干部，下决心当教员，办好抗大，十分重要"[2]。随着延安高等学校整合发展，在高等学校政治理论课向"少而精"转变的背景下，对政治理论课教师的素质和能力提出了更高要求，因此，在中央层面上规范教师的培养机制就更为迫切。1941 年12 月，《中共中央关于延安干部学校的决定》明确了改善教员质量的重要性，并要求"中宣部应给各校专任教员以实际帮助，提高他们的质量"[3]。这就在制度上规定了中宣部是高等学校政治理论课教师培养的领导机关，为理顺和规范政治理论课教师的培养工作确立了方向。

其次，各高等学校通过设立师资班，在实践中培养政治理论课专职教师。对于政治理论课教师缺乏感受最深的是高等学校领导干部，他们在学校筹建之初即探索设置高级队、研究班等培养和储备教师，既为解决燃眉之急，又图学校长远发展。陕北公学、鲁迅艺术学院、中国女子大学、华北联合大学，以及此后组建的延安大学，都主动设立师资班（高级队、研究生班），以较长学制和系统的理论学习，储备和培养学校师资，其中，最关键的就是培养政治理论课师资。陕北公学是较早开展师资培养的高等学校，成立之初便设立了较长学制的高级队（大学部）。1939 年 3 月，陕北公学延安总校迁移关中看花宫办学后，"增创大学部与研究部，专门培养高级抗日干部及特殊理论人才"[4]。大学

---

① 参见《张闻天年谱（1900—1976）（修订本）》，中共党史出版社 2010 年版，第 307—308 页。

② 《毛泽东年谱（1893—1949）（修订本）》中卷，中央文献出版社 2013 年版，第 73 页。

③ 《建党以来重要文献选编（1921—1949）》第 18 册，中央文献出版社 2011 年版，第 762—763 页。

④ 《陕公总校移关中增设大学部研究部》，《新中华报》1939 年 3 月 31 日。

部学制1年,开设有"政治经济学""中国革命运动史"等9门政治理论课程,所培养的政治理论人才作为政治理论课的储备教师。李维汉曾回忆:"高级队(即大学部,笔者注)各课的内容,比普通队也深得多"。马列主义课程要讲原著,"《共产党宣言》、《社会主义从空想到科学的发展》、《马克思主义的三个来源和三个组成部分》,都是必学著作。政治经济学课程,还要学《资本论》"①。经过1年时间培养的学员,除了补充陕北公学自身的师资外,还要支援延安其他干部学校。陕北公学探索师资培养的经验为其他高等学校作出了示范,华北联合大学作为由陕北公学一部组建成立的高等学校,在师资培养方面也取得了较大成绩。成仿吾在《华北联大三年的回顾与展望》中提到,"学校为自己也培养了六十多个新教员、编印了一些教材"②,这在华北敌后战场的恶劣环境中是十分可贵的。此外,抗大通过举办教员训练班等多种方式,从1937年到1940年共培养军事教员140人,政治教员156人,初步建立了专职教员队伍。③ 此外,在张闻天直接领导下,1938年5月以培养马列主义专门人才为目标的马列学院在延安成立。该校设立多个研究室,如马列主义研究室、政治经济学研究室、中国革命问题研究室、中国历史研究室等,培养了较多党的理论人才和政治理论课储备师资,并承担了延安高等学校的一些政治理论课教学任务。④

最后,各高等学校建立政治理论课教师的日常培训和选拔制度。为提升政治理论课教师从事教学的素质和能力,陕北公学、华北联合大学、马列学院以及后来组建的延安大学都曾设立政治研究室,负责课程研究和教学工作。政治研究室采取以老带新、专兼结合方式,在教学实践中推动教师成长。例如,张闻天经常动员马列学院的学员和干事们到抗大、中国女子大学等高等学

---

① 李维汉:《回忆与研究》(上),中共党史资料出版社1986年版,第402页。
② 中央教育科学研究所编:《成仿吾教育文选》,教育科学出版社1984年版,第29页。
③ 参见武继忠等:《延安抗大》,文物出版社1985年版,第14页。
④ 参见宋平:《深切怀念张闻天》,见《回忆张闻天》,湖南人民出版社1985年版,第149—150页。

校和各种训练班作教员,指出领导干部和学员不要把兼课看成额外负担,而要当作提高自己理论水平的途径。他说:"不要以为你懂了,如果学生问起来,你解答得磕磕巴巴,就说明你得进一步学,也逼迫你非学不可,这不是进步了吗?"①中央领导同志也主动参加政治理论课教研活动,亲自指导课程设置和师资安排。1944年新的延安大学组建后,毛泽东把校长周扬请到他的办公室就政治理论课教学进行交流。据于光远回忆:周扬回校后传达了毛主席要延安大学开一门全校都听的"大课"的指示,这门大课应该包括三个部分:自然发展史、社会发展史和现实的理论与思想问题。② 根据毛泽东对政治理论课的指导精神,学校安排周扬、张如心、于光远分别讲授现实的理论与思想问题、社会发展史、自然发展史。③ 在政治理论课教师选拔方面,一些从国统区来到延安的青年知识分子被作为重点培养对象。由于具有较高文化修养和较强学习能力,他们从抗大、陕北公学毕业后被选拔至高级班(教员训练班)学习,接受较为系统的政治理论训练。经过教员训练班的培养,这些知识分子的理想信念发生巨大转变,确立了马克思主义的人生观、世界观,具备了担任教员的政治理论素质,被分配到相关学校担任政治教员(政治理论课教师)。如抗大政治教员罗高、孙殿甲、叶尚志等④,都是由青年知识分子转变为政治理论课教师的典型案例。这一方面表明,高等学校在实践中贯彻执行了党中央关于团结、教育知识分子的相关政策,摒弃了土地革命时期"左"倾关门主义的错误;另一方面,也因为学校在政治待遇和物质待遇方面给予政治教员更多优待,激发了知识分子转型作教员的积极性。罗高曾回忆说:当时在胶东的政治教员一个月四块钱,仅仅比朱德总司令少一块钱,部队连长、指导员也就是三

---

① 吴文焘:《师表》,见《回忆张闻天》,湖南人民出版社1985年版,第125页。
② 参见王蒙、袁鹰主编:《忆周扬》,内蒙古人民出版社1998年版,第156页。
③ 参见《延安大学史》,人民出版社2008年版,第82页。
④ 参见卢周来、彭山:《抗大亲历者》(上、下),国防大学出版社2014年版,第35—44、119—126、161—177页。

块钱;膳食上一般的干部可以吃窝头、大饼子,而教员却可以吃到馒头。①

总体上看,延安时期高等学校政治理论课教师的选拔培养制度基本确立。在中央层面,由中央宣传部总体负责教师的选配,并积极推动领导干部担任政治理论课兼职教师。从学校层面,一是通过成立研究班、高级研究班等,自主培养师资;二是在学校成立政治研究室,负责专职政治理论课教师的日常培养和培训;三是创办马列学院等专门培养理论人才的院校,为高等学校政治理论课储备师资。这种政治理论课教师的选配和培养模式为之后的高等学校所继承,在新中国高等教育历史上影响深远。

三、邀请领导干部登台授课趋向制度化

领导干部到高等学校讲授政治理论课,既是对党的优良传统的继承,更是基于现实的客观需要。从历史传统上看,党的众多领导同志在国民革命时期、土地革命时期都担任过政治教员,开展了大量的政治理论授课活动,在马克思主义理论灌输方面起到了十分关键的作用,这种优良传统在延安时期得到继承和发展;从现实需要来看,随着干部教育和高等教育的大发展,加强学校的意识形态建设十分迫切,领导干部到高等学校讲授政治理论课,既确保了党对学校政治教育的正确引领,也探索出了党对学校工作领导的新路径。党中央到达陕北后不久,中央领导同志就开始到抗大、中央党校等讲授政治理论课;陕北公学、鲁迅艺术学院、中国女子大学成立后,到高等学校讲授政治理论课的群体扩展到中央部门、陕甘宁边区的领导同志;马列学院、自然科学院、延安大学以及各抗日根据地的一大批高等学校成立后,各级领导干部到高等学校讲授政治理论课成为一种常态。

中国人民抗日军政大学、中央党校、中国女子大学、马列学院是邀请领导干部讲授政治理论课最多的高等学校。以抗大为例,1936 年 5 月中共中央政

---

① 参见卢周来、彭山:《抗大亲历者》(上、下),国防大学出版社 2014 年版,第 43 页。

治局常委会讨论创建红军大学(抗大前身)时,就明确规定教员由张闻天、秦邦宪、周恩来、毛泽东、林育英、何凯丰、李维汉、杨尚昆、叶剑英、林彪、罗瑞卿、罗荣桓、张如心、袁国平、董必武等担任①,这些教员大多都是中央领导。学校成立后,从1936年5月至12月到校讲课的中央领导、专家学者有10余人。如毛泽东讲授"中国革命战争的战略问题""关于和平解决'西安事变'",张闻天讲授"中国革命基本问题",周恩来讲授"关于国际形势",博古讲授"政治经济学",杨尚昆讲授"各国论"(主要是英美法德日意),李维汉讲授"党的建设",朱德讲授"中国近代革命运动史",斯诺讲授"英美对华政策"等②。1937年5月至1938年4月,李维汉曾担任中央党校校长,据他回忆:毛泽东、洛浦、博古、刘少奇等都在该校讲过课,董必武、廖志高和他本人曾讲过党的建设课程。其他领导干部如成仿吾、王学文、白栋材、吴文遴、罗炳辉、姜旭、胡乔木、柯庆施、艾思奇、吴亮平、杨松、何干之、王思华、李景春、刘芝明、钱维仁、贾若瑜等,都在中央党校兼任课程或任教③。再以中国女子大学为例,学校成立之日就提名成立名誉主席团、主席团成员,名誉主席团主要包括中央领导同志如毛泽东、朱德、周恩来、洛甫等15人,中央妇委的邓颖超、蔡畅等5人;主席团成员则包括各机关首长、学校负责人和代表等共计53人④。中国女子大学专职教员较少,主席团成员成为学校的兼职教师团队,学校日常课程以政治理论课为主,多数由延安的各级领导同志担任。再如延安马列学院,从创办起就把邀请校外领导干部讲授政治理论课作为重点。兼任马列学院院长的张闻天,不仅亲自授课,而且经常邀请毛泽东、陈云、朱德、周恩来等中央领导到校授课;一些领导干部从外地返回延安,张闻天总要邀请他们到马列学院授课;中共中央宣传部的领导干部也被张闻天安排到马列学院担任兼职教员。

---

① 参见《毛泽东年谱(1893—1949)(修订本)》上卷,中央文献出版社2013年版,第542—543页。

② 据延安抗大纪念馆资料。

③ 参见李维汉:《回忆与研究》(上),中共党史资料出版社1986年版,第388—389页。

④ 参见《中国女子大学开学典礼》,《新中华报》1938年7月25日。

　　到1941年前后,在高等学校向正规化方向发展的背景下,《中共中央关于延安干部学校的决定》《中央关于办理党校的指示》等文件,对于领导干部到学校讲授政治理论课均提出了指导性建议。如"凡地委及团级以上干部的教育,应由中央委员及中央各机关负责同志亲身担任指导"①,"学校所在地党的领导机关的负责同志,必须有计划的经常的到学校作报告,能够任课的必须担任教课","应该经常多请当地的和外来的负责同志报告各种时事问题及各种实际工作的情况与经验"②。至此,领导干部到高等学校讲授政治理论课向制度化方向推进,中央领导干部、中央机关各部门领导干部、各根据地领导干部结合自身工作经验到高等学校讲授政治理论课成为常态,他们也逐渐成为学校兼职授课的主要群体。

第四节　理论联系实际的根本教学方法

　　1945年4月24日,毛泽东在中国共产党第七次全国代表大会政治报告中第一次总结了党的三大作风,他说:"以马克思列宁主义的理论思想武装起来的中国共产党,在中国人民中产生了新的工作作风,这主要的就是理论和实践相结合的作风,和人民群众紧密地联系在一起的作风以及自我批评的作风。"③"理论和实践相结合"表现在政治理论课的教学方法上,就是将马克思主义基本理论与中国实际和中国革命具体实践相结合进行授课,这既是贯彻掌握思想教育主动权,提升政治理论教学成效的需要,也是为了更好地应对学生多元化的政治背景和复杂变换的政治形势。一方面,全面抗战爆发后,中国共产党对军政人才的需求大大增加,为了在短时间内培养革命青年的军事政治素养,使他们成为接受党领导的革命战士,以马列主义基本理论作为主要内

---

①　《建党以来重要文献选编(1921—1949)》第18册,中央文献出版社2011年版,第762页。

②　《中共中央文件选集》第十二册,中共中央党校出版社1991年版,第302—303页。

③　《毛泽东选集》第三卷,人民出版社1991年版,第1093—1094页。

容就抓住了高等学校政治理论课的核心要义;另一方面,高等学校招收的学生文化水平参差不齐,社会背景相对复杂,意识形态领域多元思想并存,如果只是教条地灌输马列主义理论而不联系中国实际和中国革命实践,不仅不能从根本上培养学生的政治理论素养,而且还会使党的政治理论教育陷入教条主义、主观主义的窠臼。因此,在党中央的领导和具体指导与关注下,高等学校政治理论课教学在实践中逐步改进,确立了理论联系实际的根本教学方法。

一、以党的创新理论和政策精神指引课堂教学

延安时期,中国共产党理论联系实际最大的贡献在于提出了"马克思主义中国化"命题,并实现了马克思主义基本理论同中国革命具体实际相结合的第一次飞跃——毛泽东思想诞生。理论和实践相结合作为党的三大作风之一,贯彻这一作风就是要坚持唯物主义思想路线,把理论运用到解决实际问题当中,并依据新的实践与时俱进地推动马克思主义中国化和理论创新工作。这一作风也是党进行理论宣传和教育必须遵循的原则,具体到高等学校的理论宣传和教育工作,坚持以党的创新理论和政策精神指引政治理论课教学即是最直接的表现。

在党的创新理论进课堂方面,党中央主要领导作出了重要贡献。如毛泽东在抗大讲授《中国革命战争的战略问题》《实践论》《矛盾论》,把最新的理论思考呈现于课堂,其他创新成果如《论持久战》《新民主主义论》《在延安文艺座谈会上的讲话》等也均在课堂上作过讲授。再如,刘少奇《论共产党员的修养》作为有关共产党员修养问题的理论创新成果,经过不断修改和充分酝酿之后,应邀在马列学院的课堂上讲授;他的另外一部理论创新成果《论党内斗争》是在中共中央华中局党校课堂上的演讲稿,后被《解放日报》全文发表①,成为延安整风学习的必读文件之一。张闻天的《论青年的修养》是在陕

---

① 参见刘少奇:《论党内斗争》,《解放日报》1942 年 10 月 9 日。

北公学演讲时的记录稿①,这篇文章和毛泽东的著作《青年运动的方向》,成为延安时期中国共产党关于青年思想研究的创新成果。陈云在为延安马列学院、中央党校学员讲授《党的建设》课程基础上,撰写了《怎样做一个共产党员》的文章,发表在《解放》周刊上②,成为党建理论的重要创新成果。在中国共产党第七次全国代表大会上,毛泽东思想作为党的指导思想被写入党章,各高等学校随即在教学实践中开展毛泽东思想进课堂的尝试。总之,党的理论创新成果引入高等学校政治理论课,既是中央领导坚持理论联系实际作风的体现,也是高等学校坚持理论和实践相结合开展政治理论教育的具体措施之一。

在贯彻中央政策精神方面,各高等学校以"坚定正确的政治方向"作为办学的根本指针,在政治理论课教学中表现出了高度的政治自觉性。尤其是在形势和任务不断发生变化的大背景下,政治理论课讲究政治性就是要紧跟党中央精神和相关政策,坚持党对于师生的政治引领。为此,高等学校积极邀请领导干部到校讲课,领导干部则根据党面临形势和任务的不同,将课程讲授内容与贯彻党的政策进行了有效衔接,为政治理论课贯彻中央精神提供了基本保证。领导干部在课堂上将党中央的方针政策传达给师生,不仅有助于师生们深刻把握中央精神,而且也能够积极回应来自现实的各种问题和困惑。例如,1935 年 12 月,中共中央确立了建立抗日民族统一战线的策略方针,随后,毛泽东到抗日红军大学讲授《中国革命战争的战略问题》,到中央党校阐释中国共产党和平解决西安事变的政策;董必武为抗大学生讲授"共产主义与三民主义";其他领导同志到抗大、中央党校讲授党的相关政策,均贯彻了中央的这一中心任务。抗战进入相持阶段之后,党员干部中存在大量非马克思主义思想,锤炼党性显得十分迫切,《论共产党员的修养》《论青年的修养》《怎样

---

① 参见张闻天:《论青年的修养》,《解放》1938 年第 39 期。

② 参见陈云:《怎样做一个共产党员》,《解放》1939 年第 72 期。

做一个共产党员》等理论成果进入政治理论课教学内容,就充分体现了贯彻中央关于进行党性教育的精神。此外,积极组织师生学习和贯彻党中央有关会议精神,也是强化政治理论课政治性的重要表现。以马列学院为例,该院成立不久即迎来了党的六届六中全会,张闻天随即在马列学院传达会议精神,要求学员停课学习会议文件,并亲自为学员作辅导报告。宋平回忆说:他为此向全院师生"做了六七次报告,一次讲一个题目,我的笔记就记了厚厚的一本"①。1940 年 7 月《中共中央关于目前形势与党的政策的决定》发布,根据国内外形势提出了克服困难、克服投降危险、争取时局好转的 17 条重要政策。② 张闻天又安排马列学院停课,专门进行研究与讨论,针对研究讨论中提出的争论性问题,张闻天还亲自作了 7 次集体解答③,从而在马列学院师生中充分贯彻了中央精神。

二、灵活运用历史典故、现实案例生动阐释理论

将历史典故和现实案例引入课堂,是政治理论课坚持理论联系实际的重要突破口。尤其是学生的文化基础、政治背景、理论水平、革命经验各有不同,过多地采取理论阐释和灌输容易超出他们的接受能力,造成教学效果不佳或脱离实际。而灵活运用广为人知的中国历史典故,从现实生活中收集典型案例,既能够增加课堂教学的趣味性,也能够让学员在联系现实中感受理论的鲜活生命力。

毛泽东、刘少奇等中央领导就十分善于从中国古典文化中挖掘授课素材,将革命理论与浅显生动的成语典故、文史故事融为一体,增强了课堂的知识性和趣味性。在给抗大第三期学员讲课时,毛泽东通过分析古典小说《西游记》

---

① 参见宋平:《张闻天同志对于干部理论教育的贡献》,见吴介民主编:《延安马列学院回忆录》,中国社会科学出版社 1991 年版,第 36 页。
② 参见《毛泽东文集》第二卷,人民出版社 1993 年版,第 295 页。
③ 参见理群:《策略教育在马列学院是怎样进行的》,《共产党人》1940 年第 13 期。

中的人物特征来讲授革命精神:唐僧的优点是对于目标坚定不移,但缺点是麻痹、警惕性不高;孙猴子很灵活、很机动,但方向不坚定,三心二意……小白龙马不图名、不为利,埋头苦干,是值得我们学习的。① 在讲授《矛盾论》时,毛泽东引用《水浒传》中三打祝家庄的例子,指出前两次失败因情况不明、方法不对,第三次通过改变方法、全面深入调查研究情况而取得了胜利,借以说明唯物辩证法的道理。② 类似的例子还有很多,比如"知彼知己,百战不殆""兼听则明,偏信则暗""初出茅庐""纸上谈兵""有备无患""沾沾自喜""迎刃而解""夸父追日""后羿射日""坐山观虎斗""华而不实""不寒而栗""别无长物"等,都曾出现在毛泽东的课程讲授中。刘少奇授课十分注重运用中国古代的文史典故,使课堂充满了中国文化的深厚意蕴。在讲授《论共产党员的修养》时,他引用《论语》"吾十有五而志于学,三十而立,四十而不惑,五十而知天命,六十而耳顺,七十而从心所欲,不逾矩",来说明即便是圣人的道德修养也需要长时间的学习和锻炼;引用《孟子》中的"人皆可以为尧舜"来鼓励学员,确立崇高的人生目标并逐步提高思想和品质;引用曾子的"吾日三省吾身"、《诗经》中的"如切如磋,如琢如磨",以勉励党员干部在革命实践中提升修养;引用"慎独""杀身成仁""舍生取义"等典故,肯定其深刻教育意义;批判"顺风转舵""非驴非马""两面三刀""人不为己、天诛地灭"等封建糟粕。③这些成语典故和谚语形象贴切地说明《论共产党员的修养》中的理论观点,在严谨的理论分析之上,增添了课堂的知识性和吸引力。

借用现实典型案例并进行生动的理论剖析,也经常出现在领导干部的政治理论课讲授中。毛泽东善于使用打比方、比喻等讲授方式,避免了高高在上的、抽象空洞的理论说教,使得革命的理论和道理变得形象易懂。他以"不入虎穴、焉得虎子"来说明,要知道革命的理论就得参加革命实践的道理,离开

---

① 参见牛克伦:《熔炉》,见《回忆毛主席》,人民文学出版社1977年版,第245—246页。
② 参见《毛泽东选集》第一卷,人民出版社1991年版,第313页。
③ 参见《刘少奇选集》上卷,人民出版社1981年版,第97—167页。

实践的认识是不可能的①;以鸡蛋因得到适当温度而变化为小鸡,但温度不能使石头变为小鸡的例子,说明外因是变化的条件,内因是变化的根据②。在鲁艺讲"艺术的作用和使命"时,毛泽东把从上海、北平等城市奔赴延安的文化工作者称作"亭子间的人",把经过长征到达陕北的原苏区文化工作者称作"山顶上的人"。他说:"亭子间的人弄出来的东西有时不大好吃,山顶上的人弄出来的东西有时不大好看"③,这就形象地指出了两类文艺工作者各自的弱点,强调了两者要相互学习、共同提高。陈云作为中央组织部部长,他经常受邀到各高校讲授"党的建设"课程,在讲授中,他十分注重找例证、打比方,非常生动形象、深入浅出。宋平曾回忆陈云讲"怎么做一个共产党员"的情景,讲到立场问题时,他举个例子说,延安中国女子大学前面那个石头坚定不坚定?他当时是觉得很坚定的,桥都搭上去,大家都从那上面过。但是,一场大水把它冲了,它就不坚定了。④

领导干部运用典故和现实案例作为政治理论课教学素材,极大地调动了高等学校师生学习的兴趣。在他们的带动和教导下,各级领导干部和学校专职教师努力从中华文化精华中挖掘历史资源,从中国革命的现实实践中寻找典型案例,使延安时期高等学校的政治理论课教学既联系实际、通俗易懂,又充满着知识性和趣味性。

---

① 参见《毛泽东选集》第一卷,人民出版社1991年版,第288页。
② 参见《毛泽东选集》第一卷,人民出版社1991年版,第302页。
③ 《胡乔木回忆毛泽东》,人民出版社2003年版,第250页。
④ 参见陈云故居暨青浦革命历史纪念馆:《走近陈云——口述历史馆藏资料辑录》,中央文献出版社2008年版,第54页。

第四章　延安时期高等学校政治理论课建设的历史作用

　　延安时期高等学校政治理论课建设是中国共产党思想政治教育史上的一座丰碑。从"政治课压倒其他一切课目"到"政治与技术并重"理念的提出,从向"少而精"转型到"公共必修课"模式的确立,在党中央直接领导下形成了高等学校政治理论课的基本价值理念和初始方案。从直接作用看,延安时期通过对高等学校政治理论课的指导思想、领导体制、课程体系、教材建设、师资队伍建设等的探索,初步形成了中国共产党高等教育事业的基本特征,成为新中国成立以来高校思想政治教育守正创新的重要基点。但若将其放置在中国共产党领导中国革命事业走向成功的伟大征程中,放置在党的思想政治教育百年探索中,放置在党开展政治建设和理论创新的历史实践中,放置在党领导并创立高等教育事业的发展进程中,我们仍能够看到其所迸发出的闪耀光芒。具体来说,延安时期高等学校的政治理论课有别于干部学校的政治理论课,它既强调政治理论灌输,又强调政治理论课对于人才培养的关键性作用,这就从根本上推动党的高等教育事业逐渐突破干部教育的范畴,走上符合现代高等教育理念的科学发展道路;延安时期高等学校政治理论课落实党的高等教育事业的根本任务,为广大知识青年和革命干部树立了马克思主义的世界观和方法论,锻造了一大批政治立场坚定的各类人才,为党的革命事业储备了一支坚不可摧的队伍；延安时期高等学校政治理论课为党的政治建设、理论创新搭建了平台，在更为广泛的意义上提升了党的政治话语构建能力，确立了高等学校作为党的意识形态建设主阵地的历史地位。

第一节　推动延安时期高等学校走上
科学发展道路

延安时期的高等学校脱胎于干部学校，在早期抗大、陕北公学的办学实践中，受制于办学条件仍然采用了短期培训的办学模式，教学活动中大量开设政治理论类课程，除了招生对象面向社会青年之外，实际办学模式与党的干部学校并无二致。但培养对象的不同，决定了办学方向和目标的差异，随着鲁迅艺术学院、中国女子大学、自然科学院、中国医科大学、延安大学的成立，这些高等学校办学特征日趋明显。创办高等学校，必须解决"政治课压倒其他一切课目"的问题，在开展思想政治教育的同时实现培养理论人才、专业技能人才的办学目标，而政治理论课恰恰承担了平衡政治教育与专业教育的功能。在政治理论课建设中，高等学校不仅将坚定正确的政治方向贯穿于人才培养全过程，而且实现了政治教育与专业教育的衔接与融合，探索形成了有别于国统区高校的中国共产党高等学校教育理念和特色。从这个意义上说，政治理论课建设是推动延安时期高等学校科学发展的重要推动力，也正是由于政治理论课建设的不断推进，延安时期高等学校改变了以政治教育为中心的模式，逐步发展成为具有现代大学特征的新型高等学校。

一、推动高等学校逐渐突破干部教育的范畴

随着全面抗战的爆发，中国共产党领导创办的干部学校向高等学校转变已成为形势所需。从主观上看，中国共产党坚持全面抗战路线，需要培养大量军事政治人才到抗日前线或者敌后，以动员和组织军民开展抗日斗争。正如

毛泽东在指导抗大办学时所强调的,增加抗战力量的工作和方法有很多,然而其中最好最有效的方法是办学校培养抗日干部。① 但仅从党内选拔和培养干部已经不能满足形势发展的需要,因此党的干部学校就开始面向社会招收知识青年。如 1936 年 6 月,中央党校恢复办学后不久就招收青年学生到校学习②;西安事变和平解决后,东北和北平、天津的流亡学生陆续奔赴延安进入抗大学习,1937 年七七事变后到 1938 年底的一年半时间里,"就有 1.5 万余名知识青年涌入抗大学习"③。大量涌入的知识青年,已远超抗大的容纳能力,为此,党中央根据革命需要领导创办了陕北公学、鲁迅艺术学院、中国女子大学等一批学校。这些学校在生源构成上以社会知识青年为主,学校不再以承担党的基层干部培训、轮训为主,在办学目标和办学属性上已经发生了重要变化。但就这些学校的教学安排来看,短期政治培训的特征还十分明显,专业教育的条件和氛围还十分欠缺,如若称其为高等学校也十分勉强。这些学校能否突破干部学校教育模式的局限,关键在于如何对待政治教育中心化问题,若是固守"政治课压倒其他一切课目"的办学思路,培养各类人才的专业教育就难以开展,这些学校期待承担高等教育办学职能的愿望就可能落空。在这种情况下,党领导的政治理论课建设在探索中逐渐实现政治教育与专业教育之间的平衡,通过建立"公共必修课"的政治理论课模式,将专业课与政治课的关系、功能、定位等进行了明确的区分,推动这些学校向高等学校办学属性转变。

实际上,这种转变也是中国共产党针对现实处境实行的策略性改变。抗日战争进入相持阶段后不久国民党即调整了政策,1939 年 1 月,国民党五届五中全会确定"溶共""防共"和"限共"的方针,国民党顽固势力强化了对陕

---

① 参见中国人民解放军国防大学:《中国人民抗日军事政治大学史》,国防大学出版社 2000 年版,第 28 页。

② 参见李维汉:《回忆与研究》(上),中共党史资料出版社 1986 年版,第 387 页。

③ 中国人民解放军国防大学:《中国人民抗日军事政治大学史》,国防大学出版社 2000 年版,第 6 页。

甘宁边区的围堵政策。面对这种形势,党中央和毛泽东已经意识到依靠外援绝非长久之计,1939 年 2 月就在延安号召发动了大生产运动。在随后遍及各抗日根据地的大生产运动中,党中央进一步意识到发展生产、开展经济建设需要培养各行各业所需的专门人才。与此同时,在延安各高等学校中"政治与技术并重"的办学理念逐渐形成,政治理论课从以政治教育为中心的课程体系中分离出来,其地位和功能被重新认识。1940 年 12 月,毛泽东在为中共中央起草的党内指示中,明确要求"每个根据地都要尽可能地开办大规模的干部学校"①,通过开展文化教育来增加抗日的力量。这里的"干部学校"在培养目标上已非局限于培养政治军事人才,而是强调要为抗战建国培养政治、军事、经济、技术、文艺等各类人才。

学校生源结构变化、回应社会人才需求,是推动延安时期干部学校教育转向高等学校教育的重要外部环境。外因要通过内因发生作用,外部环境的变化必然催生学校内部的变革。为此,学校管理者贯彻"政治与技术并重"的理念,建立以"少而精"为导向的政治理论课课程体系,从根本上推动人才培养逐渐突破干部学校教育模式的局限,向正规化、科学化的高等学校教育转变。那么,如何实现干部学校教育向高等学校教育的转变? 最关键的在于理顺专业课与政治理论课之间的关系。简言之,如果不能解决好政治理论课在人才培养中的地位和作用问题,不能对政治理论课的课程设置、教学内容进行科学提炼,那么专业技术教育就会因政治教育的挤压而无法进入高等学校课堂,高等学校的办学目标就无从实现。然而,科学对待高等学校的政治教育并非易事。一方面,中国共产党作为马克思主义革命政党,在意识形态构建上具有强烈的使命感。在国民革命时期和土地革命时期,党领导的各类学校均已将政治教育置于重要地位,想要改变这种教育教学中的惯性绝非一日之功。但如果学校深陷政治教育无法抽身,事事以政治挂帅,则专业教育就很难得到重

---

① 《毛泽东选集》第二卷,人民出版社 1991 年版,第 769 页。

视,现代高等教育的人才培养目标就无法在党领导的高等学校实现。从另一方面看,政治教育并非可有可无,在当时国民党三民主义意识形态占据主导地位的情况下,坚持马克思主义的政治教育又有着鲜明的价值导向,是体现党领导高等学校教育的重要特征:其一,可在学生中灌输马克思主义意识形态,为党领导的革命事业培养政治立场坚定的各类人才;其二,马克思主义本身就是人们认识世界、改造世界的思想武器,在学生中树立马克思主义的立场、观点、方法,也是推动学生综合发展的重要内容。以政治教育为中心,固然强化了党的意识形态建设,但在人才培养上则明显脱离了实际,董纯才认为,这"实际上就是一种教条主义的政治教育,只是教学生学习一大堆抽象的政治名词和空洞的政治口号,而不注意或几乎不注意群众生活所需要的社会知识"①,以至于学生"一出校门踏进实际的工作环境时,往往觉得一无所长"②。与之相应,以政治教育为中心,难免会出现把马克思主义当作教条、理论与实际相脱节的问题。毛泽东曾批评道:"延安的学校是一种概论学校,缺乏实际政策的教育"③,他在认真分析实际工作中存在的各种教条主义错误后,强调学校"应确立以研究中国革命实际问题为中心,以马克思列宁主义基本原则为指导的方针,废除静止地孤立地研究马克思列宁主义的方法"④。经他审定的《中共中央关于延安干部学校的决定》,明确提出要摒弃教条主义的政治教育,不仅为高等学校政治理论课建设指明了方向,同时还就专业教育与政治教育的关系进行了规定。文件强调指出:"凡带专门性质的学校(例如军事的、政治法律的、财政经济的、自然科学的、文艺的、师范教育的、医学的等等),应以学习有关该项专门工作的理论与实际的课程为主。文化课、政治课与专门课的比例应依各校情况决定之。"⑤从根本上说,正是因为党中央对于高等学校政治

---

① 董纯才:《论国民教育的改造》,《解放日报》1942 年 9 月 4 日。
② 莫汉:《创办中的工业职业学校》,《解放日报》1942 年 3 月 22 日。
③ 《毛泽东年谱(1893—1949)(修订本)》中卷,中央文献出版社 2013 年版,第 324 页。
④ 《毛泽东选集》第三卷,人民出版社 1991 年版,第 802 页。
⑤ 《建党以来重要文献选编(1921—1949)》第 18 册,中央文献出版社 2011 年版,第 763 页。

教育有了全新认识,并对政治理论课建设进行科学定位和直接指导,学校延续干部教育以政治教学为中心的窠臼才得以破除,专业教育才得以在党领导的高等学校有序发展。

高等学校政治理论课建设助推了政治教育与专业教育的协调发展,正规化高等学校教育的理念开始在党创办的高等学校生根发芽。虽然是在解放战争的特殊时期,不少高等学校一度回到以政治短训为主导的模式之下,但这仅是战争情况下的特殊安排,并不意味着学校退回到干部教育的办学模式。恰恰相反,当战争紧张形势稍有缓和,办较长学制的正规化高等学校教育事业都会有一定程度的恢复。例如,1946 年 11 月,延安大学制定《战时干部教育实施方案》,强调取消一切脱离战争实际的教材,教材内容必须联系战争、联系土改、联系生产,同时必须联系学生的思想和行动。① 1948 年 10 月,延安大学恢复正常办学秩序后即印行《延安大学教育方案》,规定大学部要建立正规学制。再如,1946 年 3 月,华中建设大学筹建第三期,招生 800 余人,计划设立 6 个学院和 1 个预科部,学制 1—4 年,预科学习时间半年至 1 年。② 学校特从解放区和上海聘请了一批专家学者到校任教,力图把华中建设大学办成多学科、综合性、正规化的大学。但开课后不久形势急剧恶化,学校转为开展政治教育为主,主要内容为"社会发展史""新民主主义论"和"新四军军史"等。③ 1948 年夏,战争形势好转之后,该校与山东临沂大学渤海地区留守人员在潍县组建华东大学,随后迁入济南开展正规化办学。以上案例表明,高等教育理念业已形成就像一面旗帜,只要条件允许,高等学校教育必然回归到正规化道路上来,短期政治培训将被"公共必修课"模式的政治理论课所代替。可以说,在延安时期中国共产党高等学校教育事业螺旋式上升的过程中,围绕政治

---

① 参见《延安大学史》,人民出版社 2008 年版,第 190 页。
② 参见中央教育科学研究所编:《老解放区教育资料(三):解放战争时期》,教育科学出版社 1991 年版,第 264 页。
③ 参见衡朝阳:《华中建设大学在苏北》,《档案与建设》2014 年第 7 期。

理论课建设所形成的高等学校教育理念已经深深扎根,不断荡涤着单纯以政治教育为中心的刻板和弊端,为高等学校专业技术教育开辟道路。

二、塑造了中国共产党新型高等学校的教育理念

19世纪90年代中后期,北洋大学堂和京师大学堂的成立标志着中国现代高等教育的创立,到20世纪30年代,国统区已经形成了较为完备的高等教育体系。但中国共产党领导创建的高等学校则区别于国统区的高校,其最本质的区别在于中国共产党领导高等学校以马克思主义为指导建立了政治理论课模式,以及在政治理论课建设背景下形成了新的办学理念和目标。

首先,中国共产党领导的高等学校高度重视思想政治教育工作,强调政治教育第一,以马克思主义科学理论武装青年学生头脑。虽然党中央极力推动高等学校补充丰富以政治教育为中心的现象,但仍十分强调学校要树立政治教育第一的理念,毛泽东等中央领导同志到抗大、陕北公学、鲁迅艺术学院等学校作报告,都会强调政治教育的重要性。实际上,"政治教育为中心"与"政治教育第一"有着很大不同。前者以大量的政治课程占据学校主要的教育资源,不仅忽视了专业技术教育的重要性,而且还容易产生教条主义的问题;后者则主要强调把政治教育放在首位,强调中国共产党领导的高等学校要为革命事业培养人才,要以马克思主义为指导来塑造学生的世界观、人生观、价值观。因此,政治教育第一就是要求高等学校突出党办教育的根本目的,与当前我们所讲的"为党育人,为国育才"同出一脉。

其次,以政治理论课建设为突破口,强调学校教育要为现实服务,坚持理论与实际结合,摒弃教条主义、主观主义的错误倾向。在高等学校初创时期,开设了大量政治课程,但多而不精的政治课程体系脱离了实际,把马克思主义理论教条化,不注重与中国革命的实际问题发生联系。而这种情况的直接背景是党内存在的教条主义学风,党中央和毛泽东在调查研究后提出了尖锐的批评,1941年5月,毛泽东在延安干部会上批评一些人对待马克思主义的错

误方法:"他们违背了马克思、恩格斯、列宁、斯大林所谆谆告诫人们的一条基本原则:理论和实际统一。他们既然违背了这条原则,于是就自己造出了一条相反的原则:理论和实际分离。"① 以批评学习马克思主义理论上的教条主义为突破口,党中央着力推动学校教育要为现实服务,强调指出,"要培养行动的理论家。改造学习要采用革命的精神,对干部教育、学校教育、国民教育都要有一个大的改造"②。此后,党中央出台了一系列政策措施来解决高等学校教学中的教条主义和主观主义问题。比如,由张闻天等组成委员会来研究改造学习的办法,最终形成了《中共中央关于延安干部学校的决定》;组建了大学管理委员会,由何凯丰、邓发、李维汉等9人组成,理顺高等学校的管理体制;进一步将马列研究院改名为中央研究院,强调其为用马列主义方法研究中国历史与现实问题的学术机关,以此来引领高等学校正确学习和运用马列主义。③ 在党中央领导下,不仅高等学校政治理论课教学强调以马克思主义基本原理同中国革命实际相结合,而且学校专业教育也强调学以致用,以服务抗战和根据地建设为目标开设新专业,办正规化高等学校。

再次,重视教学方法改革,从机械的灌输式教学转向启发式教学,把师生间互动式教学贯穿人才培养的全过程。启发式教学是中国共产党在长期思想政治教育实践中探索出来的有效方法,启发式教学强调师生之间的互动交流,通过师生之间的沟通体现平等的师生关系,契合了现代教育理念教学过程的双向互动特点。这一方法被毛泽东认为是区别于旧式教育(机械灌输式教学)的新式教育,早在红军时期,他就将对士兵政治课的教授方法总结为10条,其中,第一条就是废止注入式、采取启发式。启发式教学在延安各类学校得到广泛提倡和运用,尤其是在政治理论课教学中,毛泽东、张闻天、刘少奇、陈云等中央领导到高等学校授课,都十分注重以互动、启发的方式开展教学,

---

① 《毛泽东选集》第三卷,人民出版社1991年版,第798页。
② 《毛泽东年谱(1893—1949)(修订本)》中卷,中央文献出版社2013年版,第325页。
③ 参见《毛泽东年谱(1893—1949)(修订本)》中卷,中央文献出版社2013年版,第326页。

这既有助于了解学员的思想状况,又能够适时掌握学生的学习效果。李维汉曾总结过陕北公学的教育政策,指出课程的教学大致依"引言——预习——质疑——讲演——复习(或复习——讲演)"的顺序进行,在教师的主导下充分发挥学生学习的主动性,为此,教师则须有"循循善诱""诲人不倦"的精神①。政治理论课的启发式教学取得了良好教学效果,随着延安时期高等学校向正规化发展,启发式教学成为中国共产党领导高等学校发展的重要特色和理念,学校在各类课程教学中都尽量融入互动式、启发式,在师生之间建立了平等互动、教学相长、鼓励创新的教学关系。1941 年 12 月颁布的《中共中央关于延安干部学校的决定》,也明确要求教师认真研究教学内容与教学方法,强调"应坚决采取启发的、研究的、实验的方式,以发展学生在学习中的自动性与创造性,而坚决废止注入的、强迫的、空洞的方式"②。

可以说,正是在延安时期高等学校政治理论课建设的探索实践中,形成了中国共产党高等教育事业的初始禀赋。与此同时,围绕政治理论课教学探索出的一些成功经验被运用于高等教育事业的创新发展,进一步塑造了中国共产党领导的高等教育的价值体系。以高等学校政治理论课建设为引领的价值和理念,不仅推动党领导的新型高等教育事业初步走向成熟,而且也为新中国成立前后中国共产党对于原国统区高校的改造提供了基本遵循。

第二节　为中国革命培养了大批优秀人才

延安时期,中国共产党创办高等学校的初衷就是要为党领导的革命事业培养人才,但要培养什么人才? 怎样才能更好地培养人才? 高等学校政治理论课建设不断深化的过程,正是回答这两个问题的过程。政治理论课建设肇始于干部学校的政治理论教育,随着政治理论课向"少而精"转型,学校"以政

---

① 参见罗迈:《战时干部学校教育》,《中国文化》1940 年 6 月第一卷第四期。
② 《建党以来重要文献选编(1921—1949)》第 18 册,中央文献出版社 2011 年版,第 763 页。

治教育为中心"的模式被改变,从而明确了党领导的高等学校区别于干部学校培养政治人才为主的导向,政治理论课"少而精"正是要为专业技术教育拓展道路,高等学校要为革命战争、根据地建设培养各类人才,这就回答了要培养什么人才的问题。随着高等学校的进一步发展,"少而精"的政治理论课已不能满足需求,迫切需要明确政治理论课在高等学校教育中的价值和地位,为此,在党的领导下,高等学校对政治理论课进行提炼和整合,使课程设置、教材编写逐渐统一,初步形成了"公共必修课"模式的政治理论课。政治理论课也被认为是学校人才培养的关键课程,要更好地为革命事业和建设新中国培养各类人才,必须把政治理论课放在突出位置,这就回答了怎样才能更好地培养人才的问题。正是由于政治理论课建设回答了这两个根本问题,才确保延安时期高等学校的人才培养工作不断校正方向,始终走在正确轨道上,为中国革命事业培养了大批优秀人才。

一、为抗战培养了信念坚定的军事政治人才

全面抗战爆发后,中国共产党领导的高等学校逐步发展,成千上万的抗日青年和知识分子涌入延安寻求抗战救国道路,如何把他们培养成为立场坚定的军事政治人才成为迫切需要解决的问题。从学校的生源来看,既有来自东北、平津沦陷区的青年学生,又有来自国统区的知识分子;既有来自陕甘宁边区和其他各抗日根据地的青年学生,还有来自东南亚、美洲等地的爱国华侨。以抗大第四期学员为例,学员共有 5562 人,其中既有知识青年、专家、教授,也有工农干部;既有年过半百的长者,也有十三四岁的青少年;甚至举家来校的也有,"叔侄同学,母女同队"被传为佳话。① 其他高等学校如陕北公学、鲁迅艺术学院、中国女子大学的规模虽然不如抗大,但都大量聚集了来自全国各地的青年知识分子。青年知识分子的增多,对高等学校的政治教育提出新挑战。

---

① 参见武继忠等:《延安抗大》,文物出版社 1985 年版,第 7 页。

对这些青年学生来说,他们虽然具有高度的爱国情怀和革命热情,但对于党的指导思想、党的理论、党的纲领和党的斗争历史知之甚少,他们头脑中的个人主义、自由主义、宗派主义等非无产阶级思想还不同程度地存在,亟待接受马克思主义世界观的改造。正如宋平所言:他们寻找共产党,投奔延安,只是为了参加抗日斗争,为了投奔光明,至于共产党究竟是什么? 社会发展的前途和规律是什么? 头脑里并不十分清楚。① 如何才能让这些青年在政治上、思想上脱胎换骨,了解和认同党的革命事业,组织他们学习马克思主义理论,提高他们的政治觉悟和思想理论水平就十分关键。

高等学校政治理论课正是着眼于解决青年学生的政治思想问题,力图为他们构建系统的马克思主义的思想理论体系。一方面,高等学校开展政治教育的难点在于学生有很多思想困惑和误区,亟待以马克思主义理论武装学生。尤其是在以国共第二次合作建立抗日民族统一战线的背景下,开始出现一定认识误区,甚至认为有了"三民主义"就不需要"社会主义"和"马克思主义"。再加之陕北公学等属于统一战线性质的高等学校,鲁迅艺术学院等吸纳了来自国统区文化艺术界的名流,高等学校师生在意识形态上的非马克思主义思想较为普遍。因此,学校的思想政治教育极为关键,需要以循序渐进的方式深入开展。另一方面,由于中国共产党不仅以马克思列宁主义先进理论为指导,而且善于将马克思主义基本原理同中国革命实际相结合开展理论创新,形成完备的、系统的政治思想理论体系。而青年学生的多元思想大多不成体系,对于他们来说很需要接受一种系统的思想理论,从而建立正确的世界观、人生观、价值观,马克思主义科学的、系统的理论体系恰好是他们在意识形态领域最需要建构的内容。特别是在抗日民族统一战线的背景下,党的政治理论宣传与抗战政治动员、爱国主义教育密切结合,显示出强大的社会号召力,在培养学生坚定的政治立场方面产生了巨大的潜力和价值。此外,各高等学校所

---

① 参见吴介民主编:《延安马列学院回忆录》,中国社会科学出版社 1991 年版,第 35 页。

招收的青年学生主要以分散化、无组织性的个体为特征,他们经过比较系统的政治理论课学习,包括"马克思主义基本理论""中国革命基本问题""哲学""社会发展史""党史党建""形势与政策"等,逐渐从分散性、无序性向组织性、系统性转变,在思想信仰上也从多元化和盲目性转向对马克思主义的坚定信仰。总体上说,高等学校以马克思列宁主义为核心内容的政治理论课教学,对于确立青年知识分子革命的人生观和科学的世界观具有决定性意义,使他们脱胎换骨成为立场坚定的马克思主义革命者。

延安时期,高等学校是中国共产党开展理论教育、政治宣传、思想动员的主阵地,而政治理论课正是承担此类教育功能的主要渠道,发挥着不可替代的作用。尤其是在全面抗战时期,党领导的高等学校成为培养政治理论人才的"大熔炉",从高等学校走出的数 10 万毕业生成为党在政治战线、军事战线、文化战线的骨干力量,为支援抗战、壮大党的力量作出了重要贡献,为革命发展奠定了坚实基础。正如美国著名记者白修德和贾安娜在《中国的惊雷》一书中所言:"延安真是一所巨型的实验室,在这所实验室里,所有热血澎湃的学生献出了他们的思想的精华,就在这些山边的无数窑洞里,党把这些精华溶化成了全国性的政策,把这些智慧铸成实际组织的能力,然后又把这些人员和他们脑袋里的成熟思想一古脑地重新送回到各个地区。"①

二、为新中国培养了各类干部和专业技术人才

抗日战争胜利后,中国社会的主要矛盾发生了深刻变化,"中国向何处去"的命题随之而来,国内各党派积极阐释各自的政治主张,谋求在中国的政治舞台上获取一席之地。其中,国共两党围绕掌握战后中国命运主动权的政治角力最为引人注目。中国共产党提出了"和平、民主、团结"的口号,强调要"巩固国内团结,保证国内和平,实现民主,改善民生,以便在和平、民主、团结

---

① [美]白修德、贾安娜:《中国的惊雷》,端纳译,新华出版社 1988 年版,第 260 页。

的基础上,实现全国的统一,建设独立、自由与富强的新中国"①。以蒋介石为首的国民党政府虽然接受了"和平建国"方针,并作出停止内战、召开政治协商会议等承诺,但这终究只是国民党的缓兵之计,之后不久就内战阴云密布,"两个命运,两个前途"的斗争已是不可避免。为此,除了进行军事和政治上的必要准备之外,党中央开始着重培养和争取各类人才,为建立一个独立、自主、民主、统一和富强的新中国积蓄干部人才资源。其中,一项重要战略就是把延安的高等学校推向全国,吸引、教育和培养更多知识分子和青年学生。

1945年8月,迎着抗日战争胜利的曙光,党中央决定从延安大学选派骨干师生前往东北办学,延安地区高等学校迁移到其他解放区办学拉开了序幕。与此同时,华北、东北、山东等解放区高等教育迎来了新篇章,如华中建设大学、临沂山东大学、北方大学、东北大学、华北大学等相继创立。这些高等学校在办学方针、专业设置、培养目标、修业年限的设定上有意朝向正规化高等教育努力,不过,由于受到解放战争形势的影响,学校在较多时期仍然回归到以政治教育为主的短期培训模式。但是,无论是正规化办学还是短期政治培训办学,在政治理论课的课程设置、教学原则、教材教法等方面都继承并发展了抗日根据地时期的优良传统。此外,为了培养政治和军事斗争所需的人才,各解放区大量创办了军政干部学校,如东北解放区各省均成立军政干部学校,各省党政军领导如张闻天、陈大凡、王明贵、李延禄、李范五等分别兼任校长。随着革命形势发展,尤其是在1948年解放战争进入战略决战之际,各解放区创造性地筹建了一批人民革命大学,通过集中的马列主义思想政治课教育,对原国统区的知识分子进行政治改造,使他们加入人民革命阵营。代表性高校如中原大学(1948年8月创办)、华北人民革命大学(1949年2月创办)、西北人民革命大学(1949年5月创办)、华东人民革命大学(1949年5月创办)、湖北人民革命大学(1949年6月创办)、西南人民革命大学(1950年3月创办),这

---

① 《毛泽东年谱(1893—1949)(修订本)》下卷,中央文献出版社2013年版,第13—14页。

些学校采取"大量招收与严肃改造"的方针,推动了一大批知识分子转变成为新中国建设的栋梁之材。1949 年 7 月,华北人民革命大学校长刘澜涛等将该校 12000 名学生短期班的教育经验总结上报党中央,其中指出,该校以历史唯物主义为中心,结合学生的思想实际,进行马列主义基本理论和思想教育,并让学生参加体力劳动锻炼,把理论学习作为改造思想的武器,逐步使学生确立了革命的人生观。毛泽东对此充分肯定,致电各中央局、中央分局、各野战军前委,要求将华北人民革命大学的教育经验转发给"所属学校的负责同志,并在党内刊物上发表,以资传播和仿效"①。

在各地人民革命大学的政治教育中,延安时期高等学校政治理论课建设的成果被广泛应用,在改造知识分子、快速培养为党工作的干部和技能人才方面发挥了重要作用。例如,1948 年秋创办的中原大学具有典型意义。1948 年 6 月,河南开封第一次解放后不久,河南大学历史系主任嵇文甫、经济系教授王毅斋、化学系主任李俊甫、教育系罗绳武副教授一行 79 名师生赴解放区参加革命。随后,河南大学、中原工学院、焦作工学院等近 300 名师生前往豫西解放区。② 中共中央中原局和中原军区为把从开封各地来解放区的青年知识分子改造成为具有马克思主义人生观的革命者,为前方输送急需的干部、为后方输送管理人才,筹备建立了中原大学。1948 年 8 月,中原大学在河南省宝丰县大白庄村成立,10 月,中共中央决定派时任北方大学校长范文澜担任中原大学校长,希望通过范文澜在河南知识分子中的影响力,争取开封师生留在中原解放区。学校成立后,主要以学习政治理论、改造思想、改造人生观为主旨进行短期培训,中心任务就是把知识分子当作自己人来进行教育、改造,把他们培养成为人民服务的革命战士。那么,具体实践中要以什么形式和内容对知识分子进行改造呢? 学校主要参考了"抗大"的办学经验,以延安时期积累的政治理论课建设经验对师生进行世界观塑造。中原大学创办初期的课

---

① 《毛泽东年谱(1893—1949)(修订本)》下卷,中央文献出版社 2013 年版,第 545 页。

② 参见陶军:《中原大学校史》,华中师范大学出版社 2003 年版,第 2—3 页。

程,主要有嵇文甫讲授的"辩证唯物主义",王毅斋讲授的"社会科学概论",罗绳武讲授的"社会发展简史",刘国明讲授的"中国革命的基本问题"①,以及陈毅等中共中央中原局、中原军区党政干部讲授的形势与政策报告。这些课程都是延安时期政治理论课建设的重点教学内容。随后,学校根据革命形势发展和思想改造的实际需要,将课程调整为"中国现代史""新民主主义论""解放区建设""辩证唯物主义与历史唯物主义""中共介绍""时事政治""科学社会观"等②。经过学校思想政治课教育培训的知识分子,初步树立了为人民服务的人生观,成为党在政治、经济、文化等各条战线所需的人才。据统计,从 1948 年秋到 1950 年 8 月,中原大学共为国家培养了 10903 名毕业生,他们曾抱着各种思想疑虑来到学校,但经过政治理论课教育教学的洗礼,大多数人都肩负起历史重任,充实到中南地区,乃至全国各地的党、政、军、民等各条战线。③ 中原大学的办学模式正如范文澜所说:"它不拘泥于一般学校的形式,也不硬性规定院系课程与学习期限;在学以致用的原则下,活泼地创造着各种新方法,务使学生经过短期训练,即能走上工作岗位,担负起赋予他的革命任务。"④从总体上看,不管是中原大学的课程设置内容,还是学以致用的办学原则、活泼多样的教学方法,都深深地镌刻着延安时期高等学校政治理论课的烙印。

　　熊复在《中原大学校史》序言中说,就革命教育的理论和实践看,中原大学所采取的教育方针和方法,同抗日战争时期的中国人民抗日军政大学,同解放战争时期各解放区的同类学校,乃至同土地革命时期的红军大学、苏维埃大学等,是一脉相承、互为补充的。⑤ 在这一脉相承的发展进程中,延安时期的探索无疑是最深入、最全面、最关键的一环,具有承上启下的里程碑意义。可

---

① 参见陶军:《中原大学校史》,华中师范大学出版社 2003 年版,第 7 页。
② 参见陶军、宋才发:《中原大学简史》,《教育研究与实验》1985 年第 1 期。
③ 参见陶军、宋才发:《中原大学简史》,《教育研究与实验》1985 年第 1 期。
④ 陶军:《中原大学校史》,华中师范大学出版社 2003 年版,第 1 页。
⑤ 参见陶军:《中原大学校史》,华中师范大学出版社 2003 年版,第 5 页。

以说,如果没有延安时期高等学校政治理论课建设的实践,解放战争时期所诞生的高等学校、军政学校、人民革命大学等,或许很难将马克思主义思想政治教育拿捏得如此成熟。这些在革命战火中新创办的高等学校,既能在现有办学条件下以"公共必修课"模式的政治理论课培养各类人才,又能够依据革命形势发展需要迅速切换到短期政治培训模式,以政治理论课教学为主要内容来改造旧式知识分子;各地军政学校、人民革命大学也能够掌握短期政治培训教育的要领,将马克思主义基本理论学习、思想改造、劳动教育和学以致用的教育原则、活泼多样的教育教学方法充分结合,快速推动知识分子树立革命的人生观。从这个意义上说,延安时期高等学校政治理论课建设实践,为新中国成立前后中国共产党团结、培养和教育各类干部、专业技能人才提供了多种可选择的模式,为在知识分子群体中构建马克思主义意识形态发挥了关键作用,进而为中国革命胜利和新中国成立积蓄了力量。

三、为党的高等教育事业培养了师资和管理人才

师资队伍是政治理论课建设的关键所在,延安时期高等学校政治理论课建设过程必然产生聚合效应,将研究马克思主义基本理论、哲学、政治经济学、史学、文艺学、党史党建,乃至研究高等教育理论的各类人才汇聚在高等学校。也就是说,延安时期政治理论课建设不断推进的过程,也是党的政治理论人才和高校管理人才不断汇聚、共同成长的过程。党的高级干部、理论人才和来自全国各地的知识分子被吸纳到高等学校政治理论课的研究、教学和管理团队当中,他们积极参与学校政治理论课建设的理论探索、理念凝练和教学实践,在塑造中国共产党高等教育初始禀赋的过程中,不仅成长为高等学校政治理论课的优秀师资,而且成为深谙高等教育规律的管理人才。简言之,延安时期围绕高等学校政治理论课建设造就了一大批优秀的政治理论人才、教育管理人才,为新中国高等教育事业发展提供了重要的干部人才储备。

政治理论课建设关键在于教师,建立一支忠实于党的教育事业的政治理

论课教师队伍是紧迫而艰巨的任务。全面抗战爆发后，面对政治理论课教师稀缺的现状，一方面，党中央选派理论家、教育家、政治家充实到高等学校专职政治理论课教学团队中，打开了学校思想政治教育的局面；另一方面，在中央领导的带动和倡导下，各级领导干部兼职到学校担任政治理论课教师成为常态，专兼结合的高等学校政治理论课教师队伍初步形成。但是，面对高等学校迅速发展的需要，建立政治理论课教师的选拔培养制度已经刻不容缓，各高等学校在办学实践中普遍筹建了师资班（高级队、研究班）。各校早期开设的师资班主要培养政治理论课师资，一些文化水平较高的青年知识分子成为重点培养对象，他们接受了马克思主义的政治洗礼，成长为立场坚定的革命者。此外，一些来自国统区的知识分子在政治上主动接受改造，树立了马克思主义的科学世界观和坚定的共产主义理想信念，成为高等学校政治理论课教学的重要力量。例如，在华北敌后较为恶劣的办学环境中，华北联合大学3年时间里"培养了六十多个新教员"[1]；抗大通过举办教员训练班的方式，从1937年到1940年，培养政治教员156人，初步建立起专职政治理论课教师队伍[2]；延安马列学院作为培养马列主义理论专门人才的高校，较多地承担了培养政治理论课师资的任务，从1938年5月创办到1941年5月改组为马列研究院的3年里，学校招收5届学生，先后毕业的学员达八九百人[3]，他们中除了成长为党的高级干部之外，相当一部分充实到高等学校政治理论课教师队伍当中。

1940年前后，随着高等学校向正规化发展，短期政治培训模式被较长学制的专业教育和学历教育所替代，"政治与技术并重"的理念推动高等学校教师队伍结构发生变化，学校对专业教师的需求提上日程。面对党内专业技术人才较为缺乏的情况，党中央在文教工作中贯彻统一战线原则，积极争取来自国统区的知识分子参加党领导的高等教育事业。正如毛泽东所说："应容许

---

①　中央教育科学研究所编：《成仿吾教育文选》，教育科学出版社1984年版，第29页。

②　参见武继忠等：《延安抗大》，文物出版社1985年版，第14页。

③　参见《张闻天年谱（1900—1976）（修订本）》，中共党史出版社2010年版，第391页。

资产阶级自由主义的教育家、文化人、记者、学者、技术家来根据地和我们合作,办学、办报、做事","应该放手地吸收、放手地任用和放手地提拔他们"①。在当时极为艰难的情况下,党中央和高等学校党政领导十分关注教师队伍建设,在教师物质待遇、政治待遇和业务培训方面尽量创造条件,为高等学校进行师资储备。第一,在经济十分困难的情况下,高等学校对教师的生活尽量优先予以保证,教师物质待遇要高于一般干部,从而吸引知识分子投身党领导的高等学校教育事业。第二,在政治上和工作上予以信任,不管是当地教员还是来自国统区的教员,都能做到一视同仁。特别是对来自国统区的教员,学校管理者在政治上充分信任,思想上给以帮助,工作上信赖并依靠。一些教师很快成长为教学骨干,并在党的思想政治教育洗礼下,光荣地加入了中国共产党。第三,提高教师的社会地位和政治待遇。主要表现在邀请他们参加当地政府的行政会议,经常召开座谈会听取他们对政府工作的批评和建议,教师的话语权得到充分保障。第四,实行奖励制度,鼓励优秀教师长期从事教育工作。②解放战争期间,原国统区知识分子和高校教职员来到中国共产党领导的高等学校工作更为普遍,各解放区高等学校十分重视从政治上、思想上对他们进行教育和改造,既不断壮大党的教育事业,而且为新中国成立后改造高校培养和积累了骨干力量。

在以政治理论课为主要特征的中国共产党高等学校不断成熟的过程中,党中央派往高等学校工作的政治理论人才和管理人才逐渐成长为深谙高等教育规律的专家和领导。如以吴玉章、成仿吾为代表的教育家类型的领导干部,不仅领导了延安时期高等学校的改革发展,而且成为新中国成立后高等教育界不可或缺的领军人物;以周扬、张如心为代表的理论家类型的领导干部,带动了教员将思想政治教育融入专业课程教学,推动了政治理论课与专业课的有效衔接,为党的高等教育事业向科学化发展贡献了力量;以郭化若、邵式平

---

① 《毛泽东选集》第二卷,人民出版社1991年版,第768页。

② 参见阎树生等:《毛泽东与延安教育》,陕西人民出版社1993年版,第167—168页。

为代表的革命家类型的领导干部,以自己参加革命工作的切身经历,教育高校党员干部和青年学子投身革命斗争,使党的高等教育事业传承了红色基因、锻造了红色气质。以这三类领导干部为代表的管理人才在高等学校政治理论课建设的大背景下,历经磨砺成长为引领党的高等教育事业改革发展的骨干力量,为新中国成立后党对原国统区高校的接收和改造储备了人才。这一点在抗日战争胜利后就已初步显现。1945 年 8 月,毛泽东亲自到延安大学向校长周扬和副校长张如心传达党中央的决定,要求延安大学选派一批骨干力量去东北,创办东北大学。① 同年 10 月,延安大学的部分干部和教师在周扬、张如心的带领下前往东北。党中央采取"迁建并举"的措施,有计划地在东北解放区建立起培养干部为主的高等学校体系。与此同时,华北、华中、山东等解放区也适时创办了一些高校,有代表性的如北方大学、华中建设大学、临沂山东大学等,在这些高校筹建过程中,原各抗日根据地具有教学工作和管理工作经验的人才发挥了重要作用。例如,1945 年 11 月晋冀鲁豫边区政府根据中共中央的意见筹办北方大学,边区政府主席杨秀峰向党中央推荐范文澜担任学校校长,而范文澜正是曾在延安长期担任政治理论课教学和管理工作的高级理论人才。

中国共产党在开辟东北解放区之初,就把教育工作作为根据地建设的重要任务之一,中央首先拟定的高等学校迁建地都是东北,一大批熟悉新型高等教育经验的干部到东北领导教育工作。到 1948 年 11 月东北全境解放前夕,已经有 20 余所高校,主要包括三个部分:一是老解放区迁转来的高等学校,如东北军事政治大学、鲁迅文艺学院、中国医科大学等;二是接收伪满时期的高校,如 1946 年 9 月被民主政府接管的私立哈尔滨大学;三是新创办的高等学校,如东北各省举办的军政干部学校,培养政治、经济、文化、教育、医学、实业等专门人才的东北大学。在迁建、改造和新建东北地区高等学校的过程中,来

---

① 参见《东北师范大学校史》,东北师范大学出版社 1996 年版,第 1 页。

自抗日根据地而且深谙中国共产党高等学校教育理念和体系的管理人才、参与政治理论课建设的优秀人才成为骨干力量。实际上,党在东北解放区的这些实践,正是新中国成立后党领导全国高等教育转型的一次预演,东北高等教育的发展凸显了延安时期高等学校政治理论课建设的价值,那些伴随政治理论课建设而成长起来的干部人才,为党的高等教育事业走向全国作出了不可磨灭的贡献。

第三节　推进党的政治话语构建和马克思主义
中国化大众化

政治话语与意识形态是有着密切逻辑关联的概念,政治话语作为一种以语言形式为表象的观点、立场和价值表述,是构建意识形态的关键要素和基本内容;反过来讲,意识形态则是蕴含着政治意义的结构化的政治话语,也就是说意识形态最终需要借助合适的、恰当的具有政治语义的话语形式表现出来。① 一个政党的意识形态能否反映社会政治现实,并获得人民群众的政治认同,除了与其是否掌握真理、是否代表人民群众的根本利益等因素有关之外,也有赖于是否具有鲜明的政治话语作为支撑。中国共产党在革命斗争实践中自觉将政治话语构建作为意识形态竞争的重要手段,努力根据政治发展需要而创新政治话语,在激发人民群众的思想共鸣和获得价值认同方面取得了重要成就。延安时期高等学校正是党进行政治话语凝练和意识形态构建的重要阵地,尤其是在政治理论课建设中,毛泽东等中央领导将马克思主义基本原理同中国革命实际结合起来进行授课,将高等学校政治理论课堂作为党的理论创新和政治话语创设的舞台;政治理论课教师通过讲授马克思主义理论和党的各项方针政策,进行政治话语的构建和传播;党的各级领导干部深入高

---

① 参见权宗田:《政治话语的意识形态逻辑》,《武汉理工大学学报(社会科学版)》2016 年第 5 期。

等学校课堂讲授政治理论课,以课堂为纽带与师生交流社会政治问题,进行政治话语的调适与修正。可以说,中国共产党通过高等学校政治理论课建设开展的政治教育活动,不仅提升了党的政治话语构建能力,强化了党的政治建设,而且推动形成了党中央重视高等学校意识形态建设的优良传统。

一、提升了中国共产党的政治话语构建能力

政治话语构建能力是党的事业能够兴旺发达的关键性能力,是党的意识形态建设的重要落脚点。中国共产党成立之后,通过领导工人运动、农民运动推动国民革命大发展,在政治话语构建和革命理论上甚至深度影响了国民党。① 但由于中国共产党在复杂形势下没有掌握国共第一次合作背景下所进行的国民革命的领导权,结果在政治上并未占居主要地位。土地革命时期,在中国的政治舞台上,国民党领导的国民政府掌握着主流政治话语构建与传播的主动权。中国共产党则处于政治上、军事上的劣势地位,虽然党也致力于政治话语构建,在推行土地革命、建立苏维埃红色政权过程中构建了"革命"话语体系,但在政治话语建构上仍缺少基本依托。中共中央到达陕北后,国际国内形势进入新的发展阶段,特别是中日民族矛盾逐渐上升为中国社会的主要矛盾,全国人民包括无产阶级、农民阶级、城市小资产阶级、民族资产阶级要求抗日救亡的政治诉求不断高涨,甚至代表大地主大资产阶级的国民党内部也逐渐改变政治态度,举国一致对外建立抗日民族统一战线的政治环境快速形成。在这种形势下,中国共产党在政治上积极推动建立全民族的抗日统一战线,正如毛泽东所说:"这就是我党一九三五年八月宣言,十二月决议,一九三六年五月放弃'反蒋'口号,八月致国民党书,九月民主共和国决议,十二月坚持和平解决西安事变,一九三七年二月致国民党三中全会电等等步骤之所由

① 参见张文涛:《一九二七年国共分裂后国民党对党内共产党理论的清除及其影响》,《中共党史研究》2019 年第 6 期。

来。"①可以说,在中华民族面临生死存亡的时刻,中国共产党提出解决国内政治问题的话语构建取得了巨大成功,为党进一步向广大人民群众开展全民族抗日的政治动员工作打开了局面。

政治动员需要建构符合实际的政治话语,在统一战线背景下,中国共产党并非完全放弃了以往的政治主张。中国共产党是公开表示:三民主义为中国今日之必需,本党愿为其彻底实现而奋斗,但中国共产党毕竟是具有远大政治抱负的政党,正如毛泽东所说:"共产党人决不抛弃其社会主义和共产主义的理想,他们将经过资产阶级民主革命的阶段而达到社会主义和共产主义的阶段。中国共产党有自己的政治经济纲领。其最高的纲领是社会主义和共产主义,这是和三民主义有区别的。"②因此,对于中国共产党来说,既要从意识形态斗争的角度坚持固有的政治理想,也需要结合抗日民族统一战线背景创设新的政治话语,这样才能实现对革命青年和抗日民众的政治引领。但是政治话语的构建,不仅需要结合实际的话语生成环境,更需要借助鲜明的政治教育和传播平台,延安时期党领导高等学校开展的思想政治教育活动,以及体现中国共产党高等教育根本特征的政治理论课建设,为中国共产党政治话语的构建和传播提供了最基本的政治环境。尤其是毛泽东等中央领导将马克思主义基本原理同中国革命实际结合,围绕政治理论课讲授进行理论创新和传播,不仅开启了马克思主义中国化的先河,而且为党的政治话语构建创设了深厚的理论根基,让政治理论课堂成为传播创新理论、生成政治话语的重要平台;高等学校政治理论课专职教师则坚持鲜明的政治导向,通过讲授马列主义的政治理论课和党的各项方针政策,不断推广、强化和传播中国共产党的政治话语,让政治理论课成为政治话语有效传播的重要渠道;此外,党中央号召各级领导干部到高等学校讲授政治理论课,他们以较高的理论水平和丰富的实践

① 《毛泽东选集》第一卷,人民出版社1991年版,第253页。

② 《毛泽东选集》第一卷,人民出版社1991年版,第259页。

经验,坚持问题导向、理论联系实际,以政治理论课堂为纽带与师生交流现实问题和思想困惑,进行政治话语的调适与修正,推动中国共产党的政治话语为青年学生所认可。总体上说,高等学校政治理论课成为党提升政治话语构建能力的重要场域,在党的理论创新中催生的崭新政治话语,在党的路线、方针、政策解读和阐释中助推政治话语的强化,在教师与青年学生的思想碰撞中带来政治话语的调适,这都让政治理论课建设担负起了重要的话语构建功能。

政治话语构建能力包含两层涵义:一是政治话语生成机制和话语表述水平的提升;二是政治话语的传播能力和传播效果的强化。以高等学校政治理论课堂为平台,中国共产党的政治话语生成能力和水平得到了大大提升,一些政治话语正是经过政治理论课的讲授、阐释而广为传播。这里既包括一些政策性话语,如"抗日民族统一战线""大生产""整风""论联合政府",也包括一些具有理论深度的政治话语,如"持久战""抗日游击战""新民主主义",还包括带有鲜明政治性的口号,如"民族解放""土改""解放""和平、民主、团结"等。但是,这些政治话语能否得到民众和社会的认可,政治理论课久久为功的系统性影响力为此提供了可能。一方面,围绕高等学校政治理论课建设和教学活动,中央领导同志、党政军各级领导干部、学校领导干部、专职政治理论课教师,乃至来自全国各地的青年学生,形成了政治理论课的教学者共同体、学习者共同体和传播者共同体,政治理论课堂上凝聚政治话语的能力被不断强化、传播政治话语的能力被不断提升;另一方面,一批批高等学校毕业生走向全国各地、走上党的各个工作战线,把党的政治理念和政治主张向更广阔的空间传递,为党的政治话语获得社会认可作出了重大贡献,他们经过政治理论课教育的洗礼,就像一粒粒思想的种子撒向中国革命的各条战线、各个战场,在它们不断发芽、成长、壮大的过程中,党的政治话语具备了强大的社会张力。

概言之,政治理论课不仅是党在高等学校进行思想政治教育的主渠道,更是党提升政治话语构建能力的重要舞台。政治理论课在传播马列主义基本理论、引领党的理论创新、阐释党的大政方针、回应和解答社会政治问题的过程中,生成和强化了党的政治话语;政治理论课在立德树人和培养人才过程中传播了党的政治话语;经过政治理论课洗礼的青年学生在从事革命斗争的历程中,深化和发扬了党的政治话语。

二、推动了马克思主义中国化大众化进程

马克思主义中国化与大众化相辅相成,中国化为大众化开辟道路,解决了马克思主义基本原理同中国革命具体实际相脱离的问题,使党逐步摒弃了教条主义、主观主义,走向理论创新和理论自觉的道路;大众化为中国化提供支撑,解决了马克思主义理论如何为广大人民群众理解和掌握的问题,为党坚持与时俱进、将中国革命实践马克思主义化提供了社会基础。延安时期,中国共产党在各项事业逐步发展壮大的同时,也将马克思主义中国化大众化推向新阶段。这一时期,马克思主义基本原理同中国革命实际相结合的创新成果——毛泽东思想诞生,成千上万有志青年学习马列主义基本理论、投身新民主主义革命,革命的力量不断发展壮大,马克思主义中国化大众化迎来跨越式大发展。在这个过程中,党的干部学校、高等学校作为马克思主义理论传播的主要阵地,对马克思主义的中国化大众化产生了重要促进作用。尤其是在高等学校政治理论课教学中,经典马克思主义理论被系统性、有计划地引入学校教育,形成了马克思主义理论传播的核心渠道;马克思主义基本原理同中国革命实践相结合产生的原创性成果被引入课堂,推进了马克思主义中国化的深入发展;广大政治理论课教师坚持以理论与实践结合的授课方式,由少及多、由浅入深,向千千万万青年学生普及马克思主义基本理论,成为马克思主义大众化的重要推动者。

(一)政治理论课促进党的理论创新和马克思主义中国化

延安时期,中央领导同志和高级理论干部将马克思主义基本原理同中国革命实际相结合,开启了一场马克思主义中国化运动,诞生了一批颇具代表性

的理论创新成果,推动了毛泽东思想在军事、政治、党建、文化等多方面日臻成熟。在这场马克思主义中国化运动中,中央领导同志深入高等学校课堂,把讲授政治理论课作为推动理论创新的重要舞台,将最新的理论创新思考与师生交流。经过课堂讲授,创新成果得到进一步总结、提炼和修正,中央领导的课堂授课不仅为一部部经典理论创新成果的诞生筑牢了根基,也让马克思主义中国化成果得到了实践检验。延安时期马克思主义中国化是从哲学开始的,1936 年到 1937 年,毛泽东先后撰写了《中国革命战争的战略问题》《实践论》《矛盾论》等著作,尤其是"两论"从哲学上为马克思主义中国化奠定了坚实的理论基础,极大地推动了马克思主义中国化的发展。[1] 而毛泽东撰写这些著作的一个重要目的就是出于政治理论课教学的需要。有感于抗日形势日趋严峻,必须对军事干部进行军事理论方面的教育,1936 年 10 月,毛泽东到抗日红军大学(抗大前身)为学员授课,一直持续到西安事变爆发,他一边讲课、一边完成了《中国革命战争的战略问题》的写作。随后不久,基于"工具研究"的需要,他大量阅读马克思主义哲学理论书籍,撰写批注和授课提纲,并从 1937 年 4 月至 8 月在抗大系统讲授马克思主义哲学,讲课的提纲被整理成为《实践论》和《矛盾论》。

　　然而,马克思主义中国化对中国共产党来说毕竟是一个新的课题。虽然毛泽东已经自觉开展了马克思主义中国化的探索,但其主要着眼于解决党内长期以来存在的把马列主义教条化、把共产国际决议神圣化的错误倾向。在党的六届六中全会上,毛泽东第一次向全党提出"马克思主义中国化"的任务,阐述了马克思主义中国化思想,推动全党马克思主义中国化研究的全面展开。随后,刘少奇、陈云、张闻天、艾思奇、杨松、张如心等中共高级干部致力于研究马克思主义中国化的相关课题,从理论上阐释了马克思主义中国化的内涵、必要性、可行性和实现途径等问题,把马克思主义中国化的研究推向了新

---

① 　参见韩琳:《延安时期马克思主义中国化的发展历程及经验启示》,《马克思主义理论学科研究》2019 年第 4 期。

的高度。马克思主义中国化包含着具有紧密联系和相互区别的两个方面:一是将马克思主义在中国具体化;二是使中国具体实际马克思主义化。毛泽东最初提出的"马克思主义中国化"命题,着重强调的是第一个方面的涵义。1941 年 9 月,他在《反对主观主义和宗派主义》的文章中提出:"要分清创造性的马克思主义和教条式的马克思主义","宣传创造性的马克思主义","要使中国革命丰富的实际马克思主义化"。① 这就十分明确地提出了马克思主义中国化的第二个方面的涵义。

随着中国共产党对于马克思主义中国化命题的认识更加科学深入,毛泽东、刘少奇、张闻天、陈云等中央领导结合中国革命发展实际,力图把"中国革命丰富的实际"马克思主义化,积极开展理论创新工作。尤其值得一提的是,他们所进行的马克思主义理论创新实践总是与高等学校政治理论课的讲授密切联系在一起。例如,刘少奇的《论共产党员的修养》先是在各类干部培训班进行讲授,经过修改后又在延安马列学院的课堂上讲授,最终成为马克思主义中国化的经典理论著作;他的另外一部理论成果《论党内斗争》是在中共中央华中局党校课堂上的演讲稿,后被《解放日报》全文发表②,成为延安整风学习的必读文件之一。张闻天的理论文章《论青年的修养》是在陕北公学演讲时的记录稿③,这篇文章和毛泽东的著作《青年运动的方向》,成为延安时期党关于青年思想研究的理论成果。陈云在为延安马列学院、中央党校学员讲授党的建设课程基础上,撰写了《怎样做一个共产党员》的文章发表在《解放》周刊上④,成为党建理论的重要成果。这些马克思主义的理论创新成果,或是为讲授政治理论课而专门创作,或是因讲授政治理论课而进一步完善,或是对长期讲授政治理论课的提炼和升华。从这一意义上说,高等学校政治理论课是马

---

① 《毛泽东文集》第二卷,人民出版社 1993 年版,第 373—374 页。
② 参见刘少奇:《论党内斗争》,《解放日报》1942 年 10 月 9 日。
③ 参见张闻天:《论青年的修养》,《解放》1938 年第 39 期。
④ 参见陈云:《怎样做一个共产党员》,《解放》1939 年第 72 期。

克思主义中国化探索和实践的助推器,为马克思主义中国化理论成果的诞生提供了试验场。

延安整风运动开始后,党中央在全党开展了一场普遍意义的马克思主义教育运动,中央领导同志在讲授政治理论课过程中形成的理论成果,被列为干部学习教育的重要文献。整风运动破除了把马克思主义教条化、把共产国际决议和苏联经验神圣化的错误倾向,不仅推进了马克思主义中国化的实践,也预示着马克思主义基本原理同中国革命具体实践相结合的理论成果——毛泽东思想走向成熟。总体上看,延安时期的政治理论课建设,不仅促进了党的理论创新工作,为马克思主义中国化的实践拓宽了道路,而且政治理论课教学活动本身也是马克思主义创新理论传播的最有效平台。

(二)政治理论课助推了马克思主义大众化

马克思主义中国化为马克思主义大众化开辟道路,马克思主义中国化不仅着眼于用马克思主义的基本原理来解决中国的实际问题,而且着眼于将中国革命的丰富实际马克思主义化。但无论是为了解决中国的实际问题,还是为了创新马克思主义,都有助于使人民群众掌握马克思主义,并在人民群众的实践中发展马克思主义,从而推进马克思主义的大众化。延安时期,成千上万有志青年进入党领导的高等学校,接受马列主义政治理论课的洗礼,学校成为马克思主义大众化的主要阵地。各级领导干部和专职教师互相配合讲授政治理论课,通过系统的马列主义理论讲授、精准的理论创新与阐释、理论联系实际的问题分析,引领马克思主义大众化的进程。尤其是党的领导干部,不仅具有政治身份上的权威性,而且理论视野开阔、实践经验丰富,他们的理论讲授往往高屋建瓴、切中要害,相比普通教师更具针对性和感染力,能够引起学员的强烈共鸣。新中国成立多年后,当年的学员都清晰地记着聆听领导干部讲授政治理论课的场景,他们第一次知道这么多革命道理,在思想上产生了深深的震撼,也得到了革命精神的洗礼。这些学员毕业后走向党的各条工作战线,宣传马克思主义理论知识,并以马克思主义指导各项实际工作,把马克思主义大众化推向了更广阔的舞台。与此同时,在中央领导和学校领导的重点关注和培育下,抗大、延安马列学院、中央党校以及陕北公学、华北联合大学等学校的高级班,培养了大量研究马列主义的专门人才,他们或是走向党的重要领导岗位,或是充实到各高等学校担任政治理论课教师,成为推动马克思主义大众化的骨干力量。

从更广阔的视野来看,延安时期高等学校政治理论课以马克思主义为指导,为党的各条战线培养出了大批政治合格的人才。1946 年 4 月,林伯渠在第三届陕甘宁边区参议会第一次大会所作的政府工作报告中指出:"在八年抗战期间,(陕甘宁边区)为其他解放区训练了四万个以上的政治、军事干部,及成千的文化和技术干部。"①再以延安时期主要高等学校的人才培养数据来看,抗日军政大学从 1936 年到 1945 年,连同各根据地 12 个分校,共培养干部总数约 10 万人;陕北公学从 1937 年 10 月到 1941 年 8 月,共培养干部 13000 多人;鲁迅艺术学院从 1938 年 3 月到 1945 年 11 月,共培养抗战艺术干部 685 人;延安自然科学院从 1939 年到 1945 年,共培养科技干部和专业人才 500 多人;中国女子大学从 1939 年到 1941 年培训了 2000 多名妇女干部;安吴青训班从 1937 年 10 月到 1940 年 4 月,共培训干部 12000 多人;延安大学从 1941 年到 1949 年,共培养各类干部 10000 多人;华北联合大学从 1939 年到 1945 年共培养各类人才 8000 余人。② 这些从党的高等学校走出的毕业生,都经历过深刻的马克思主义政治理论教育的洗礼,是马克思主义大众化的见证者、参与者。他们走向工作岗位后仍旧坚持学习、宣传和应用马克思主义理论,以马克思主义的观点、立场和方法指导工作实践,成为推动和践行马克思主义大众化的中坚力量。

---

① 《陕甘宁边区政府文件选编》第十辑,档案出版社 1988 年版,第 21 页。
② 参见阎树声等:《毛泽东与延安教育》,陕西人民出版社 1993 年版,第 208—209 页。

第四节　塑造高等学校政治理论课建设
不变的灵魂

高等学校政治理论课建设受到思想政治教育环境的深刻影响,思想政治教育环境有利,政治理论课建设就会朝着正确方向顺利发展;思想政治教育环境不利,政治理论课建设的动力和方向就会受到限制。经过国民革命时期、土地革命时期的探索和积累,延安时期中国共产党对于政治理论课的认知日益趋向成熟,在教育理论、教育规律、教育方法和技巧上形成了独具特色的成果。这为高等学校政治理论课建设创造了良好的外部环境,课程建设有了明确的目标和方向,课程的价值、意义和地位被深入探讨,课程的思想理论性也得到加强。在这种有利环境中,党领导高等学校政治理论课教学和管理团队做到实践探索与理论研究相互促进,明确了政治理论课的基本属性,形成政治理论课建设的宝贵经验,初步掌握了政治理论课建设的一般规律,促进高等学校政治理论课建设走向成熟。正如"扣好人生的第一粒扣子"一样,延安时期的实践探索,不仅铸就了高等学校政治理论课建设不变的灵魂,为新中国成立后高校思想政治教育的守正创新提供了重要支撑点,而且也从根本上塑造了中国共产党高等教育的初始禀赋,预示着社会主义国家高校的本质特征。

一、明晰了高等学校政治理论课的基本属性

延安时期对高等学校政治理论课建设的探索,解决了中国共产党要办什么样的高等学校,怎样才能办好高等学校,以及政治理论课在高等学校中要承担什么样的功能问题,这就从根本上明晰了政治理论课的基本属性。首先,政治理论课的作用和地位得到重新审视。高等学校的办学目标决定其不只是为党培养政治工作人才,而且要培养革命事业所需的各类人才,人才培养目标的变化推动高等学校逐步突破干部学校"政治课压倒其他一切课目"的局限,把

学生的专业技术教育推向了前台。这就促使高等学校课程体系发生变化,即从之前以政治课程为主,变为政治类课程与专业课程并行模式。这种变化可以被认为是高等学校向综合性、正规化转变的重要体现,但却面临着如何合理定位两类课程的功能问题,尤其是如何看待政治理论课的作用和地位问题。在实践中,党中央逐步明确党领导的高等学校与国统区高校的根本区别就在于要为党的革命事业培养人才,因此,强化马克思主义意识形态构建是党领导高等学校办学的应有之义,政治理论课无疑是承担意识形态构建的主渠道。这就是说,虽然不能沿用干部学校政治教育为主的模式,但仍要求政治理论课担负重要职能,以体现党办高等教育的本质特征。其次,明确了政治理论课与高等学校人才培养规律的逻辑关系。一方面,就人才成长规律来看,从短期培训变为较长期的固定学制是十分必要的,多数高等学校将学制增加到 2—3 年。较长学制必然带来课程设置上的变化,多数学校开设有全校公共必修课、院系公共课和专业课 3 类,政治理论课被归入全校公共必修课的范畴,这就明确了政治理论课不仅仅是服务于政治需要,而是要深刻融入人才培养课程体系之中。另一方面,政治理论课是如何服务人才培养的呢? 主要在于政治理论课是以马克思主义科学理论为指导的课程,而马克思主义揭示了自然界和人类社会发展的普遍规律,以追求人的全面发展为目标。因此,以马克思主义为指导的政治理论课能为学生的全面发展奠定基础,而专业技能课程则是为了促进学生在某一领域的发展,两者是互为补充、相互配合的关系,共同服务于高等学校人才培养之需。再次,确立了高等学校政治理论课建设的基本方针。政治理论课要坚持马克思主义的指导地位,但这并非是对马列主义的"生吞活剥",更不是无的放矢、大水漫灌的思想灌输、理论灌输和政治改造。毛泽东在分析党内外存在的各种教条主义错误后,对学校教育提出明确要求:"应确立以研究中国革命实际问题为中心,以马克思列宁主义基本原则为指导的方针"①。这成为高等学

---

① 《毛泽东选集》第三卷,人民出版社 1991 年版,第 802 页。

校政治理论课建设的根本指针,推动学校政治理论课坚持理论与实践结合、坚持学以致用、坚持问题导向。这一方针不仅引领了延安时期高等学校政治理论建设的方向,而且对此后各个时期的高校思想政治教育都具有重要指导作用。

随着延安时期高等教育向正规化发展,中国共产党在领导各校的办学实践中逐渐认识到,政治理论课既是承载意识形态建设的核心课程,更是培养一切合格人才的必修课程。此外,不同类型的高等学校政治理论课是否应该有所侧重? 不同专业的政治理论课是否应该加以区别? 政治理论课与其他专业课程的关系如何认识和处理? 基于回答这些问题,延安时期高等学校在实践中进行了有益探索,逐步明晰了政治理论课的基本属性。

二、形成了高等学校政治理论课建设的方案和措施

延安时期高等学校课程设置的变化成为推动课程建设的直接动力,学校以政治类课程为主逐渐细化为政治理论课、政策课、专业课和文化课各种类别的课程并存,这需要高等学校以人才培养需求为导向,推动课程的内涵建设。从大量设置政治类课程到设置体现中国共产党高等教育本质特征的政治理论课,这对于高等学校来说是一场深刻的变革。在党的领导下,各高等学校在实践中提炼、优化政治理论课的内涵,在课程设置、师资培养、教材建设等方面取得重要成效,既解决了学校政治理论课教学中的各种难题,也探索出行之有效的建设方案和措施。

在课程设置方面,高等学校着力摆脱"政治教育压倒一切"的束缚,按照"政治与技术并重"的理念,不仅做到"少而精",而且理顺了政治理论课程之间的逻辑关系,使课程模块更加符合人才培养的需要。在办学实践中,高等学校领导干部、政治理论工作者、政治理论课教师互相配合,既考虑政治理论课承担党的意识形态建设的使命,又力图避免政治理论课重复设置、内容交叉、教学内容不成体系的问题;既从总体上把课程的开设门数降下来,又强调政治

理论课解决学生的现实问题,提升针对性和实效性。经过长时间的探索和不懈努力,高等学校政治理论课课程内容逐渐确定为5个方面:马克思主义基本理论、社会发展史、中国革命问题、党史党建、形势与政策等。审视这些课程内容,既坚持了马克思主义基本理论知识的教育,又结合了中国革命问题的具体实际教育;既注重从历史唯物主义出发阐释中国共产党领导革命事业的正当性,又重视从现实角度分析中国共产党所坚持革命道路的正确性。这种课程设置模块被历史证明是符合政治理论课的课程定位和人才培养需要的,不仅使延安时期高等学校政治理论课达到了预期效果,而且对此后党在各个时期的高校思想政治教育产生了深远影响。甚至可以说,直到今天,高校思政课的课程设置也没有脱离这一范畴。尤其难能可贵的是,在中共七大召开之后,马克思主义中国化的最新成果——毛泽东思想,也开始进入一些高等学校政治理论课内容体系当中,这就开创了以马克思主义中国化为主线设定政治理论课骨干课程的先例。

政治理论课教师队伍严重不足曾是延安时期高等学校普遍存在的难题。面对困难,学校一开始就把构建专兼结合的政治理论课教师队伍作为重要举措,既坚持打造骨干专职教师队伍,同时大量邀请领导干部到校兼职授课。在党中央直接推动下,一大批党的高级理论干部被派往高等学校工作,带动学校的政治理论课教学工作快速发展;与此同时,在毛泽东等中央领导亲身示范和指导下,中央和各机关领导干部、各根据地(解放区)领导干部,乃至党的各级领导干部,大量参与到高等学校政治理论课教学团队当中,与专职教师合作完成教学任务。随着高等学校教育事业的发展,各校通过选拔培养、改造充实、吸收精干、提高待遇等措施,在政治理论课教师队伍建设上进行了深入探索。一是坚持自主培养为主。各高等学校开设了较长学制的教员班、研究生班,选拔优秀学员进行培养深造,以作为师资储备。同时,学校成立政治理论课程研究室,采取以老带新、集体备课等方式,对教师进行日常的培训和培养。二是重视对国统区知识分子的改造充实。国统区知识分子文化水平较高、学习能力较强,他们投奔根据地(解放区)就是为追求进步,因此,各高等学校重视对他们进行马克思主义思想改造,并把优秀分子充实到政治理论课教师队伍当中。三是吸收理论界骨干人才担任教师。高等学校坚持开门办学方针,注重邀请党内理论专家或具有一定理论素养的干部兼职到校讲授政治理论课,进而将他们纳入学校专职教师团队之中。四是大力提升政治理论课教师的各项待遇。力图通过政治待遇和物质待遇的保证,既稳定政治理论课教师队伍,又鼓励更多优秀人才充实进来,形成一定的聚集效应。除此之外,党中央创办了专门培养政治理论人才的延安马列学院,为高等学校政治理论课教师队伍建设提供了支撑。总体上说,延安时期高等学校政治理论课教师队伍建设在探索中逐渐形成了一些行之有效的措施,比如倡导和推动领导干部兼职授课、吸引优秀人才充实队伍、提高教师待遇、创办政治理论课教师培养体系等,这些做法直到今天仍为我们所坚持。

在政治理论课教材建设方面,各高等学校从无到有进行了不懈探索。在短期培训时期,教材建设并未提上日程,多数课程主要依靠教师独自撰写讲义,即便是中央领导同志,授课前也要亲自撰写讲义或授课提纲。开展教材建设的目的,就是为了辅助教学活动,推动课堂教学更加规范,以实现课程设置目标与课程教学效果的统一。教材建设不足,既会使教学活动流于随意和盲目,也难以适应大规模的教学活动,进而影响教学效果,降低课程设置的科学性。随着高等学校快速发展,编写统一的教材成为当务之急,特别是高等学校政治理论课向"少而精"过渡,对规范性的政治理论课教材的要求更为迫切。到 1940 年前后,党中央开始指导相关学校的高级理论人才,着力编写统一的政治理论课教材。对于尚没有统编教材的课程,各校也要求授课教师对课程讲义进行集体研讨。为了应对政治理论课教材建设的不足,1941 年 12 月《中共中央关于延安干部学校的决定》明确提出,由中共中央宣传部统一编写政治教材,同时要求,把党中央机关报《解放日报》作为鲜活的政治理论教材。在党中央大力推动下,政治理论课教材建设得到有效推进,到 1945 年前后,在党史党建、马克思主义基础知识、政治经济学、哲学等方面已经形成了一批统编教材,基本满足了政治理论课教学的需要。到解放战争时期,随着作为"公共必修课"的政治理论课模式逐步确立,政治理论课的课程开设内容趋向统一,教材建设也更加规范。延安时期,这种由中共中央宣传部总体负责、集体编写、统一使用政治理论课教材的探索,确保了政治理论课教材在课堂教学中发挥导向和规范作用,也为新中国成立后教材编写工作积累了宝贵经验。

三、初步掌握了高等学校政治理论课建设的一般规律

掌握规律就是透过现象发现事物发展的本质性东西,从而对事物发展起到科学的指导作用。延安时期的实践探索初步掌握了高等学校政治理论课建设的一般规律,为政治理论课建设乃至学校思想政治教育起到重要的指导作用。高等学校政治理论课建设到底有哪些规律?随着政治理论课建设的实践推进,以及管理者对思想政治教育工作认识的深化,总会有一些揭示事物发展本质的规律性特征被发现。虽然,不同时期我们对于这些规律的理解和运用会有差异,但纵观中国共产党创办高等教育事业并领导政治理论课建设的历程,笔者仍认为,延安时期至少初步掌握了以下三条规律。

第一,政治理论课建设的合目的性规律。延安时期高等学校十分重视为党的革命事业培养人才,并把政治合格作为培养各类专门人才的首要标准,而政治合格的根本保证有赖于学校的思想政治教育,开设政治理论课就是要发挥思想政治教育的主渠道作用。这就回答了高等学校政治理论课建设的根本目的,政治理论课所有的探索和实践都要围绕这个根本目的。当前,我们强调思政课建设要服务于"为党育人,为国育才",为中国特色社会主义培养合格建设者和可靠接班人,这也正是对延安时期优良传统的继承和发展。第二,政治理论课建设的理论性规律。延安时期政治理论课继承了土地革命时期的政治性底色,但仅有政治性还难以做到以彻底的理论说服学生。为此,在党中央领导下,党内外理论精英汇聚高等学校,大力开展政治理论课的理论构建,推

动课程从"政治课"逐步向"政治理论课"过渡,这就大大提升了课程的学理性和科学性。当前,我们强调思政课建设的学理性,就要以马克思主义基本理论为指导来阐释问题、发展理论,以无可辩驳的理论创新来引领师生做到理论自信。第三,马克思主义中国化理论进课堂规律。当前,我们以马克思主义中国化为根本落脚点设置思政课,强调以马克思主义中国化最新成果引领思政课建设。实际上,不仅马克思主义中国化始于延安时期,而且延安时期的高等学校政治理论课也率先引入了马克思主义中国化成果——毛泽东思想。可以说,推动马克思主义中国化成果"进教材、进课堂、进学生头脑"就是延安时期高等学校政治理论课建设的伟大创举。在此后的发展中,邓小平理论、"三个代表"重要思想、科学发展观和习近平新时代中国特色社会主义思想作为马克思主义中国化的成果,都在第一时间引领了高校的思想政治教育和理论武装,形成了党的创新理论"三进"规律。总体来看,延安时期中国共产党已初步掌握了高等学校政治理论课建设的一般规律,既推动政治理论课建设向科学化、学理化、规范化方向发展,也为新中国思政课建设开辟了道路。

第五章　延安时期高等学校政治理论课建设的基本经验

　　延安时期,中国共产党领导的高等教育逐步突破干部教育的模式,显示出很强的调整适应能力,高等学校的人才培养先后经历初创时期的"以政治教育为中心"、整顿提升时期的"政治与技能并重"和办综合性大学的正规化、科学化发展。在这个过程中,"政治理论课如何建设?"一直是事关学校如何担负高等教育职能并体现中国共产党领导高等教育本质特征的关键因素。在党中央直接领导下,高等学校以政治理论课为主线进行了诸多探索,形成了基本的价值理念和比较成熟的建设方案,尤其是在政治理论课建设的指导思想、领导体制、课程体系、教材建设、师资队伍建设等方面,积累了一系列符合高等学校人才培养规律和课程建设规律的宝贵经验。《现代汉语词典》把"经验"解释为:由实践得来的知识或技能①。那么,既然经验是从实践中得来的知识和技能,正如"实践是检验真理的唯一标准",必然具有其参考和借鉴价值。之所以将延安时期高等学校政治理论课建设的成功做法称作经验,就意味着这些经过实践检验的认知和措施是可以被借鉴的,这些成果既不应是延安时期所特有的,也不应是哪一所高等学校所特有的,而是反映了中国共产党领导政

---

　　① 参见《现代汉语词典》,商务印书馆 2002 年版,第 665 页。

治理论课建设的本质性规定。从这个意义上说,延安时期在实践中获得的政治理论课建设经验,既是新中国成立后高校思想政治教育的源头活水,也为思想政治教育课程建设提供了基本遵循。

延安时期高等学校政治理论课建设在实践中形成的基本经验,可以概括为以下几个方面:始终把坚定的政治方向摆在首位,形成了德育为先的传统,开启了学校将政治理论课作为"立德树人"关键课程的先河;深入贯彻党的路线方针政策,紧紧围绕党的中心工作开展教学活动,将马克思主义中国化最新理论成果引入课堂,使高等学校政治理论课建设与党的政治建设、理论建设步调一致、互相促进;政治理论课直面社会问题,回应学生质询,着力解决师生的思想困惑,在强化问题导向的同时贯彻学以致用原则,提升了课程建设的针对性和有效性;政治理论课建设注重教学研究,将遵循教学规律与提倡教学改革创新相结合,在课程设置、教材建设、教学计划、队伍建设、教学方法方面形成了一系列行之有效的措施。这些经验既确保了延安时期高等学校担负起为党育人的历史使命,也形成了中国共产党领导高校思想政治教育的宝贵财富,尤其是经历新中国成立以来高校思想政治教育课程建设的实践检验之后,这些经验历久弥坚,仍然散发出时代的光辉。

第一节　始终坚持正确的政治方向

政治性是思想政治教育工作的本质属性,决定和制约着思想政治教育的其他属性。[1] 政治性是指思想政治教育公开声明为无产阶级服务的宗旨,旗帜鲜明地坚持马克思主义基本原理,坚持用共产主义教育引导全体社会成员,致力于培养一代社会主义新人。[2] 延安时期虽然还没有"思想政治教育"的概

---

①　参见柳礼泉、周文斌:《思想政治教育的政治性与文化性之关系解读》,《思想理论教育导刊》2013 年第 9 期。

②　参见陈万柏、张耀灿:《思想政治教育学原理》,高等教育出版社 2007 年版,第 12 页。

念,但却早已出现"政治工作"概念,包括后来交替或同时使用的"政治工作""思想工作""思想政治工作""政治思想工作"等术语,一般都用来指代"思想政治教育"的内涵,因此,政治性也是延安时期高等学校思想政治教育的本质属性。在中国共产党的思想政治教育史上,革命战争年代创办的学校往往表现出鲜明的政治色彩,如土地革命时期,学校常冠以"马克思主义""苏维埃""共产主义""马列主义"等用语,并在教育教学中构建了马列主义政治课课程体系,十分重视马列主义基本理论的灌输。但土地革命时期的课程灌输多是对学生进行政治上的洗礼,尚难以做到以课程教学的全方位政治引领。延安时期,中国共产党对于思想政治教育规律的认识进一步深化,政治理论课作为学校思想政治教育工作主渠道的地位得到强化。高等学校政治理论课不仅继承了土地革命时期的马列主义政治课特色,而且不断强化政治理论课的政治引领和政治建设功能,将正确的政治方向作为课程建设的根本指针。

一、邀请中央领导授课,引领政治理论课的政治方向

延安时期,中国共产党在政治上发展成熟,能够将马克思主义基本理论同中国革命具体实际相结合,独立自主地解决中国革命问题,并且自觉同党内错误思想作斗争,带领中国革命走出一条正确的道路。中共中央到达陕北后,国内各阶级阶层抗日救亡的政治诉求不断高涨。中国共产党基于民族大义提出建立抗日民族统一战线的政治主张,并在极其复杂的政治环境下力推西安事变的和平解决,促成国共第二次合作和抗日民族统一战线的初步形成。这意味着在中华民族面临生死存亡的时刻,中国共产党提出解决国内政治问题的设想取得巨大成功。全面抗战时期,中国共产党开展大生产运动,解决生存问题,改善军民关系,塑造艰苦奋斗作风;开展延安整风运动,对全党进行普遍的马克思主义教育,以反对教条主义和主观主义;通过"三三制"政权建设和推行"精兵简政",加强抗日民主根据地政权建设;在政治上和军事上坚决反击国民党的反共高潮等。抗日战争胜利后,中国共产党提出建立"民主联合政

府"的政治主张,以及争取"和平、民主、团结"的口号等;解放战争时期,党在政治上建立广泛的人民民主统一战线,广泛团结中间派力量,调动农民阶级参加革命斗争的热情,为推动革命胜利奠定了坚实的政治基础。可以说,延安时期中国共产党在政治上逐渐成熟的突出表现,就在于能够主动依据形势变化确立正确的政治路线,为党领导的革命发展创造了有利政治环境。

与此同时,中央领导毛泽东、张闻天、刘少奇等受邀到高等学校开展了大量政治理论课授课活动。这些授课既丰富了课程的教学内容,也让课程成为强化政治话语建构和意识形态传播的有效平台,确保师生在政治上与中央保持高度一致,引领了政治理论课的正确政治方向。由于中央领导紧密结合政治形势进行授课,党中央在政治路线上的探索往往能够最先投射到政治理论课教学上。例如,毛泽东到抗大讲授《中国革命战争的战略问题》,就是要对军队的高级干部进行政治上、军事理论上的教育,为即将到来的全面抗战做好准备;他在和平解决西安事变后第三天即到中央党校给师生作报告,从政治上阐释和平解决西安事变的重要意义;他到鲁迅艺术学院讲授马克思主义文艺理论,意在荡涤延安文艺界存在的政治上的自由主义倾向;此外,毛泽东经常利用开学典礼、毕业典礼和其他节庆活动,到抗大、陕北公学、中央党校、鲁迅艺术学院等学校作报告,强调坚持正确政治方向的重要性和实践要求,有效加强了党中央对于高等学校工作的政治引领。张闻天曾兼任延安马列学院院长,他一边坚持到教学一线给学生讲授政治理论课,一边精心安排学校的教学计划和教员选派,实施了一系列提升政治理论课教学质量的措施和方法,凸显了对课程的政治引领作用。刘少奇不仅坚持到各类学校讲授政治理论课,而且多次兼任马列学院院长、党校校长、鲁迅艺术学院分院院长等职务,检查指导学校的政治理论课教学工作,推动学校将政治性贯穿于政治理论课教学全过程。其他中央领导同志,如朱德多次为鲁迅艺术学院师生讲解政治工作与文艺工作的关系;周恩来利用各种机会奔走于国统区和各抗日根据地的学校作政治报告、政治演讲,宣传党的抗日民族统一战线政策,指导和教育师生正确开展同国民党的政治斗争。此外,在中央号召领导干部讲授政治理论课的背景下,中央其他领导干部和各根据地(解放区)党政军领导也结合实际到高等学校作政治形势报告,成为引领政治理论课政治方向的重要途径。可以说,在政治形势风云变幻的延安时期,中央领导同志带领各级领导干部通过到高等学校授课,引领课程发展方向,为师生政治上接受中国共产党领导提供了根本保证,也进一步将政治理论课打造成为思想政治教育的主渠道。

毛泽东在为抗大题词时强调:"坚定不移的政治方向,艰苦奋斗的工作作风,机动灵活的战略战术"①,其中,坚定不移的政治方向,是延安时期党领导高等教育的首要原则。体现中国共产党高等教育根本特征的政治理论课,必然首先要做到坚持正确的政治方向,中央领导等到高等学校讲授政治理论课正是从行动上贯彻这样的政治导向。党在理论创新中催生的崭新政治话语,党的路线、方针、政策中蕴含的政治方向,都因为这些的授课而融入政治理论课的课程体系,成为政治理论课坚持正确政治方向的根本遵循。从另一角度说,因为中央领导的参与,高校政治理论课堂也成为第一时间传播党的理论、纲领、路线和方针的特殊平台,进而演变为中国共产党提升政治话语构建的重要场域。

二、坚持政治理论家办学,在课程建设中强化政治性

延安时期,一大批党的政治理论人才和深谙高等教育规律的专家学者受中央派遣到高等学校工作,他们在办学实践中贯彻政治家办学的原则,一方面摒弃"教育超阶级"论的错误思想,坚持政治教育第一,以马克思主义为指导树立学生科学的世界观、人生观、价值观;另一方面,他们在实践中探索高等教育规律,将政治理论课建设与高等学校人才培养工作相结合,以政治性引领学校教育的发展方向。这其中的代表性人物如吴玉章、成仿吾、周扬、范文澜等,

---

① 《毛泽东年谱(1893—1949)(修订本)》中卷,中央文献出版社 2013 年版,第 81 页。

他们以政治理论家的气魄参与高等学校管理和政治理论课教学的实践,不断探索政治理论课建设的正确道路,拓展思想政治教育的有效路径,揭示中国共产党高等教育的人才培养规律,贯彻落实了党中央"坚持正确的政治方向"的办学指导思想。

全面抗战爆发后,成千上万的抗日青年和知识分子涌入延安寻求抗战救国道路,把他们培养成为党的事业所需要的政治军事人才,是中国共产党高等教育担负的重要使命。一方面,这些青年知识分子思想多元,政治立场各异,需要强有力的政治理论灌输和引导。他们既有来自沦陷区的流亡人士,又有来自国统区的进步人士,还有来自根据地的革命青年,他们是来寻求光明和抗日救国道路的,但是对于共产党的理论、纲领和政治路线并不十分了解,把他们培养成为政治立场坚定、听党指挥的军事政治人才是迫切需要解决的问题。另一方面,党领导的高等学校处于初创时期,在思想政治教育方面仍有诸多困难。尤其是作为思想政治教育主渠道的政治理论课建设仍有很多困难和不足,如课程开设多而分散、系统性不强,存在理论脱离实际、内容重复等问题;教材建设甚至还未解决"有没有"的问题,多数课程讲授仅凭教师撰写的讲义;师资配备更是捉襟见肘,专职教师严重不足,正常教学活动受限,以至于大量依靠兼职教师授课。在这种情况下,以吴玉章、成仿吾等为代表的领导干部以政治理论家的气魄来办教育,以卓有成效的思想政治工作贯彻党对高等学校的政治引领。他们积极深入教学一线为学生讲授政治理论课,从构建课程体系、培养师资、编写教材等方面着手,推动课程教学步入正轨。例如,1937年9月成仿吾担任陕北公学校长,他主持设置了"抗日民族统一战线与民众运动""游击战争与军事常识""社会科学概论"3门政治理论课。担任陕北公学教育长的邵式平则主讲"民众运动"和"抗日民族统一战线"课程,短时间内让陕北公学学生获得了革命理论与革命精神教育。再如,吴玉章撰写的《中国历史教程》《中国历史大纲》《中国最近五十年民族与民主革命运动简史》等著作,加强了政治理论课的教材建设。郭化若在担任抗大二分校教育长、抗大第三分校校长期间,将辩证法思想、传统兵学文化融入教学内容,为学校的军事政治教育工作作出突出贡献。正是因为高等学校领导干部以政治理论家的视野和气魄,坚持政治教育第一的方针,为初创时期的高等学校培养出大批听党话、跟党走的政治军事人才,服务了革命事业的需要。

抗战进入相持阶段后,为破除国民党顽固势力的围堵、支撑长期抗战的需要,党中央号召各根据地开展大生产运动,把教育和生产作为根据地建设两大重要任务。对高等学校来说,培养服务根据地建设的各类人才就成为最大的政治,但若不能突破以往"政治压倒一切"的人才培养模式束缚,专业技术教育不能在高等学校获得应有地位,培养服务根据地建设所需各类技术人才的目标就不可能实现。为此,吴玉章、成仿吾、徐特立等领导干部开始探索现代高等教育发展之路,提出"政治与技能并重"的办学理念,将塑造学生马克思主义人生观与培养专业技能结合起来,使高等学校人才培养服务于党的工作大局。1941年以后,随着高等学校向正规化发展,政治理论课怎样才能满足人才培养的需求,党中央的政治意图如何才能贯彻于政治理论课教学,解答这些问题使得深化课程建设成为必然选择。高等学校领导干部开始从规范政治理论课教材着手,围绕党中央加强政治建设的方针编写教材,如周扬关于马克思主义文艺理论的著作《马克思主义与文艺》,范文澜关于马克思主义史学的著作《中国通史简编》《中国近代史》(上册)等,张如心关于毛泽东思想的著作《论毛泽东》《毛泽东思想与作风》等,都有效强化了政治理论课的思想政治教育主渠道作用。学校领导干部主导教材编写工作是高等学校正规化发展的需要,也是强化政治理论课政治传导能力的需要,既推动了政治理论课走向规范化,也明确了政治性是课程建设的重要指向。再如,抗日战争胜利后中国面临两条道路的选择,对于师生来说,究竟哪条道路代表着中国光明的前景?他们在思想上的认识往往比较模糊,尤其是缺乏对新民主主义革命胜利的必然性和中国社会发展规律的正确认识。在这种情况下,高等学校领导干部推动将"社会发展史"作为政治理论课的核心课程,通过开展"社会发展史"教学工作,解答学生思想困惑,教育和改造旧知识分子,使他们认识到中国共产党领导中国革命走向胜利是历史的必然选择。这就在中国社会即将发生重大变革的历史关头,贯彻了政治理论课要服务中国共产党工作大局的根本原则。

可以说,延安时期以吴玉章、成仿吾、周扬、徐特立、范文澜等为代表的高等学校领导干部,普遍具有政治家的敏锐判断力、教育家的使命感和情怀。他们在领导学校发展中坚持政治教育第一原则,探索和厘清政治理论课与人才培养的密切联系,将政治理论课教学活动作为贯彻中央政治路线的主渠道和主战场。他们亲身参与学校政治理论课课程体系的构建与凝练,指导和引领教材编写,积极参与课堂授课等工作,将政治性贯穿课程建设的全过程,保证政治理论课坚持正确的政治方向。

三、深入贯彻教育为政治服务的办学方针

中国共产党创办教育事业的目的是什么?到底有没有可以超越政治的教育?延安时期,这一问题在不少高等学校党员干部和知识分子中存在着一些疑惑。他们中的一些人或是受到资产阶级宣扬的"教育超阶级"论的影响,或是受到一些来自国统区知识分子的耳濡目染,错误地认为教育并不一定要服务于政治,教育可以脱离政治而存在。对此,党中央旗帜鲜明地批评"教育超阶级"论等错误认识,明确指出教育就是要为政治服务,党领导的教育事业就是要服务于实现党的政治目标的需要。毛泽东把教育看作是事关革命成败的战略任务,他强调"伟大的抗战必须有伟大的抗战教育运动与之相配合"[①],党的教育工作要服务于抗战建国这个政治大局。此外,他对于加强党对教育的领导作出过精辟阐释,认为教育的领导权是教育性质的根本标志,是决定教育为谁服务的根本问题;共产党掌握了教育领导权,才能使教育有正确的发展方向。[②] 毛泽东的论述是用马克思主义教育学说,对资产阶级宣扬的"教育可以

---

① 《建党以来重要文献选编(1921—1949)》第 15 册,中央文献出版社 2011 年版,第 619 页。
② 参见阎树声等:《毛泽东与延安教育》,陕西人民出版社 1993 年版,第 2 页。

脱离政治"虚伪观点的有力驳斥,教育了抗日根据地的教育工作者,为他们落实党对教育工作的领导提供了理论指导。具体到高等学校教学活动,就是要把学习马克思主义理论与运用马克思主义的立场、观点和方法解决新民主主义革命的实际问题巧妙结合起来,为中国共产党的革命事业培养人才,而政治理论课正是承担这一任务的关键课程。反之,如果弱化了党对教育工作的领导,偏离了教育为政治服务的办学方针,漠视了为党育人的根本任务,政治理论课建设将偏离正确的方向。

教育为政治服务,就是要求高等学校着力为中国共产党培养人才,为党领导的革命事业输入新鲜血液。而体现高校为党育人的一个关键性指标,在于政治理论课如何建设,从陕北公学、延安大学的政治理论课设置中,我们可以清晰地看到延安时期高等学校是如何贯彻教育为政治服务的。陕北公学是党创办较早的高等学校,为了贯彻党的抗日民族统一战线政策,学校初创时期的政治训练班开设了"中国问题""社会科学概论""三民主义""游击战争及政治工作""民众运动"5门课程。其中,"中国问题"主要基于抗日战争背景下培养学生的民族自信心和革命精神;"社会科学概论"旨在以马克思主义的基本理论来塑造学生革命的人生观;"三民主义"则帮助学生领悟、理解三民主义,认识到国共合作的政治基础;"游击战争及政治工作"目的在于向学生阐释党领导抗日战争的战术问题;"民众运动"则向学生灌输党的全面抗战政策,教育他们深入动员民众、扩大抗日力量。总体上看,课程内容服务于党的抗日民族统一战线政策,讲授抗战迫切所需的知识,锻造投身抗战的政治军事人才。正如成仿吾所说,"以非常时期的方法,来达成教育本来目的;运用非常的精神,来扩大教育的效果"①。延安大学是延安时期高等学校向正规化发展后,在党的领导下组建起来的第一所综合性大学。延安大学的组建,"并非是三所学校的简单合并,而是一种新型教育体制的实施。这种新教育体制注

---

① 中央教育科学研究所编:《成仿吾教育文选》,教育科学出版社1984年版,第22页。

重的不仅仅是价值观、世界观和革命化改造,而且还注重科学技术的学习与应用"①。为此,学校反对过去那种"空虚""不实际"的教育,"反对公式化""反对教条",体现在政治理论课建设上,就是与实际相结合、培养学生的真才实学。学校决定以"《中国政治》《中国经济》《根据地情况及政策》《敌伪研究》《中国通史》《国际问题》《三民主义》《思想方法论》《国文》等为一般必修课程";"一切理论教材均保证其一定的科学的完整性,并须与实际联系起来";必修课教材"除尽可能适合一定理论体系的原则外,并须还力求其实用"。②这一课程设置显然是为了贯彻《中共中央关于延安干部学校的决定》精神,在学校教育中反对教条主义、主观主义,力图为党培养具有真才实学的各类专业人才,突出教育要为党的革命事业服务的办学理念。

延安时期,中国共产党通过批判"教育超阶级"的错误观点,从根本上解决了教育为谁服务的问题,在高等学校确立了教育要为政治服务的办学方针,从而牢牢掌握党对高等教育的领导权。高等学校政治理论课建设无疑是贯彻"教育为政治服务"这一方针的关键环节,是突出党对学校进行政治领导的具体表现。随着各高等学校政治理论课建设水平的不断提升,高等学校教育服务中国共产党革命事业的功能得以强化。

第二节　紧扣时代主题与党的政治建设
相结合

　　紧扣时代主题是政治理论课进一步贯彻政治性要求,主动配合党的政治建设需要,将政治理论课建设与党的政治建设结合起来,增强课程针对性、感召力和说服力的重要措施。延安时期,中国共产党领导下的高等学校政治理

---

① 《延安大学史》,人民出版社 2008 年版,第 55 页。
② 《延大建立正规学制》,《解放日报》1942 年 2 月 10 日。

论课,十分注重探索符合中国国情和时代主题的教育教学内容,并将其与党的政治建设紧密结合,根据党在不同阶段的政治需要来实施课程教学,达到了较好的思想政治教育效果。例如,抗战初期开展的抗日民族统一战线政策和抗战必胜教育,马克思主义理论和共产主义理想信念教育,辩证唯物主义世界观和实事求是思想路线教育,党的政治纲领和政治路线教育,等等。这些教育内容紧扣抗日救国时代主题,同时融入马克思主义的意识形态和党的路线、方针、政策教育,一方面回应了学生寻求抗日救国道路的诉求,另一方面利用政治理论课教学活动拓展了党的政治建设空间。

一、围绕党的中心工作开展教学活动

延安时期,中国共产党伴随政治上的发展成熟,能够将马克思主义基本原理同中国革命实际相结合,正确把握和引领时代潮流,形成符合中国革命斗争实际的政治、军事路线。无论是为挽救民族危亡提出抗日民族统一战线政策,还是在抗战指导思想上推出经典著作《论持久战》;无论是为应对国民党顽固派的围堵而发扬"自力更生、艰苦奋斗"精神开展大生产运动,还是为谋求思想上、政治上的团结统一而主动发起党内整风运动;无论是为驳斥国民党顽固派的反共叫嚣,提出新民主主义革命的理论设计,还是针对抗日战争胜利后国内各阶级的和平建国诉求,提出"和平、民主、团结"的政治口号。这些理论和路线方针政策紧紧围绕时代主题,不仅在政治上引领和顺应了历史潮流,而且科学地指导了党在各阶段的中心工作。从根本上说,解决好、服务好时代主题是中国共产党的中心工作,但回应时代主题也是高等学校政治理论课教学的重要方向,这就促进政治理论课紧紧围绕党的中心工作开展教学活动。这包括两个方面:其一是紧密配合党在各阶段的中心工作开展阶段性的政治理论课教学,其二是围绕建立新民主主义社会的主题和目标,持续开展政治上、理论上的灌输。

全面抗战爆发初期,中国共产党的中心工作就是坚持全面抗战路线,放手发动群众、壮大抗日武装力量,争取抗战胜利。与之相应,高等学校政治理论课教学十分注重以马克思主义基本理论、党的路线方针政策和理想信念为内容,广泛开展民族精神、革命精神教育,在为党培养军事政治人才方面发挥了重要作用。面对国民党顽固派的封锁和围堵,中共中央所在的陕甘宁边区面临前所未有的困难,正如毛泽东所说:"我们曾经弄到几乎没有衣穿,没有油吃,没有纸,没有菜,战士没有鞋袜,工作人员在冬天没有被盖。国民党用停发经费和经济封锁来对待我们,企图把我们困死,我们的困难真是大极了。"①为了求得生存和维护抗日大局,党中央和毛泽东领导抗日军民开展大生产运动,下决心解决陕甘宁边区和各抗日根据地的经济困难。此时,各抗日根据地高等学校不仅纷纷发动师生投入到劳动竞赛之中,而且将劳动育人作为加强政治教育的重要途径,使劳动精神教育成为政治理论课教学的重要内容。1941年5月党中央发起的延安整风运动是一场普遍的马克思主义教育运动,主要是为了扫除党内存在的主观主义和教条主义,从思想上、政治上、组织上加强党的建设。高等学校政治理论课紧密配合整风运动,认真组织师生学习整风文献,着重从思想路线上解决教育教学中存在的主观主义、教条主义,同时根据整风精神对政治理论课的课程设置进行了较大改进。比如,1944年延安大学将"全校共同课"(即政治理论课)明确规定为"边区建设概论""中国革命史""革命人生观""时事政治"4门课②,废除了教条式讲授马列主义理论的做法,努力解决所学与所用脱节的问题。抗日战争胜利后,高等学校政治理论课配合党中央争取"和平、民主、团结"的政治目标,将《论联合政府》列为教学内容。解放战争胜利前夜,高等学校政治理论课则重新回到政治短训模式,着重服务于对旧知识分子的教育和改造工作,为新中国的成立做好人才储备。总之,紧紧围绕党在各个阶段

---

① 《毛泽东选集》第三卷,人民出版社1991年版,第892页。

② 参见《延安大学教育方针暨暂行方案》,见《陕甘宁边区教育资料(高等教育和干部学校部分)》下册,教育科学出版社1981年版,第146—147页。

的中心工作开展教学,是延安时期高等学校政治理论课贯彻政治性的重要表现。

以新民主主义理论为指导建立新民主主义社会,是延安时期中国共产党确立的民主革命阶段性奋斗目标。围绕着建立新民主主义社会的时代主题,高等学校持续开展了政治上和理论上的学习和教育。1940 年前后,随着国民党顽固势力的反共声浪和国内弥漫的妥协气氛,"中国向何处去,又成为问题了"①。为此,毛泽东先后发表《〈共产党人〉发刊词》《中国革命与中国共产党》《新民主主义论》等经典著作,分析中国的历史特点和社会现状,创造性地阐述新民主主义革命和社会建设的理论,对"中国向何处去"这一问题作了系统的理论解答,并强调中国社会的发展必然要符合从新民主主义社会向社会主义社会过渡的规律。在随后的《论联合政府》《论人民民主专政》等著述中,毛泽东进一步系统阐述新民主主义理论,使其发展成为完整成熟的理论体系。新民主主义理论不仅回答了中国民主革命的前途问题,而且描绘了新民主主义社会的蓝图,紧扣了时代主题和历史潮流。在新民主主义理论指导下,延安时期中国革命的中心任务就是要争取建立一个新民主主义社会,这是引领全党努力奋斗的共同目标。围绕建立新民主主义社会的时代主题,高等学校持续推动新民主主义理论进政治理论课课堂教学,"中国革命与中国共产党""新民主主义论"等成为学校最重要的政治理论课,一直延续到新中国成立之后。例如,1944 年底华中建设大学成立后,由校长彭康主讲"中国革命与中国共产党"课程,学校第三期开学后"新民主主义论"也被列为政治理论课。1945 年 8 月,临沂山东大学成立后,"论联合政府""中国革命与中国共产党""新民主主义论"等理论名篇也相继被列为政治理论课教学内容。东北解放区、华北解放区的代表性高等学校东北大学、华北联合大学、北方大学等都将"新民主主义论""中国革命与中国共产

---

① 《毛泽东选集》第二卷,人民出版社 1991 年版,第 662 页。

党"作为主要政治理论课,所用教材主要依据毛泽东的著作。因此,紧扣新民主主义这一时代主题,围绕党的中心工作开展教育教学是延安时期政治理论课建设的重要经验,有力推动了课程教学的有序开展,增强了课程的针对性和政治影响力。

二、以马克思主义中国化最新成果为指针

延安时期,马克思主义中国化的最新理论成果,往往是在紧扣时代主题、回答和阐释现实问题的过程中诞生的,通过理论创新大大增强了中国共产党的政治建设效能。这一时期党的理论创新在多个方面取得重要成果。比如,在哲学理论方面,毛泽东的《矛盾论》《实践论》成为毛泽东思想两颗璀璨的明珠;在马克思主义史学方面,以范文澜为代表的史学家编纂的史学著作开创了中国史学研究的新纪元;党的建设方面,以刘少奇《论共产党员的修养》、陈云《怎样做一个共产党员》为代表的理论成果成为经典;在革命理论方面,毛泽东的《论持久战》《〈共产党人〉发刊词》《中国革命与中国共产党》《新民主主义论》《论联合政府》等著作,对于毛泽东思想的成熟具有标志性意义。尤其值得一提的是,这些马克思主义中国化创新理论的诞生,均与高等学校政治理论课有着密切关系,他们或是因讲授政治理论课需要进行的理论创作,或是借助政治理论课平台反复凝练、不断改进形成的,或是受政治理论课教学启发而逐渐积累形成的。总体来看,这些创新理论与高等学校政治理论课的教学活动是互相促进的,政治理论课教学活动对马克思主义中国化具有理论催生作用,而马克思主义中国化最新成果引入课堂,又成为引领政治理论课教学的根本指针。通过双向促进,使政治理论课与党的政治建设密切结合起来。

以毛泽东同志为核心的党中央是进行理论创新的主体,到高等学校讲政治理论课则是他们推动马克思主义中国化、开展理论创新的重要途径。为了给师生讲好政治理论课,他们亲自撰写授课提纲,在课前、课中进行充分的实

践调研和理论准备,课堂讲授后又会根据学生的反馈情况,对讲稿、教案进行反复修改和完善。毛泽东的《实践论》《矛盾论》源自他在抗日红军大学(抗大前身)的讲课提纲,为了准备好这一提纲,他大量开展实践调研和理论研读。写作讲授提纲经过了近一年时间的准备和酝酿,精心阅读了一些马克思主义哲学著作和其他哲学书籍,所写几万字的读哲学书的批注,形成了讲授提纲中一些论点的雏形。从 1937 年 4 月开始,他在抗大讲授了 4 个月的马克思主义哲学,"每星期二、四上午讲授,每次讲四小时,下午还参加学员讨论"①。在课程讲授和反复提炼的基础上,到 1937 年 7 月他才撰写《辩证法唯物论(讲授提纲)》第二章第十一节"实践论",并以此为讲稿在抗大作讲演,后来单独成篇为《实践论》编入《毛泽东选集》②;8 月,他又写完《辩证唯物论(讲授提纲)》第三章第一节"矛盾统一法则",并以此为讲稿在抗大发表讲演。后来,在作了部分补充、删节和修改后,单独成篇为《矛盾论》收入《毛泽东选集》③。这两部著作的原型,虽然只是毛泽东讲授政治理论课的提纲,但经课堂讲授过程的提炼和思考,讲课提纲逐渐成为科学严密的理论创新成果,也就是说,课堂教学是铸就这两部经典著作的催化剂。

党中央领导集体的其他成员也有着类似经历,他们为讲授政治理论课而准备的讲义经过整理、修改后,凝练为经典理论的案例十分常见。刘少奇《论共产党员的修养》就是这样诞生的一部重要著作。在党的六届六中全会前后,针对一些党员干部党性不强等问题,刘少奇就尝试用马克思主义的观点、方法来阐释党的建设问题。1938 年底至 1939 年 1 月初,他驻足河南渑池期间撰写了共产党员修养报告大纲,并在豫西省委举办的第一期党员干部训练班上讲授《共产党员的修养》。随后,他又在中原局驻地河南确山县竹沟镇为多个干部训练班和党员训练班讲授党性修养,并结合讲授情况进行反复思考,最后把题

---

① 《毛泽东年谱(1893—1949)(修订本)》上卷,中央文献出版社 2013 年版,第 673 页。
② 参见《毛泽东年谱(1893—1949)(修订本)》中卷,中央文献出版社 2013 年版,第 7 页。
③ 参见《毛泽东年谱(1893—1949)(修订本)》中卷,中央文献出版社 2013 年版,第 11 页。

目改为《论共产党员的修养》，形成了较为完整的演讲稿。① 刘少奇返回延安后，应邀为马列学院师生讲授党的建设课程，他依照演讲稿在1939年7月8日讲"绪论"和"党员思想意识的修养"，7月12日讲"党员在党的组织和纪律方面的自我修养"②。刘少奇的演讲，在延安党员干部中引起强烈反响，后经张闻天和毛泽东审阅后公开出版。《论共产党员的修养》创造性地论述了共产党员的修养问题，毫无疑问应是党建理论创新的典范之作，更重要的在于，该著作是刘少奇着眼于解决实际问题开展课程建设和教学活动进行尝试的产物，在引领高等学校教师进行政治理论课建设上具有示范意义。实际上，随着中国共产党领导的抗日力量不断增加，革命队伍中明显存在一些非马克思主义的思想意识，加强党员干部的党性教育和锤炼已成为迫切需要解决的问题。而此时，高等学校政治理论课仍以马列主义基本理论的灌输为重点，在问题意识和政治引领方面具有明显不足。《论共产党员的修养》进入学校政治理论课堂，无疑推动了党建理论融入学校政治理论课教学体系，既着眼于荡涤学生中非马克思主义的思想意识，也增强了政治理论课的针对性、有效性和创新性。

在中央领导的带动、指导和鼓励下，高等学校的理论干部和理论人才也积极开展理论研究工作，推动马克思主义中国化与政治理论课建设同步推进。范文澜是延安时期马克思主义史学研究的领军人物，他先后担任马列学院历史研究室主任、中央研究院副院长并兼历史研究室主任。范文澜经常受邀在马列学院、中央党校等学校讲授历史课程，深受学员们欢迎，他关于中国经学简史的演讲提纲被毛泽东称之为"用马克思主义清算经学这是头一次"③。范文澜的研究为什么能受到毛泽东如此高的评价？根本原因在于，范文澜拥有扎实的史学功底，既能够做到掌握和熟悉反映中国历史进程的丰富史料，又能

---

① 参见金冲及：《刘少奇传》，中央文献出版社2011年版，第319页。
② 《刘少奇年谱（1898—1969）》上卷，中央文献出版社1996年版，第259页。
③ 《毛泽东书信选集》，人民出版社1983年版，第163页。

熟练地运用马克思主义原理去分析,恰当地把二者结合起来,获得符合中国历史学实际的规律性认识。① 此外,从政治意义上看,范文澜的研究成果之所以受到重视,是因为能够有力回击国民党在政治上对中国共产党的攻击。1940年前后,国民党顽固派在思想战线掀起了一股复古反动的逆流,把封建的唯心主义作为哲学基础,宣传封建主义和法西斯主义反动思想,为其在政治上、军事上反共反人民张目。正如毛泽东所说,"大地主大资产阶级的复古反动十分猖獗,目前思想斗争的第一任务就是反对这种反动"②。在毛泽东的鼓励和支持下,范文澜先后完成了《中国通史简编》《中国近代史》(上册)等史学著作,在史学研究上确立起马克思主义唯物史观的指导地位。尤其是《中国通史简编》,被认为是第一部以马克思主义观点叙述中国历史的全面贯通的著述,开创了中国史学研究的新纪元。范文澜的著作是马克思主义史学教育的鲜活教材,在史学方面引领了高等学校政治理论课的教学活动,党员干部正是通过学习他的史学著作,树立马克思主义唯物史观的立场和观点,从而正确地把握了中国历史发展的概貌。

延安时期,马克思主义中国化的多部经典理论著作都经历高等学校政治理论课的课堂教学实践。毛泽东、刘少奇等中央领导将自己的理论思考呈现在政治理论课堂上,通过倾听师生的声音、回应他们的质疑,检验理论成果是否具有实际指导价值。也就是说,经过对创新理论进行反复地推敲和提炼,最终铸就了马克思主义中国化的经典著作。在中央领导的身体力行下,党的一些最新理论成果往往第一时间被引入高等学校政治理论课,既增强了政治理论课的理论厚度,也从根本上指引了政治理论课建设的方向。

---

① 参见陈其泰:《范文澜——中国马克思主义史学的杰出开拓者》,《近代史研究》1994年第1期。

② 《毛泽东书信选集》,人民出版社1983年版,第163页。

第三节　贯彻学以致用原则与强化问题导向相结合

高等教育初创时期,政治理论课教学中往往存在理论与实际、所学与所用脱节的现象,学生往往学习一大堆马列主义的抽象概念和原则,但不能领会其精神实质,也不知如何应用于具体的中国环境。为纠正这一偏差,1941 年 12 月《中共中央关于延安干部学校的决定》,强调教员要全力使学生领会马列主义的实质,指导学生"用马列主义精神与方法去分析中国历史与当前的具体问题,去总结中国革命的经验"①,这就是坚持学以致用的原则。坚持学以致用就是要摒弃主观主义、教条主义的错误,就是要破除把马克思主义教条化、把共产国际决议和苏联经验神圣化的倾向,就是要解决政治理论课教学中脱离现实、忽视实践的弊端。正如毛泽东批评一些人学习马克思主义的错误方法时说:"他们违背了马克思、恩格斯、列宁、斯大林所谆谆告诫人们的一条基本原则:理论和实际统一"②。"致用"就是结合实际情况解决实际问题,坚持学以致用原则就必须注重问题导向,这就要求政治理论课关注社会政治生活中的现实问题,以扎实的理论来阐释社会问题、解答学生思想困惑,让政治理论课体现针对性、增强说服力。延安时期,党中央和各级领导干部到高等学校兼职担任教师,推动政治理论课较好地贯彻了问题导向。领导干部既熟悉社会现实,又具有较扎实的理论功底,他们往往能够抓取实践领域的重大问题,立足政治大局对学生的疑问和困惑作出权威解答。总体上说,延安时期高等学校通过将学以致用原则与强化问题导向相结合,推动政治理论课逐渐摆脱理论与实际脱节、所学与所用脱节的问题,形成了直面社会质询、回应社会关

① 《建党以来重要文献选编(1921—1949)》第 18 册,中央文献出版社 2011 年版,第 763—764 页。

② 《毛泽东选集》第三卷,人民出版社 1991 年版,第 798 页。

切、研究社会问题的政治理论课建设经验。

一、学以致用原则贯穿教学过程

延安时期,高等学校政治理论课逐渐确立了学以致用的原则,在思想上、政治上、理论上、行动上给予学生正确的引导,将"学"与"用"真正地统一起来,贯彻于教学过程。具体来说,政治理论课注重在思想上对学生进行马克思主义思想方法教育,在政治上组织学生学习党的路线方针政策,在理论上教会学生掌握马克思列宁主义的实质,行动上注重引导学生研究实际问题。多数学校在初创时期强调以政治教育为中心,开设了为数众多的政治理论课程,虽然在给予学生马克思主义思想洗礼方面发挥了重要作用,但实际上也存在所学与所用相脱节的问题。为此,1938 年 11 月毛泽东在《论新阶段》的报告中提出:"废除不急需与不必要的课程,改变管理制度,以教授战争所必需之课程及发扬学生的学习积极性为原则"①。这既是在倡导实行抗战的教育政策,也是在强调学校教育要把学与用相统一,以提升教学针对性,激发学生积极性。对于高等学校来说,政治理论课不仅仅是讲授马列主义的基本原理,更重要的是能够通过理论传授教会学生以理论指导工作实践,实现有的放矢、学以致用。毛泽东对于学以致用原则有着精辟阐述,他在《改造我们的学习》的报告中做过形象的比喻。他说:"'的'就是中国革命,'矢'就是马克思列宁主义。我们中国共产党人所以要找这根'矢',就是为了要射中国革命和东方革命这个'的'的。"②毛泽东的讲话,不仅是要求领导干部改进学风,结合实际问题有针对性地学习和研究马列主义理论,而且指导高等学校的政治理论课要结合实际问题去讲授,将"有的放矢""学以致用"的理念和原则贯穿于教学实践过程。

贯彻学以致用原则,首先需做到认真学习理论。在毛泽东等中央领导的

---

① 《毛泽东同志论教育工作》,人民教育出版社 1958 年版,第 33 页。
② 《毛泽东选集》第三卷,人民出版社 1991 年版,第 801 页。

带领下,在党员干部和高等学校政治理论课教师中形成了研习马列主义理论的良好风气,这为他们讲好政治理论课奠定了基础。但深入学习马列主义理论、领会其实质并非一日之功,即便是中央领导同志仍然将研习马列主义理论作为讲好政治理论课的第一步。张闻天作为马列学院院长,一直倡导授课教师要下功夫研读马列主义原著,1939 年他亲自组织了《资本论》学习小组,包括王学文、王思华等在内的 10 多个同志。小组隔周讨论一次,从不间断,整整1 年多时间把《资本论》全部学完。① 陈云领导的中组部也十分重视马列主义理论学习。于若木曾回忆说,陈云在中组部创办的"窑洞大学",从 1938 年一直到 1942 年先后坚持了 5 年,当时参加学习的有 40 多人。陈云根据自己先学一步的经验,提出要坚持一本一本研读马列原著和毛泽东的著作。他说:"要将现有的主要教科书一本一本地读,既不是弛怠,也不用着急,一步一步来。"他认为,"要读就读懂,不要一知半解。这种力求把书上的意思都读懂的办法,是达到融会贯通的必经步骤"②。领导干部带头学习马列主义理论,大大增强了他们讲授政治理论课的理论性,为理论与实践结合作好了铺垫。与此同时,他们身体力行研习马列主义理论的精神很快传递到高等学校政治理论课教学当中,带动政治理论课教师、学生形成有针对性地研习理论的热潮。

贯彻学以致用原则,还需摒弃教学内容上的教条主义倾向,真正掌握马列主义理论的实质,将理论运用于中国革命实际,去分析问题、解决问题、指导工作。在延安整风运动之前,高等学校师生学习马列主义理论的热情虽然很高,但并没有做到"有的放矢",学非所用、学用脱节现象较为普遍。毛泽东曾批评说:"教哲学的不引导学生研究中国革命的逻辑,教经济学的不引导学生研究中国经济的特点,教政治学的不引导学生研究中国革命的策略,教军事学的不引导学生研究适合中国特点的战略和战术,诸如此类",这就造成了学非所

---

① 参见吴介民主编:《延安马列学院回忆录》,中国社会科学出版社 1991 年版,第 16 页。
② 《陈云选集》第一卷,人民出版社 1995 年版,第 189 页。

用,"经济学教授不能解释边币和法币,当然学生也不能解释"。① 因为学校政治理论课教学中存在教条主义倾向,致使学生花费了时间和精力,但却没能够掌握理论实质,缺少指导实践工作的本领。在全党反对教条主义的背景下,党中央将马列学院改组为研究性质的马列研究院,原"政治经济学研究室"也改为"中国经济研究室",研究方向主要包括三个方面:大后方的经济;陕甘宁边区和各抗日根据地的经济;各种错误经济思想的研究与批判。改组的重点在于推动马列研究院将理论学习与解决实际问题充分结合。中央对于马列学院的改组,并非反对该院教师和学员学习马列主义经典理论,而是倡导他们要结合实际问题来研读马列主义。研读经典著作本身不是教条主义,但只研读经典而不关心中国革命实践中的具体问题,在教学中只灌输经典理论而不能解答学生的困惑,就是典型的教条主义。马列学院作为延安理论研究的最高学府,在政治理论课教师的培养和政治理论课的教学上具有引领地位,该院结合实际需要进行改组,对于其他高等学校具有示范意义。尤其是经历延安整风运动的洗礼之后,各高等学校教学活动普遍坚持学以致用原则,政治理论课将"学"和"用"真正地贯通起来成为基本的教学原则。

二、强化问题导向解答学生思想困惑

与贯彻学以致用原则相对应的则是课程内容强化问题导向,把解决学生思想困惑作为政治理论课讲授的直接目的。政治理论课教学中的问题大致有两个来源:一是由政治理论课教师直面社会质询与挑战,主动调查、研究和探寻发现的问题。特别是兼职授课的领导干部,他们由于具备实际工作经验,常常结合实际工作中的问题研读经典理论,从马列主义的立场、观点中找到解决问题的方法。在这一过程中能够形成问题导向很清晰的讲稿和教案,既可丰富政治理论课教学内容,还可在理论指导实践方面给学生作出示范,从而产生

---

① 《毛泽东选集》第三卷,人民出版社1991年版,第798页。

良好的教学效果。二是来自学生反馈发现的问题。这些问题往往是社会关注度较高、学生思想上比较困惑的难题，亟须政治理论课教师通过深刻分析来解疑释惑。这种情况下，中央领导干部的授课总能做到高屋建瓴，及时回答学生困惑、引起学生共鸣，提升了政治理论课教学的权威性和有效性。

　　全面抗战初期，中国军队在正面战场接连失利、大片国土沦丧，再加上"速胜论""亡国论"等论调的流行，一些人对抗战前途感到渺茫，这不可避免地影响到高校师生，大家迫切需要关于中国抗战前途的权威解答。为此，毛泽东多次给抗大、陕北公学师生作报告，进行毕业动员讲话，教育学生增强民族自信心、自豪感，树立抗战必胜的决心。1938 年 3 月 3 日，毛泽东到陕北公学为毕业生作临别讲话，以战争发展规律和辩证法的理论讲授来鼓励学生。他说，中国的抗战是长期的抗战，是"先败后胜，转弱为强"。中国具有地大、人多的国情，中国的抗战有国内外诸多有利条件，"日本一定吞不下中国的。哪一年的'天狗'把月亮吞下去了？""即使吞下去也是吞不久的"，因为，"日本兵力不够，它自己也不能长久支持下去"。他还号召同学们到敌人占领区去画"豆腐块"，并举例说："山西的'田'字形态势，从几条大路来讲，敌人包围了我们；反过来，我们占据了大路附近的许多'豆腐块'，我们就包围了敌人。"①这样形象生动地分析现实问题，不仅坚定了师生们抗战必胜信心，而且为他们投身抗战指明了方向。其时，虽然也有不少人认识到中国的抗战应是长期的，最后的胜利属于我们，但并没有人能够深入系统阐释究竟是什么样的"持久战"。正是为了解答学生对于抗日前途的疑惑，毛泽东认为有必要全面论证一下中国的抗战为什么是"持久战"。经过深思熟虑，毛泽东于 1938 年 5 月 26 日到 6 月 3 日在延安抗日战争研究会作《论持久战》的演讲，全面分析了中日双方所处的时代和双方的国情与基本特点，阐述了中国抗日战争的持久战总方针，有力地批驳了"亡国论"和"速胜论"②。可以说，毛泽东关于抗日战争前途的系列讲话和论述

---

① 《毛泽东文集》第二卷，人民出版社 1993 年版，第 107—108 页。
② 《毛泽东年谱（1893—1949）（修订本）》中卷，中央文献出版社 2013 年版，第 74 页。

正是直面社会质询、解答学生困惑的典型案例。《论持久战》发表后，毛泽东还到部分高等学校进行了讲解，这部经典著作随后也成为多数学校政治理论课的重要教材。

抗日战争进入相持阶段后，国内外政治风云变化莫测，在不能迅速灭亡中国的情况下，日本侵略者实施了分化和诱降策略。受此影响，1938年12月国民党副总裁汪精卫潜逃至河内并发表投敌叛国的"艳电"。不久，国民党五届五中全会又提出"溶共""防共"和"限共"的方针，并大肆鼓吹"一个党""一个主义"的谬论，攻击马克思主义、中国共产党和社会主义，国内政治斗争形势骤然紧张。再加之"三民主义"是国共合作的政治基础，中国共产党曾公开表示"孙中山先生的三民主义为中国今日之必需，本党愿为其彻底的实现而奋斗"，于是，有些社会舆论对于"共产党"和"社会主义"的质疑之声渐起。在这种时局下，党内一些同志也存在"三民主义"和"社会主义"关系认识上的误区。直面社会质疑、回答学生困惑就成为政治理论课教学的重要任务。为此，毛泽东主动到中央党校作《反对投降主义》的报告，他说：统一战线要讲亲爱、讲团结，另一方面又要斗争。关于"三民主义"和"社会主义"的关系，他说，中国共产党现在要实行的是三民主义，将来是社会主义，一定要把三民主义（现在的）变为社会主义（将来的），这一条我们不能放弃也不应该放弃。现在我们实行三民主义，哪个说我们将来不实行社会主义？① 这就及时澄清了理论上的误区和师生们的错误认识。但是，与国民党的政治斗争并没有结束。尤其是1943年上半年，蒋介石发表《中国之命运》，宣扬只有国民党才能救中国，只有三民主义才能救中国。此后不久，共产国际宣布解散，国民党抓住这个机会企图在政治上否定共产党、解散共产党。面对国民党的政治攻击和社会上的质疑之声，毛泽东在这一时期先后发表了《〈共产党人〉发刊词》《中国革命与中国共产党》《新民主主义论》《论联合政府》等著作，系统阐述新民主

---

① 参见金冲及主编：《毛泽东传（1893—1949）》，中央文献出版社2004年版，第554—555页。

主义理论,回答"中国向何处去"的问题。新民主主义理论很快进入高等学校政治理论课教学体系,成为政治理论课回应社会质疑、解答学生困惑的经典理论。

善于发现来自学生学习中的认识误区和问题,运用丰富的理论和通俗的语言进行解答,也是高等学校政治理论课坚持问题导向原则的一个重要方面。例如,在"党的建设"课程教学中,学生对于党建工作的重要性认识不够,加之当时党内生活中实际存在的一些非组织活动问题,学生从理论到实践对于党的组织纪律性的认知都有差距。为此,刘少奇、陈云等结合这些问题,撰写了大量文章,并通过讲课的方式予以回应。尤其是作为中组部部长的陈云,常结合实际为学生阐释党建理论,他在给马列学院学员讲入党誓词中"为共产主义事业奋斗到底","到底"究竟是什么意思? 他说,用上海话就是"翘辫子",奋斗到死。他接着又举例说,顾顺章、张国焘等就是没有到底,监狱叛变、战场逃跑、受金钱美女的利诱等,要是只想到个人的得失进退,就不能到底。① 陈云还曾结合党员理想信念问题讲道:共产党员在根据地工作有这样的现象,一开始是想干革命,接着是既革命又当官。逐渐地觉得当官很有味道,到后来,可能就有人只想当官,不想革命了。② 这些紧密结合实际问题的课堂讲授,以质朴的语言表达深刻的思想,给学生留下深刻印象。

总体而言,不管是毛泽东讲授《实践论》《矛盾论》《论持久战》《新民主主义论》等带有全局意义的理论成果,还是刘少奇、张闻天、陈云等关于党的建设方面的讲授内容,都具有鲜明的问题导向,是运用马列主义基本理论解决中国革命现实问题的成功探索。正是在中央领导同志的示范带动下,延安时期高等学校政治理论课教师深入贯彻学以致用原则,突出授课中的问题导向和实践运用。这一经验值得我们今天继承和借鉴,只有做到这一点,高等学校政

① 参见吴介民主编:《延安马列学院回忆录》,中国社会科学出版社 1991 年版,第 17 页。
② 参见吴介民主编:《延安马列学院回忆录》,中国社会科学出版社 1991 年版,第 179 页。

治理论课教学才能真正摒弃教条主义和形式主义,才能不"永远挂在空中"①,让教学内容贴近社会实际和学生成长需求。

第四节 探求教学规律与推动课程改革相结合

任何事物的发展都有其规律性,探求规律、运用规律是推动其科学发展的根本要求。延安时期中国共产党在领导高等教育发展进程中,政治理论课逐渐成为高等学校思想政治教育的主渠道,从这个意义上说,围绕政治理论课所进行的实践探索首先应遵从思想政治教育的一般规律,即思想政治工作规律、教书育人规律、学生成长规律②。然而,人们对于规律的探求,始终受到事物发展状况、现实环境和主观认知的制约,延安时期我们尚难以对思想政治教育规律做到如此清晰的认识,但这并不能否定这一时期探索政治理论课建设规律所取得的积极成果。实际上,在自觉适应思想政治教育规律基础上,延安时期高等学校获得了一些规律性的认识,如正确处理政治理论课与学校人才培养关系的规律、课程建设合目的性规律、课程建设的理论性规律、马克思主义中国化理论进课堂规律等。此外,在政治理论课教学实践中,高等学校专兼职教师认真探索教学活动各环节之间的内在联系,坚持将探索政治理论课教学规律与推动课程改革创新相结合,坚持把课程教学的稳定性与灵活性相结合,努力提炼其中的规律性因素,提升了政治理论课教学的有效性。

一、努力探索和适应政治理论课教学规律

所谓教学规律是教学活动诸因素之间的、内部的、本质的联系和发展的必

---

① 《延安大学开学,毛泽东同志指示,延大应为抗战及边区政治经济文化建设服务》,《解放日报》1944 年 5 月 31 日。
② 参见《习近平谈治国理政》第二卷,外文出版社 2017 年版,第 378 页。

然趋势。① 探求思政课教学规律,就要是揭示思政课教学活动中各要素之间本质的、必然的联系和发展趋势。从根本上说,思政课教学规律与思想政治教育规律、思政课建设规律有着密切联系。例如,"教书"和"育人"相向而行是思想政治教育的一般规律,因此,承担"立德树人"关键课程的思政课也需要将教会学生知识和能力衔接起来,而不能脱离实际而空泛地谈论育人,反之亦然。再如,我们通常把高校的课程分为两大类:一是"使人成为人"的课程,着眼于传授学生做人的理论、价值和知识,具体说就是思想政治理论课;二是"使人成为某一种人"的课程,即从学科和专业角度传授学生相关的基本理论、知识和技能,具体说就是培养学生专业素质和专门能力的专业课程。这两类课程共同组成了我国高校课程的完整体系,共同服务于学生的成长成才。这实际上涉及思政课与高校人才培养的关系规律、学生成长规律,只有掌握了这一点,才能站在人才培养高度来准确把握思政课的课程设置、教学计划、教材建设、队伍建设等。不可否认,延安时期对于这些规律的探索尚不够深入,但高等学校政治理论课教师也已开始在教学实践中,自觉分析反映政治理论课教学的本质性特征,在探求和适应政治理论课教学规律方面迈出了坚实的步伐,主要表现在以下三个方面。

首先,在教学内容选择上坚持革命发展需要与学生发展需要相统一。站在革命发展角度来确定政治理论课教学内容是延安时期高等学校的重要出发点,初期以政治教育为中心的设置课程,正是基于服务抗战需要,服务中国共产党的政治、军事建设需要。但是这种模式很快暴露出弊端,不少学生只是学习一大堆抽象的政治名词和空洞的政治口号,在提升知识和技能方面几无收获。在随后高等学校整顿提高阶段,以"政治与技能并重"思想为指导,学校大量开设专业技术课程,用以服务学生发展需要。这就在高等学校整体课程设置上实现了"革命发展需要"与"学生发展需要"的统一。沿着这一思路,延

---

① 王光宇:《教学规律与教学改革》,冶金工业出版社 1989 年版,第 20 页。

安时期高等学校在政治理论课课程体系的设置上也逐渐明晰,一方面,从马克思主义"人的全面发展理论"出发,开设"社会科学概论""社会发展史"等课程;另一方面,从服务社会和革命发展需要角度,开展马克思主义中国化理论创新成果和实践创新成果的学习,如"新民主主义论""中国革命与中国共产党"等课程。这两个方面内容相互联系、相互渗透、相互转化,构成了延安时期高等学校政治理论课的核心内容体系。

其次,教学形式上坚持课程特点与教学方式相统一。延安时期政治理论课从课程特点上可分为两类:一是理论性课程,二是政治性课程。理论性课程主要包括马克思主义基本理论课程、马克思主义中国化的创新理论成果;政治性课程主要是党的路线方针政策课程、时事政治等。各高等学校对这两类课程的授课方式有明显区分,理论课程主要采取连续性的教学活动,以专职教师讲授为主;政治性课程则主要采取了报告、讲座、演讲等非连续性的教学方式,并大量邀请领导干部为学生讲课。在理论课程的讲授中,教师也并非采取满堂灌的方式,而是将教师引导、学生自学、讨论总结相结合,激发学生学习的积极性,发挥学生在教学过程中的主体作用。在政治类课程的讲授中,既需要教师具有深厚的理论功底,又需要教师具有政治判断力和影响力,而领导干部恰恰具备这种优势,他们以自身身份的权威性,将理论分析与实际工作相结合,将党的方针政策与具体的现实案例相联系,大大提升了课程的讲授效果。这就在教学安排上兼顾了课程特点与教学方式,实现了两者统一,从而自觉适应了教学规律。当前,我们强调思政课教师发挥主导性作用、激发学生的主体性作用,坚持联系实际开展教学、带着问题开展教学,强调教学要有实践环节等,这些教学理念和方式方法上的创新均可在延安时期找到历史渊源。

再次,队伍建设上坚持专职教师与兼职教师相结合。延安时期高等学校政治理论课教学采取兼职教师与专职教师相结合,这是必然的选择。在初创时期,一方面学校专职政治理论课教师队伍数量不足,另一方面领导干部到学校授课有着优良传统和现实优势,因此,就要鼓励和倡导领导干部到高等学校兼职讲授政治理论课。此后随着各校成立研究班、研究室，探索师资的自主培养，加之马列学院等学校专门培养政治理论师资，高校政治理论课教师紧缺的问题得到一定程度缓解。但是，领导干部却更为明确地被要求到高等学校讲授政治理论课，可见，邀请兼职教师授课并非政治理论课教学的权宜之计。如《中共中央关于延安干部学校的决定》《中央关于办理党校的指示》等文件中，明确要求领导干部"必须有计划的经常的到学校作报告，能够任课的必须担任教课"，学校也"应该经常多请当地的和外来的负责同志报告各种时事问题及各种实际工作的情况与经验"。① 延安时期的实践表明，兼职教师对于政治理论课教学具有重要意义，特别是领导干部作为兼职教师更具优势。由于领导干部一般具有较高的政治站位和理论水平，且熟悉实际工作情况，教学中能够将理论与现实问题相结合，这正是专职政治理论课教师所不具备的优势。因此，建立专兼结合的教师队伍，两者相互配合能够大大提升政治理论课的教学效果。这一规律性认识，推动了领导干部兼职讲授政治理论课的制度化建设，至今仍对高校思政课教师队伍建设起到重要指导作用。

二、大力开展政治理论课教学改革

延安时期政治理论课教学改革继承了国民革命时期、土地革命时期的探索，注意开展启发式、讨论式、辩论式、调查式的教学，让课堂富有生机和活力，调动师生积极性，提升了教学效果。早在国民革命时期，毛泽东担任广州第六届农民运动讲习所所长时，就明确提出政治课要采用启发式、讨论式的教授方法，他亲自带领学生以开展实习调研来检验授课效果，并把这种讲课方式定义为有别于旧式教育的新式教育。土地革命时期，毛泽东将面向红军士兵的政治课教授方法总结为十条，其中，第一条就是废止注入式、采取启发式。他特别强调对学员的谈心交流，要求谈话之前调查谈话对象的心理及环境，"须站

---

① 《建党以来重要文献选编(1921—1949)》第 17 册，中央文献出版社 2011 年版，第 140 页。

在同志的地位,用诚恳的态度"与对象谈话①。这种以启发式为核心理念的教学方式在延安各类学校得到提倡和贯彻,李维汉在总结陕北公学的教育教学时,关于教授方法和态度,他曾指出,课程的教学大致依下列的顺序:"引言——预习——质疑——讲演——复习(或复习——讲演)","每课讲演之前,由教员给学生指示本课的目的、主要研究的问题、教材的处理等。预习,即学生阅读材料。质疑,是集体的进行(队的班的或几个班的)。复习,是个人自习,或是集体讨论。讲演,可在复习之后或前,学生质疑和争论的解答,由教员或指导员负责。"②为此,教员则须有"循循善诱""诲人不倦"精神。1941 年12 月,《中共中央关于延安干部学校的决定》明确要求,学校教育工作者要研究教课内容与教学方法,将两者贯通起来,"应坚决采取启发的、研究的、实验的方法,以发展学生在学习中的自动性与创造性,而坚决废止注入的、强迫的、空洞的方式"。这对于高等学校政治理论课教学方法改革具有极强的指导作用。1943 年 9 月,新组建的延安大学专门确定了新的教育方针,强调教学方法要贯彻理论联系实际原则,必须深刻思索、融会贯通,而不是牵强附会、断章取义,提倡个人钻研与集体讨论、自学与讲授适当配合,并要求教育者首先要教育自己,在学习、工作、生活方面以身作则。③ 可以说,延安时期高等学校政治理论课教学改革的核心就是"启发式",教师在理论讲授中强调"由近及远、由浅入深",注重理论与实际联系,启发和引导学生阅读理论文献,并采取研讨、总结的方式思考和解决问题,进而达到教与学的一致。

需要指出的是,延安时期引领"启发式"教学改革的核心群体正是领导干部。他们通过兼职到高等学校讲授政治理论课,将党中央关于教学改革的精神贯彻于实际教学过程,通过加强互动,启发学生思考,调动了学生的积极主动性。同时,他们落实启发式、讨论式、辩论式、调查式教学的过程,也是了解

---

① 参见《毛泽东文集》第一卷,人民出版社 1993 年版,第 104—106 页。
② 罗迈:《战时干部学校教育》,《中国文化》1940 年 6 月第一卷第四期。
③ 参见《延安大学史》,人民出版社 2008 年版,第 76—77 页。

学员思想状况、学习成效,以及发现问题、解决问题的过程,为党中央准确把握师生的思想政治状况提供了依据。毛泽东一贯强调以"启发式"教育学生,他到各学校讲课前常常要先了解学员的思想情况,为课堂上启发学生做好准备。抗大教育长何长工回忆:在讲课前,他晚上在窑洞前的大树下挂起马灯,不是请来学员、干部了解情况,就是伏首桌前紧张地写作,一直到深夜。[①] 讲课时,他绝对不搞"满堂灌"和"填鸭式"教学,注重在课堂上与学生互动和讨论,每天除了讲两三个小时外,其他大量时间让学员根据课堂讲授内容自己阅读、讨论、研究、整理切身经验。与此同时,毛泽东对于不考虑学生感受,自弹自唱、填鸭式、硬灌式的教学方法非常不满,他批评道:"为什么不看对象乱弹一顿呢?……射箭要看靶子,弹琴要看听众,写文章做演说倒可以不看读者不看听众吗?我们和无论什么人做朋友,如果不懂得彼此的心,不知道彼此心里面想些什么东西,能够做成知心朋友吗?做宣传工作的人,对于自己的宣传对象没有调查,没有研究,没有分析,乱讲一顿,是万万不行的。"[②]教师与学生的交流是教学过程中最鲜活、最核心的部分,毛泽东强调的启发式、讨论式教学方式,既注重发挥教师的主导性作用,又充分调动学生的学习主动性,这就抓住了教学过程的关键因素,大大提升了教学效果。张闻天在担任延安马列学院院长期间,也十分注重在课堂上运用启发式教学方法。在理论讲授完毕之后,张闻天总要主持半天的课堂问答,以启发学生。邓力群曾回忆,"他抓住问题的要点,联系当时的革命实际,根据老同志、新同志、有实际经验的同志、有书本知识的同志的不同情况,提出不同问题,请不同的同志回答"[③]。提问结束后,张闻天再进行有针对性的概括和解答,学员们则全神贯注地听他讲解。这种与学员切磋交流、启发式的教学方法,引发了学员们的好奇和兴趣,他们将自己

---

① 参见何长工等:《抗大抗大,越抗越大——回忆毛主席对抗大的亲切关怀》,见《回忆毛主席》,人民文学出版社 1977 年版,第 236 页。

② 《毛泽东选集》第三卷,人民出版社 1991 年版,第 836—837 页。

③ 邓力群:《坚持对共产主义的忠贞和深情——为老师闻天同志八十五岁诞辰而作》,见《回忆张闻天》,湖南人民出版社 1985 年版,第 32 页。

脑子里的问题与从教员讲授中听到的答案进行联系贯通、独立思考,增强了学习马列主义的信心,并热切希望"下次的课堂问答早点来到"。

在中央领导身体力行、言传身教带动下,互动式、启发式教学逐渐成为延安时期高等学校政治理论课教学改革的方向。政治理论课教师在教学中能够首先掌握学生的基本情况,根据授课对象合理安排教学内容,在学习、探讨、交流之中激发学生的兴趣和热情,在教和学的互动中发现教学规律,提升了政治理论课的针对性和有效性。这种教学方法改革遵循了教育教学规律,推进了政治理论课教学向科学化、规范化发展。

三、准确把握政治理论课教学的稳定性与灵活性

高校思政课作为"立德树人"的关键课程,其根本目标、根本任务总体上必须保持稳定,这就要求思政课教学服务这一大局,保持基本的稳定性。在中国共产党领导高校思想政治理论课程建设的发展史上,马克思主义基本原理、马克思主义中国化理论与实践创新成果、人的全面发展理论三大板块教学内容基本保持稳定。课程教学的灵活性源自于党在各个历史阶段的中心任务有所不同,思想政治理论课程教学要服务于党的中心工作和政治大局,因此,必然要根据现实需要进行调整。不同时期高校思想政治理论课程内容设置、课程名称变化都是基于这样的需要,课程教学必然要灵活地应对这种变化。从根本上说,稳定性表明我们对思想政治教育根本属性、教育规律的认识不断深化,能够在总体上把握思想政治理论课程不变的灵魂;而灵活性则表明思想政治理论课程要在实践中主动迎接挑战,适应思想政治教育阶段性任务对于课程主渠道的新要求。在延安时期的高等学校办学实践中,在准确把握政治理论课教学的稳定性与灵活性方面,已经取得了宝贵经验。

延安时期,高等学校政治理论课教学探索稳定性和灵活性的统一,主要表现在两个方面:第一,党中央的统一领导与学校自主选择相结合。这一时期党中央对于高等学校政治理论课建设实施了统一领导,也多次颁布指导性文件

进行规范,但对于课程内容、教学计划、队伍建设等课程教学的关键性要素并未作出统一要求。虽然在后期形成的"公共必修课"政治理论课模式下,课程设置门数、课程名称趋于统一,但各高等学校仍有结合实际自主探索和选择的可能。例如,解放战争时期各解放区高等学校都采用了"公共必修课"政治理论课模式,但仍可以结合政治军事形势、学校自身特色、学生特点、师资配备情况、解放区实际需要和条件等,灵活开展政治理论授课活动。主要表现在骨干课程虽然稳定开设,但根据实际设置了一些政策课程,并灵活安排形势与政策报告。第二,根据形势变化在"公共必修课"模式与政治短训模式之间灵活切换。从延安时期政治理论课建设的发展进程看,经历了"政治课压倒其他一切课目"——"少而精"——"公共必修课"模式的演变过程。"公共必修课"模式的形成表明,我们党对于政治理论课建设规律的认识更加深入,这也成为高等学校普遍追求或采用的模式,具有较强的稳定性。但解放战争全面爆发后,多数学校处于战时流动办学状态,高等学校正规化办学目标无从实现,继而采取集中政治短训的方式来实施政治理论课教学。1948 年前后,随着一些解放区战争形势好转,部分高等学校重新回归正规化、综合性办学,"公共必修课"模式的政治理论课教学得以恢复。但是,到了解放战争胜利的前夜,为了配合改造旧式知识分子、为建设新中国培养人才,高等学校又开始以政治短训方式开展政治理论课教学活动。可以说,在服务党的中心工作的基础上,延安时期各高等学校依据实际需要和现实条件,多次对政治理论课教学模式和教学重点进行调整,在实践探索中形成了将政治理论课教学的稳定性与灵活性相结合的宝贵经验。

第六章　延安时期高等学校政治理论课建设的当代启示

在中国共产党的百年征程中,延安时期是党从幼稚走向成熟、从弱小变得强大的重要历史阶段,党在政治建设、理论建设、组织建设和军队建设等诸多方面的探索都取得了重要成就,推动中国共产党和中国革命迎来了伟大的历史转折。在这一宏阔历史背景下,思想政治教育工作的成就和经验尤其值得关注。中国共产党在实践中运用和发展了马克思主义经典作家的思想政治教育理论,提出思想政治工作是党的生命线的著名论断;中国共产党将高等学校作为思想政治工作的主要阵地,塑造了党领导下的高等教育的初始禀赋;中国共产党领导高等学校在尊重人才培养规律和教学规律基础上开展政治理论课建设的探索,明确了政治理论课建设的根本目标、根本任务和根本内容,形成兼具前瞻性与合理性的实施方案。可以说,高等学校政治理论课建设取得的成就,是延安时期中国共产党思想政治教育工作走向成熟的重要标志,它不仅探索形成了一系列带有规律性的成功经验,而且铸就了党领导高校思想政治教育课程建设"不变"的灵魂,在百年思想政治教育史上留下了浓墨重彩的篇章。历史总能为现实提供优渥的养分,延安时期的实践探索和经验积累,为新时代高校思政课建设提供了丰富的历史资源和思想财富。尤其是在世界处于百年未有之大变局的时代背景下,实现中华民族伟大复兴的中国梦迎来关键时刻,大变局将带来大博弈、大发展、大转折,这与延安时期中国共产党在复杂变局下领导中国革命实现大转折、大发展具有异曲同工之处。此时,我们回溯延安时期高校政治理论课建设的历程和经验,就是要在伟大历史进程中进一步把握思政课建设的规律性,就是要在历史与现实的对话中探寻思政课建设的发展方向、价值目标和使命担当。

第一节　加强政治建设引领课程发展方向

在当今世界处于百年未有之大变局的背景下,中国共产党领导中国人民实现中华民族伟大复兴的事业离不开千千万万高素质人才,高等学校必然把培养担当民族复兴大任的时代新人作为重大战略目标。所谓时代新人,就是拥护中国共产党的领导、拥护社会主义制度、德智体美劳全面发展的社会主义建设者和接班人。培养时代新人是一项系统工程,要求从学校抓起、从娃娃抓起,在大中小学循序渐进、螺旋上升地开展"立德树人"工作。从根本上说,思政课是落实"立德树人"根本任务的关键课程,在培养时代新人的战略目标中不可替代,在实现中华民族伟大复兴的战略全局中至关重要。2019 年 3 月,习近平总书记在学校思想政治理论课教师座谈会上强调:"办好思想政治理论课,最根本的是要全面贯彻党的教育方针,解决好培养什么人、怎样培养人、为谁培养人这个根本问题"①。这就是说,思政课要从根本上贯彻党的教育方针,坚持马克思主义的指导地位,用习近平新时代中国特色社会主义思想铸魂育人,从而树立鲜明的政治方向性。思政课建设的根本目的是要引导学生树立"四个自信",厚植爱国为民情怀,自觉融入坚持和发展中国特色社会主义事业、全面建成社会主义现代化强国、实现中华民族伟大复兴的伟大实践之中。因此,从承担历史使命和服务现实的需要上看,思政课必然要紧紧围绕中

---

① 《习近平谈治国理政》第三卷,外文出版社 2020 年版,第 328 页。

国共产党的政治建设需要,在课程发展上牢牢把握正确的方向。

一、以百年未有之大变局激发思政课讲好中国故事

2018 年 6 月,习近平总书记提出了"百年未有之大变局"的重大论断,他说:"当前,我国处于近代以来最好的发展时期,世界处于百年未有之大变局,两者同步交织、相互激荡"①。那么,何为"百年未有之大变局"? 学界认为至少应包含四个方面:国家间权力再分配的国际权力结构"大变局",世界战略格局重大调整进程中的全球秩序"大变局",经济全球化、政治多极化和国际力量多元化带来的全球治理结构"大变局",新一轮科技革命下人类经济活动、生活方式和国家间竞争形态的"大变局"②。从根本上讲,百年未有之大变局是国际格局新旧力量的博弈之变,是全球治理体系由"主导"向"共治"的重组之变,是打破西方模式一统天下的竞合之变。当今中国置身于世界百年未有之大变局,只能在相互激荡的变局之中谋求先机,在相互交融的竞合之中实现发展。大变局是机遇、是挑战,也是转折,正如延安时期中国共产党领导中国人民反对帝国主义、封建主义和官僚资本主义,实现中国革命伟大转折一样,世界百年未有之大变局将与中华民族实现伟大复兴的历史进程高度重合,中国共产党将领导中国人民在重大国际挑战中寻求中华民族伟大复兴之路。我们要应对大变局,必须首先明白,世界正在发生着什么? 中国正在发生着什么? 中国要在世界百年未有之大变局中怎么做? 在大变局中保持自身的战略定力,坚持既定的战略目标和正确的发展方向,中国就有可能在百年未有之大变局中处于有利地位;在大变局中抢占先机、顺势而为,为构建人类命运共同体贡献中国智慧,就有可能为中华民族伟大复兴创造良好外部环境。为此,作为落实"立德树人"根本任务关键课程的思想政治理论课,必然要在大变局中

---

① 《习近平谈治国理政》第三卷,外文出版社 2020 年版,第 428 页。
② 参见朱锋:《近期学界关于"百年未有之大变局"研究综述》,《人民论坛·学术前沿》2019 年第 7 期。

回应和阐释世界之变、中国之变和中国之治,引导广大青年学生保持清醒头脑,坚定"四个自信",坚定中国特色社会主义的理想信念。处于这一背景下的高校思政课,必然要坚持守正创新,借鉴和激活中国共产党100多年来思政课建设的宝贵经验,用习近平新时代中国特色社会主义思想铸魂育人。

首先,高校思政课要努力阐释大变局带来的新变化。近年来,随着中国逐渐在政治、经济、军事等领域快速发展,成为改变世界政治格局、重塑全球秩序的重要推动力量,以美国为首的西方国家无论是为了保持其经济上、军事上的霸权地位,还是为了巩固西方在意识形态领域的强势地位,都在不断加强对中国的打压、封锁和诋毁。与此同时,由于中国经济体量不断增大,人民日益增长的美好生活需要和不平衡不充分的发展之间的矛盾将长期存在,推进国家治理体系和治理能力现代化的过程还需要循序渐进,社会政治、经济方面的不稳定因素也在积累,大幅增加了政治运转、社会管理和国家治理的难度。解决好中国内部的各种问题,是在大变局中保持战略自信和战略定力的基本落脚点,内部问题若不能得到有效解决,不仅影响中国长期稳定发展大局,而且干扰中国在国际合作交流中的自信。这些基于世界百年未有之大变局带来的新变化,与中华民族的伟大复兴息息相关,必然要成为思想政治教育工作的重要关注点,也将是高校思想政治理论课建设发展的着力方向。具体来说,高校思想政治理论课要努力阐释世界大变局中的国际、国内因素,引导青年学生以马克思主义的世界观、方法论分析和解决问题,充分认识到大变局下的各种新变化产生的深刻原因和复杂背景。对我们来说,实现民族复兴大业虽然前景光明,但面临的挑战也十分严峻。

其次,高校思政课要应对和回应大变局带来的新问题。延安时期,每当国内外时局发生重大变化之时,毛泽东等中央领导都会在政治理论课的讲授内容中予以重点关注,以讲解时局、分析问题来解决学生的思想困惑。当前,高校思想政治理论课需主动回应大变局引发的新问题,坚持教育与引导并重,为学生解答各种困惑,引导他们明辨是非。一是要阐释大变局带来的世界性问题。例如,全球气候变暖背景下发达国家与发展中国家关于"碳排放"问题的激烈交锋;单边主义、保护主义明显上升,逆全球化思潮抬头;中美贸易战、科技战引发"新冷战"疑云顿生;新冠疫情后全球经济复苏乏力带来世界政治、经济联系的裂变;局部冲突和动荡频发,全球性问题加剧,世界进入新的动荡变革期;互联网催生世界性民粹主义现象等。高校思想政治理论课要以马克思主义为指导,从根本上分析大变局带来这些问题的深刻原因,回应青年学生的思想困惑。二是要阐释大变局带来中国发展的问题。在大变局背景下,中国的自我发展问题日益突出,成为青年学生十分关注的课题。例如,社会转型产生了价值冲突、利益矛盾、公共环境危机等系列社会问题;人民群众关注度较高的教育、医疗、就业、养老、住房等民生问题;在高新技术上短板凸显,创新驱动存在诸多结构性矛盾问题;在政治学、经济学领域的原创性理论不足问题;中国经济"走出去"战略的风险防控能力不足问题等。这些虽是立足于中国自身的发展问题,却与世界正在发生的大变局有着千丝万缕的关联,尤其是信息传播的全球化推动国内外舆论环境趋向一体化,国内问题与国际问题往往交织在一起,相互影响、彼此渗透。因此,高校思想政治理论课要坚持政治性与学理性相统一,以透彻的学理分析和深入的思想教育回应学生关注的热点问题。三是要阐释意识形态领域斗争出现的新问题。要从根本上强化马克思主义的指导地位,引导学生在大是大非面前保持清醒头脑。中国在参与和推动经济全球化的过程中,不可避免地会受到西方国家在意识形态领域的侵蚀,尤其是以后现代主义为代表的各种社会思潮通过网络新媒体进行传播,一些与社会主义核心价值观根本对立的价值观念利用互联网沉渣泛起。高校思政课作为国家意识形态安全教育的主渠道,理应引导学生运用马克思主义理论武器,明辨是非,反对和批驳一切企图削弱、歪曲和否定党的领导的错误言行。

再次,高校思政课要在应对大变局中坚定"四个自信"。世界大变局带来中国发展机遇,在中国共产党坚强有力的领导下,我们前所未有地接近实现中华民族伟大复兴的目标,前所未有地具有实现这个目标的能力和信心。这个基本判断符合中国发展实际和历史发展趋势,高校思想政治理论课教师在秉持这一基本判断的基础上,要综合运用各种教育资源来引导学生感受和坚定"四个自信"。尤其是要坚持把立德树人作为中心环节,在课堂教学中引导学生从世界百年未有之大变局中感受中国之治和中国方案,从中国经济快速发展和社会长期稳定的"两大奇迹"中体会中国特色社会主义制度的优越性,从应对全球性危机与挑战中感知中国为世界贡献的智慧与力量。例如,在全球新冠疫情防控中,突如其来、完全未知、传染性极强的病毒让武汉、湖北乃至全国人民陷入了极端危险的境地,然而在党中央的坚强领导下,中国在全民配合防疫和抗疫物资保障、医疗支援、疫苗研发等方面展示了社会主义制度无可比拟的优越性,迅速扭转了疫情暴发初期的被动局面,取得了抗疫斗争的阶段性胜利,为世界抗击新冠疫情作出了重大贡献。综观世界各国在抗击新冠疫情中的表现,中国坚持"以人民为中心"开展抗疫斗争,把人民群众的生命安全和身体健康放在第一位,而且保障了民生和社会稳定,为走出疫情后的经济复苏留有余力。2023 年,中国 GDP 增长 5.2%,对世界经济贡献率超过 30%,这充分体现出中国方案和中国治理的优越性。高校思政课就是要从理论讲授延伸到实践分析,通过阐释对比重大国际问题下中国方案优势,引导学生坚持中国特色社会主义的道路自信、理论自信、制度自信和文化自信。

二、以实现中华民族伟大复兴强化思政课的使命担当

延安时期,各高等学校的政治理论课紧紧围绕中国共产党的中心工作,围绕新民主主义革命的时代主题,为党培养了大批政治过硬的各类人才,在推动中国革命实现伟大历史转折中发挥了重要作用。一方面,政治理论课紧密配合党在各个阶段的中心工作开展教学。从全面抗战初期以马克思主义基本理论、党的路线方针政策和理想信念为教学内容,着力为党培养军事政治人才,到抗战相持阶段注重劳动精神教育,配合根据地开展大生产运动;从秉承延安

整风精神精简课程设置,摈弃教条主义、解决所学与所用脱节问题,到革命胜利前夜重回政治短训模式,着重于对旧式知识分子的教育和改造。各高等学校依据党在各个阶段中心任务的变化不断调整政治理论课讲授的重点,以大局意识充分发挥了革命担当精神。另一方面,围绕新民主主义革命的时代主题,高校政治理论课持续开展政治上、理论上的教育教学。从《〈共产党人〉发刊词》《中国革命和中国共产党》到《新民主主义论》,从《论联合政府》到《论人民民主专政》,这一系列著作构成了系统、完整的新民主主义理论体系。各高等学校根据需要长期将这些理论文献当作政治理论课教学的经典教材,向师生深入阐明"中国向何处去"这一核心问题。延安时期的经验启示我们,思想政治理论课的发展,必须紧紧围绕党的历史使命和时代主题,强化服务大局意识,增强使命担当精神。

进入新时代以来,习近平总书记多次阐述"中国梦"的概念和目标,他说:"实现中华民族伟大复兴,就是中华民族近代以来最伟大的梦想。这个梦想,凝聚了几代中国人的夙愿,体现了中华民族和中国人民的整体利益,是每一个中华儿女的共同期盼"①。"中国梦的本质是国家富强、民族振兴、人民幸福"②。而中国共产党的初心和使命,就是为中国人民谋幸福、为中华民族谋复兴,为此,党中央提出"两个一百年"的奋斗目标,即到中国共产党成立100周年时全面建成小康社会,到新中国成立100周年时建成富强、民主、文明、和谐、美丽的社会主义现代化强国。在迎来中国共产党成立100周年的重要时刻,中国的脱贫攻坚战取得决定性胜利,全面建成小康社会的奋斗目标已经实现,中华民族的复兴大业迈出了坚实一步。在承前启后,实现第二个百年奋斗目标的伟大实践中,高校思政课要承担什么样的使命?就是要围绕解决好"培养什么人、怎样培养人、为谁培养人"这个根本问题,在引导学生坚定"四个自信"、厚植爱国情怀上担当大任,在引导学生坚持和发展中国特色社会主

---

① 《习近平谈治国理政》第一卷,外文出版社2018年版,第36页。
② 《习近平谈治国理政》第一卷,外文出版社2018年版,第56页。

义事业、投身实现中华民族伟大复兴的奋斗中守土担责。首先,要从解读历史的逻辑出发,教育学生深刻领会何为道路自信。比如,要向学生阐释历史和人民是怎样选择了马克思主义、选择了中国共产党、选择了社会主义道路、选择了改革开放;要从阐释中国特色社会主义道路的伟大实践出发,讲好中国共产党领导中国人民迎来了从"站起来""富起来"到"强起来"的历史性成就,教育学生认识到只有社会主义才能发展中国,从而坚定青年学生的道路自信,自觉投身于建设中国特色社会主义的事业。其次,要利用思政课堂坚持不懈地传播、发展马克思主义,教育学生为何要理论自信。要进行系统的马克思主义基本理论教育,巩固马克思主义在高校意识形态领域的指导地位;要教育学生充分认识马克思主义理论的科学性,并自觉将马克思主义作为自身成长成才的思想理论基础。正如习近平总书记所说:"中国共产党为什么能,中国特色社会主义为什么好,归根到底是因为马克思主义行"①。马克思主义是无数革命先辈为之流血牺牲而追求的真理,是被实践证明了的指导中国革命、建设和改革取得成功的科学理论,是当前建设中国特色社会主义的理论旗帜,高校思政课要理直气壮地厚植学生的理论自信。再次,要将思政课教学放在建设中国特色社会主义的伟大进程中,以丰富的实践成果来强化学生的制度自信。习近平总书记指出:"中国特色社会主义,既坚持了科学社会主义基本原则,又根据时代条件赋予其鲜明的中国特色。"②中国特色社会主义根植于改革开放和社会主义现代化建设的丰富实践,借鉴吸收人类政治文明发展成果,既符合中国国情,又顺应时代潮流,具有高度的科学性和鲜明的时代性。要教育学生从中国经济快速发展和社会长期稳定的"两大奇迹"中体会中国特色社会主义制度的优越性,从中国应对全球性危机与挑战的现实案例中感受中国之治和中国方案的制度性优势,进一步坚定中国特色社会主义的制度自信。最后,思政课要在社会主义文化强国建设中发挥关键作用。"文化是一个国家、

---

① 《习近平谈治国理政》第四卷,外文出版社 2022 年版,第 10 页。

② 习近平:《关于坚持和发展中国特色社会主义的几个问题》,《求是》2019 年第 7 期。

一个民族的灵魂"①。文化不仅能够为治国理政提供有益启示,也能为道德建设提供价值基础。欲灭其国,必先灭其文化,反之,实现中华民族伟大复兴,必然要求中国从一个文化大国转变为一个文化强国。思政课既要充分展示中华5000多年优秀传统文化,又要坚持不懈推动革命文化、社会主义先进文化深入人心,培养学生高度的文化自信,以主动担当精神加快文化建设步伐。总之,思政课的建设和发展,要紧紧围绕中华民族伟大复兴这一时代使命,坚持政治性、理论性、科学性、时代性,破解课程建设难题,提升"立德树人"成效,在培养德智体美劳全面发展的社会主义建设者和接班人中发挥关键性作用。

三、以马克思主义中国化时代化的创新理论指导课程改革

教育要为政治服务,要为中国共产党的治国理政服务。延安时期,毛泽东等中央领导将政治、军事、党建、哲学等方面的创新成果引入高等学校课堂,不仅让鲜活的理论成果指导了人才培养,也形成了党的创新理论成果进学校政治理论课堂的传统。在中国共产党第七次全国代表大会上,毛泽东思想被确立为党的指导思想,各高等学校随即开始推进毛泽东思想的学习贯彻活动,树立毛泽东思想在学校各项工作中的指导地位。例如,党内著名政治理论教育家张如心不仅较早地提出了"毛泽东的思想"概念,认为"毛泽东的思想"是马列主义在"中国的运用和发展"②,而且积极在教学实践中探索毛泽东思想进学校政治理论课的课堂。1945年底到1946年春,张如心作为华北联合大学教务长,曾在全校主讲"论毛泽东思想""论毛泽东作风"等专题③,并撰写了《论毛泽东》《毛泽东思想与作风》等著作。再如,1948年8月华北大学校长吴玉章在该校成立大会上说:"华北大学要学些什么呢? 最主要的是要学马

---

① 《习近平关于社会主义文化建设论述摘编》,中央文献出版社2017年版,第16页。
② 参见张如心:《论布尔塞维克的教育家》,《共产党人》1941年总第16期。
③ 王谦:《晋察冀边区教育资料选编(干部教育分册)》上,河北教育出版社1990年版,第203页。

恩列斯的理论和中国革命的经验。这里所说的中国革命经验……叫做毛泽东思想。"①在革命胜利的前夜,党对各类人才需求十分迫切,华北大学不仅不排斥来自国统区的知识分子和青年学生,而是用党的创新理论来武装他们的头脑,从而塑造了大批服务新中国建设的人才。正如吴玉章所说:"只要给他们一个正确的人生观宇宙观、马列主义理论和毛泽东思想的教育,他们就很快的会接受新的思想和方法,成为新的人才。"②延安时期的经验表明,推动党的最新理论成果进高校课堂,既是为了强化"为谁培养人"这一根本宗旨,也是为了加强党对于高校工作的政治引领,从而为塑造政治合格的优秀人才提供重要保障。因此,在百年未有之大变局下,高校必须大力推进习近平新时代中国特色社会主义思想进教材、进课堂、进头脑工作,强化思政课建设及其发展的政治方向,引导青年学生自觉运用当代中国马克思主义武装头脑,提升分析和解决实际问题的能力。

习近平新时代中国特色社会主义思想是当代中国的马克思主义,是全党全国人民为实现中华民族伟大复兴而奋斗的行动指南。高校担负着培养实现中华民族复兴伟业和社会主义建设人才的重任,必然要加强习近平新时代中国特色社会主义思想在各项工作中的指导地位。第一,要加强习近平新时代中国特色社会主义思想对思政课的指导。这既是加强和改善党对高校领导的需要,更是高校坚持社会主义办学方向、加强马克思主义指导地位的根本体现。要在高校深入学习贯彻习近平总书记关于教育工作的重要讲话精神,引导师生深刻领会习近平总书记在全国高校思想政治工作会议上的讲话③、在全国教育大会上的讲话④、在学校思想政治理论课教师座谈会上的讲话⑤等。

①　《吴玉章教育文集》,四川教育出版社 1989 年版,第 92 页。
②　《吴玉章教育文集》,四川教育出版社 1989 年版,第 98 页。
③　参见《习近平谈治国理政》第二卷,外文出版社 2017 年版,第 376—380 页。
④　参见习近平:《坚持中国特色社会主义教育发展道路　培养德智体美劳全面发展的社会主义建设者和接班人》,《人民日报》2018 年 9 月 11 日。
⑤　参见习近平:《思政课是落实立德树人根本任务的关键课程》,《求是》2020 年第 17 期。

这些重要讲话为高校思政课建设提供了根本遵循,高校思想政治教育工作者不仅要学深悟透,还要在教育教学实践中认真贯彻落实。第二,要开好讲好"习近平新时代中国特色社会主义思想概论"课程。延安时期,党的创新理论毛泽东思想进高等学校课堂经历了一个由点到面的过程。在高等教育初创阶段,毛泽东以及其他重要领导人自觉将党的创新理论成果纳入教学内容,成为毛泽东思想进课堂的先导;在毛泽东思想成熟后,一些高等学校领导开始在课堂上专题讲授毛泽东思想,如华北联合大学教务长张如心在全校主讲"论毛泽东思想""论毛泽东作风"等;随着毛泽东思想成为全党的指导思想,一些高等学校和理论刊物则将毛泽东与马恩列斯等马克思主义经典作家放在同等重要的位置①,从而全面推动了毛泽东思想进课堂工作。当前,"习近平新时代中国特色社会主义思想概论"课程已经被纳入高校思政课课程体系,中央宣传部、教育部正在指导高等学校构建以习近平新时代中国特色社会主义思想为核心内容的思政课课程教材体系。但理论成果的凝练、理论体系的构建伴随着新时代的实践发展仍在发展变化当中,需要我们更加及时、更加科学地在课堂教学中予以跟进和贯彻。第三,要以习近平新时代中国特色社会主义思想指导师生的实践活动。马克思指出:"理论一经掌握群众,也会变成物质力量。"②这就是说,理论通过掌握群众,能够在改造世界的过程中转化为物质力量。因此,理论武装的落脚点在于指导实践,在于实践中产生物质的力量。延安时期,正是因为以毛泽东思想武装高等学校师生的头脑,从而在新民主主义革命的实践中产生了巨大力量,为争取革命胜利发挥了重要作用。当前,高校在进行理论武装过程中,仍需强调以习近平新时代中国特色社会主义思想指导实践、推动工作,既要学懂弄通、又要知行合一。对于高校师生来说,只有完全理解和掌握理论,并在实践中深化对理论的认知,才能将理论内化为自己的思想并外化为自己的行动,才能实现理论武装的目的。高校思政课就是要引导师

---

① 参见《毛泽东书信选集》,人民出版社1983年版,第303页。

② 《马克思恩格斯选集》第1卷,人民出版社2012年版,第9页。

生以新思想、新理论来指导实践,指导自己的行动,正如习近平总书记所说:
"要做起而行之的行动者、不做坐而论道的清谈客,当攻坚克难的奋斗者、不
当怕见风雨的泥菩萨,在摸爬滚打中增长才干,在层层历练中积累经验。"①

第二节　尊重人才培养规律加强课程改革针对性

　　尊重人才培养规律是高校思政课建设科学发展的根本前提。习近平总书
记指出:"做好高校思想政治工作,要因事而化、因时而进、因势而新。要遵循
思想政治工作规律,遵循教书育人规律,遵循学生成长规律"②。在贯彻"三因
理念"和遵循"三大规律"的基础上,高校思政课建设要坚持与时代同行,不断
提升思想政治教育的亲和力、针对性和适应性。思政课提升亲和力,就是要强
化课程教学内容和方式与学生的接近性,走进广大学生的现实生活世界,在充
分了解学生想法和感受、问题和困惑基础上,丰富内容形式、创新教学方法、改
进话语表达方式。思政课提升针对性,就是要以问题为导向,以认真负责的态
度去回应现实诉求,以理论上的透彻说理去破解实际难题,以真诚实际的行动
去满足社会期待。思政课提升适应性,就是要走在前列、勇立潮头,在把握时
代脉搏中倾听人民的声音,在迎接时代变化中担负起历史的责任,筑牢课程地
位、推进课程改革、形成协同效应。

一、落实立德树人根本任务筑牢课程地位

　　思政课是落实立德树人根本任务的关键课程,其作用具有不可替代性。
但思政课的课程地位并非与生俱来的,而是因其在长期的人才培养实践和党
的事业发展中发挥了关键性作用,才形成的不可替代的课程地位。延安时期,

---

① 《习近平谈治国理政》第三卷,外文出版社 2020 年版,第 522 页。
② 《习近平谈治国理政》第二卷,外文出版社 2017 年版,第 378 页。

政治理论课首先是作为政治课而存在的,主要目的在于对学生进行初步的马克思主义思想洗礼,宣传贯彻党的路线方针政策,为党在各个阶段的中心任务服务。其次才是作为理论课而存在。一方面,为了普及高等学校师生马克思列宁主义的理论素养,鼓励他们把马克思主义基本理论同中国革命实际结合,提升解决实际问题的能力;另一方面,为了推动马克思主义中国化,中央领导不断将理论创新成果引入高等学校的课堂,丰富了政治理论课的理论深度。延安时期政治理论课以鲜明的政治特色、理论特色,服务于党领导新民主主义革命的需要,成为高等学校培养各类政治过硬人才的"公共必修课"。新中国成立以来,高校思政课历经社会主义建设和改革开放等不同历史阶段的探索发展,已经形成融思想性、政治性、理论性为一体的思想政治理论课体系,课程性质得到强化,并实现了马克思主义理论学科建设与思想政治理论课建设的统一。可以说,中国共产党领导高等学校在革命战争年代、社会主义建设时期、改革开放新时期坚持守正创新,锻造出了思想政治教育课程的成色、地位和不变灵魂,为新时代高校思政课的改革创新提供了根本前提。

当前,思政课筑牢课程地位,从根本上说就是要遵循思想政治工作规律、教书育人规律、学生成长规律,为中国共产党的治国理政服务,为培养担当民族复兴大任的时代新人服务。首先,遵循思想政治工作规律是筑牢思政课作为思想政治教育主渠道的基本前提。思政课作为高校思想政治教育的主渠道,是高校思想政治工作的核心组成部分,必然要遵循思想政治工作长期以来形成的规律性认识和成功经验。要从马克思主义经典作家关于思想政治教育的有关论述中,从中国共产党关于思想政治教育的理论创新和实践创新成果中,从新时代思想政治工作的具体实践中,深刻把握思想政治工作的基本规律,推动思政课在遵循规律基础上不断创新。其次,遵循教书育人规律是思政课承担铸魂育人功能的本质要求。一方面,思政课是集思想性、政治性、理论性、知识性为一体的综合性课程体系,不仅承载价值引领和铸魂育人的重大使命,而且承担知识传授、理论武装和能力培养的重任,本身就担负着传授知识和铸魂育人两方面功能,因此,要遵循教书育人规律。另一方面,"教书"和"育人"是高校课程教学的两个方面,具有内在统一关系,"教书"是"育人"的重要手段和途径,"育人"是"教书"的根本目的,思政课作为高校课程体系的重要组成部分,必然要把"教书"和"育人"紧密结合起来。最后,遵循学生成长规律是思政课提升育人效果的现实需要。学生成长规律是指学生的生理、心理、人格等要素之间的本质联系及其矛盾运动的必然趋势。高校思政课面对的是有血有肉、有思想、有个性的"人",要取得良好的教育效果,就需要立足学生实际、满足学生需要。青年学生处在人生的"拔节孕穗期",具有可塑性、差异性、主体性等特点,最需要精心引导和栽培。思政课要紧紧抓住大学生价值观形成的关键时期,要找准他们思想上的困惑点和需求点,将解决思想问题与解决实际问题结合起来,引导他们扣好人生的第一粒扣子;思政课要根据学生的差异性来提升针对性,既有总体上的"漫灌",更要根据学生群体不同而实施"滴灌";思政课要激发学生在学习中的主体性作用,采取启发、互动、引导等方式促进学生自我学习、自我教育,善于运用新媒体技术手段创造性开展学习活动。

二、依据人才培养需求推进课程改革

延安时期,高等学校坚持围绕人才培养需要推进政治理论课改革。从最初着力培养政治军事人才采取"政治课压倒其他一切课目"的政治理论课模式,到重视技能人才培养开展"少而精"政治理论课模式的探索,再到按照现代高等教育人才培养理念构建"公共必修课"政治理论课模式,政治理论课改革坚持理论与实际结合、所学与所用结合,走出了一条依据人才培养需要与服务党的中心任务相统一的道路。延安时期的探索表明,尊重人才培养规律、依据人才培养需要是思政课改革的基本落脚点,只有围绕"人才培养"这个中心,思政课才能筑牢在高校课程体系中的关键性地位。

依据人才培养的现实需要,就要求思政课改革围绕学生的成长成才全过程,坚持学以致用的基本方针,避免脱离社会现实需要、脱离学生成长成才需要、脱离学校办学实际。具体来说,思政课改革要密切关注社会现实,在课程内容上有的放矢,坚持理论与实际相统一,关注社会重大政治问题、理论问题、现实问题,注重培养学生运用马克思主义的立场观点方法分析和解决问题的能力;思政课要密切关注学生的成长需要,坚持学用一致原则,在教学内容构建上将学生的关注点、社会的热点、困扰学生的难点结合起来,立足解决学生的现实问题和思想困惑,把思政小课堂与社会大课堂结合起来,引导学生树立鸿鹄之志,勇做引领时代的奋斗者;思政课改革要坚持统一性与多样性相结合,紧密联系学校的办学特色和办学实际,在完成基本教学任务基础上,鼓励因地制宜、因时制宜、因材施教,形成具有学校自身特色的思政课教学典型成果。

依据人才培养的现实需求推进课程改革,就要求高校推动思政课在课程设置、教学内容、教学方法、队伍建设各方面进行创新。第一,在课程设置上,要依据价值引领、理论灌输、服务现实需要等方面,科学规划和凝练课程开设的科目。在思政课设置上,课程并非越多越好、学时并非越长越好、内容并非越深越好,而是要根据落实立德树人根本任务的总要求,根据全面建成社会主义现代化强国的总任务,根据思想政治工作规律、教书育人规律、学生成长规律来设置课程。第二,在课程内容的构建上,要着眼于问题导向,理论与现实高度统一,所学与所用高度统一。在教材编写和教学内容选择上,要把价值引领性内容与知识性内容衔接起来,把批判性内容与建设性内容衔接起来,把理论性内容与实践性内容衔接起来,增强教学内容的针对性和吸引力。第三,要综合运用新技术手段和现代教育理念革新教学方法。现代教育理念不断涌现、信息传播技术快速更迭,对思政课教学方式改进来说,既是机遇,更是挑战。课堂上多种信息传播通道并存,教师的主导性作用能否实现,还有赖于学生主体性的发挥。因此,思政课教学要更多地采用启发式、互动式、翻转式,激发学生的主动性和创造性。第四,按照"六要"的要求,打造专兼结合的思政课教师队伍。在队伍建设上,可充分借鉴延安时期领导干部讲授政治理论课的优良传统和经验,进一步完善领导干部到高校讲授思政课的体制、机制。在严格把关的基础上引导具有思政课教学能力的领导干部、管理干部和其他人员转任思政课教师,从源头上改变思政课教师来源单一、学科背景单一、理论联系实际不足的困境。同时,重视思政课教师队伍的业务培训、实践调研和交流学习,贯彻"政治要强、情怀要深、思维要新、视野要广、自律要严、人格要正"等要求,让思政课教师成为价值引领的表率、为学为人的表率、言传身教的表率。

三、加强思政课与其他课程的衔接和融通

思政课作为高校课程体系的重要组成部分,与其他课程共同服务于人才培养工作,既具有作为立德树人关键课程的特殊性,又具有作为一般课程的共性,因此,思政课要做到与其他课程的衔接和融通。延安时期高等学校就十分注重政治理论课与其他课程的衔接,例如,1948 年 10 月延安大学恢复正常办学后,将全校课程分为 4 大类(各系自设课程除外),其中,政治课开设"中国革命基本问题""社会发展史"2 门,一般政策课为"新近政策""城市工商业政策""知识分子政策""少数民族政策"等,业务政策课依据所在系和专业的异同分别开设。[①] 可以看出,学校的"一般政策课""业务政策课"既包含有政治课的相关属性,又反映出专业课的基本特点,目的在于做好"政治课"和"专业课"之间的过渡和衔接,避免了两类课程在人才培养中脱节和相悖。在新时代高校思政课建设中,加强与其他课程的衔接和融通可从三个方面着力,即加强思政课对其他课程的引领作用,加强思政课的理论构建,重视思政课建设与学科建设的统一。

首先,加强思政课对其他课程的政治引领。政治性是思政课的首要属性,

---

① 参见《延安大学史》,人民出版社 2008 年版,第 213—214 页。

关乎思政课的价值取向和人民立场等根本问题,任何时候都不能偏离、不能淡化和弱化,更不能去政治化。当前,我们不仅要强化思政课的政治性,还需要将思政课与课程思政建设的理念和体系相联系,发挥思政课对其他课程的政治引领作用。按照课程思政理念,扎根中国大地办社会主义国家的高等教育,要"挖掘其他课程和教学方式中蕴含的思想政治教育资源,实现全员全程全方位育人"①。其中,高校思政课在实现"三全育人"中具有核心作用,是引导其他各类课程承担隐性思想政治教育功能的重要力量。正如习近平总书记强调的:"其他各门课都要守好一段渠、种好责任田,使各类课程与思想政治理论课同向同行,形成协同效应。"②这表明,思政课建设不仅仅关乎其课程本身,还关系其他课程开展隐性思想政治教育的问题,思政课不仅自身要承担好思想政治教育的主渠道功能,而且要引导其他课程形成协同效应。具体来说,思政课作为高校思想政治教育的主渠道,发挥显性教育作用,其他课程主要发挥隐性思想政治教育作用,两者应同向同行、相互配合。但是,基于在高校思想政治教育中的地位差异,思政课作为主渠道课程,必然要在思想政治教育中发挥政治引领作用,为其他课程承担"为党育人、为国育才"重任提供支撑和示范。此外,思政课教师也应当率先垂范,引领所有教师在教学改革中服务这样的宗旨观念:"坚持教育为人民服务、为中国共产党治国理政服务、为巩固和发展中国特色社会主义制度服务、为改革开放和社会主义现代化建设服务"③。

其次,要加强思政课的理论建构。延安时期,高等学校专兼职政治理论课教师一方面将马列主义基本理论向广大青年学生进行宣传、灌输和普及,同时将马克思主义基本理论同中国革命实际和中华优秀传统文化相结合进行理论创新,把马克思主义中国化最新成果引入课堂,从根本上确立了政治理论课重视理论导向的传统。新中国成立以来,中国共产党领导中国人民在社会主义

---

① 《习近平谈治国理政》第三卷,外文出版社 2020 年版,第 331 页。
② 《习近平谈治国理政》第二卷,外文出版社 2017 年版,第 378 页。
③ 《习近平谈治国理政》第三卷,外文出版社 2020 年版,第 328 页。

革命和建设的道路上,不断开拓创新,作出了一系列原创性的贡献,为新时代思政课坚持理论导向提供了有力支撑。但是,目前一些思政课教师,自身学科功底不足,对于中国特色社会主义理论自信还不够坚定,在推进创新理论进课堂过程中没能做到旗帜鲜明,造成思政课教学的理论性不足、阐释力不够,思政课被弱化为思想课、政治课的窘境。加强思政课的理论构建要从以下三方面努力:一是进一步加强马克思主义基本理论的研究和教学。马克思主义基本理论是培养学生理论素养的基础,弱化了马克思主义基本理论的教学和研究,思政课就从根本上缺少了深厚的理论支撑,课程的严肃性、科学性、学理性将大大降低,思政课透彻的学理分析和以理服人的教育功能将减退。二是避免不加批判地引入西方社会科学相关理论。一些教师使用批判和借鉴的手法,将西方社会科学有关理论不加鉴别地带入思政课堂,无形中传播了西方资本主义价值观念。实际上,马克思主义从来不排斥对人类优秀文明成果的借鉴和吸收,但思政课研究和讲授的是马克思主义理论,而不是别的什么西方理论,马克思主义理论的指导地位不能动摇。例如,在政治经济学领域,马克思主义不排斥当代西方政治经济学有关理论,但要在坚持马克思主义政治经济学基本原理和方法论的基础上,进行去伪存真、去粗取精,在鉴别分析之上学习和吸收先进经验。对于反映资本主义制度属性、价值观和意识形态的内容不能照搬。三是深入研究新时代马克思主义中国化时代化理论成果。新时代中国特色社会主义建设的伟大实践,为马克思主义中国化时代化理论成果的诞生提供了可能,我们要从伟大实践中构建崭新理论,增强马克思主义对中国特色社会主义建设的指导作用和阐释力。例如,在政治经济学方面,就是要将中国当代经济发展的经验和规律上升为经济学说,讲清楚当代中国的马克思主义政治经济学。正如习近平总书记所说:"我们政治经济学的根本只能是马克思主义政治经济学,而不能是别的什么经济理论"[1]。总体上说,思政课

---

[1] 《十八大以来重要文献选编》下,中央文献出版社2018年版,第2页。

在强调政治性的同时必须强化理论构建,让学生真正认识到思政课与其他课程一样具有理论指导作用,能够在指导具体的社会实践中发挥关键性作用。

再次,努力实现学科建设与课程建设的统一。学科建设是课程建设的重要支撑,长期以来我们忽视了思政课的学科建设,造成思政课相关教师分散在不同学科背景之下,科研工作、学科建设难以形成思政课教学的推动力和支撑力。致使师生认为,思政课是高校的特殊课程,与学校开设的其他课程不一样。实际上,思政课既是高校的特殊课程,是落实"立德树人"根本任务的关键课程,但同时也具有一般课程的属性,也需要以学科建设来支撑和推动课程建设。为了加强党的思想理论建设和巩固马克思主义在高校教育教学中的指导地位,加强高校思想政治理论课建设,2005 年国家在法学门类下设置一级学科"马克思主义理论",从而让思政课有了明确的学科归属和支撑。在马克思主义理论一级学科下,设置七个二级学科,即马克思主义基本原理、马克思主义发展史、马克思主义中国化研究、国外马克思主义研究、思想政治教育、中国近现代史基本问题研究、党的建设,这些二级学科与思政课的骨干课程形成了密切衔接关系。一方面,思政课与其他课程在形式上实现了统一,显示其作为一般课程的属性,这就要求高校既对思政课作特殊对待,也对思政课作一般对待。另一方面,为思政课的理论建设、队伍建设拓展空间,提升了思政课教师以科研和学科建设推动课程教学的积极性。目前,还有一些与思政课密切相关的学科,如何与思政课教学统一起来尚待研究。例如,中共党史党建学科与马克思主义中国化研究、中国近现代史基本问题研究两个二级学科相关,对应课程为"毛泽东思想和中国特色社会主义理论体系概论""中国近现代史纲要"。目前,国家已经设立中共党史党建学作为一级学科,那么如何处理其与马克思主义理论一级学科的关系?两者下设的二级学科应该如何整合?在支撑思政课教学方面两个学科将如何衔接配合?[①] 这些都需要深入研究。总体

---

① 参见王炳林:《准确把握中共党史党建学科的发展定位》,《光明日报》2022 年 1 月 5 日。

上说,马克思主义理论一级学科的设立,使思政课的学科归属感和学科自信力大大提升,思政课与其他课程在课程属性上实现了融通,呈现出前所未有的活力。

第三节 形成教学合力加强教学过程的 互动开放性

构建教学合力就是综合考虑"教"与"学"相关的各种因素,充分调动多方面的积极性和创造性,协同发力、相向而行,努力实现预期教学目标。延安时期,为了解决高等学校政治理论课师资力量不足的问题,中央领导同志、地方各级领导、高级理论干部首先充实到政治理论课兼职教师队伍中,与学校的领导干部、思想政治工作者、专职政治理论课教师进行配合,最大程度整合了学校思想政治教育的各种积极因素,形成政治理论课教学合力。在教与学的互动上,领导干部带领思想政治工作者、政治理论课专兼职教师、广大学生,把理论学习、理论研究与实践调研相结合,以理论研习引领教学活动,以实践调研充实教学内容,以师生互动交流塑造良好学习氛围,在一定程度上巩固了教学过程的合力作用。在此基础之上,政治理论课专兼职教师在教学中坚持将理论讲授、研讨交流、课堂辩论、生产实践、调查研究、演讲报告等综合运用,营造互动开放的教学场景,推动了政治理论课教学目标的实现。延安时期的经验表明,构建教学合力就是要在发挥教师关键性作用基础上,打造学习者共同体和教学者共同体,以更加开放、多元的教学环境和教学场景,来推动教学效果实现最优化。

一、以大思政理念构建学习者共同体和教学者共同体

诚然,延安时期高等学校政治理论课教学并未出现"学习者共同体""教学者共同体"等概念,基于思想政治教育历史发展阶段的限制,也不可能有

"大思政"的理念。但延安时期高等学校政治理论课教学中呈现的教学合力是客观存在的,它是中央和各级领导干部、学校思想政治工作者、政治理论课教师、广大学生积极开展教学实践的结果。这种教学合力在今天看来,就是要以大思政理念推动构建学习者共同体和教学者共同体。实际上,学习者共同体和教学者共同体与当前高校倡导的"大思政"理念具有相通性,两者均源自于系统性思维。"大思政"理念着眼于贯彻思想政治教育的"全面性"和"互动性",既是为了防范对高校思想政治教育系统性的割裂,又是为了促进合力效应的生成。① 同样,思政课教学者共同体和学习者共同体,也是为了兼顾教学过程的整体性、动态性、协同性、互动性等因素,从而形成思政课教学的综合效应。构建思政课学习者共同体和教学者共同体,首先要整合各类教学力量,在专兼职师资队伍建设上寻求突破,改变以往思政课教师来源单一,专职教师单打独斗的现象,综合发挥专职教师、兼职教师各自在教学中的优势。当前,高校思政课教学师资中除了专职教师之外,至少有四类资源可以整合:一是来自校外的各级领导干部,二是来自校内的领导干部,三是校内承担思想政治教育工作的行政管理人员,四是具有思政课相关学科背景的其他人员。按照大思政的理念,要大力增强"教"与"学"的互动性,既包括教学者自身实现"教"与"学"的转化,也体现在各类教学主体之间相互借鉴、相互补充,还体现在教学者与学习者在实现教学目标的过程中相互配合,解决实际问题。

首先,应着力推动学习者共同体的构建。当前新技术、新知识日新月异,教学主体自身实现"教"与"学"的转化是提升教学水平的重要方式和必然要求。这就是说,讲好思政课的前提是要做一个忠实的学习者。以兼职担任思政课教师的领导干部为例,要想成为师生欢迎的思政课教师,功夫既在课堂上更在课堂下,只有具备了扎实的政治理论功底才能讲好思政课。为了讲好思政课,领导干部必然首先把自己放置在学习者的位置,认真学习马列主义基本

---

① 刘兴平:《高校"大思政"格局的理论定位与实践建构》,《思想教育研究》2018 年第 4 期。

理论、习近平新时代中国特色社会主义思想、党史党建知识和党的一系列方针政策,认真选定授课方向、准备授课内容、策划授课方式,在教与学的转换中与专职教师、青年学生等形成学习者共同体。延安时期,中央领导同志为讲授政治理论课也经常参加学习活动。例如,陈云、李富春在中组部组织了干部理论学习班,邀请艾思奇、王学文、杨松、和培元、王思华等知名学者来授课,中组部干部在学习之余还要到延安的各类学校和干部培训班授课。张闻天作为中共中央宣传部部长,不仅要求干部坚持理论学习,而且为中宣部的干部定下了共同的任务——到马列学院担任兼职教员;而对于马列学院的学员,张闻天也经常鼓励他们走出校门,到抗大、中国女子大学和各类培训班授课。这就是说,领导干部首先是马克思主义政治理论的学习者,其次才能够作为思政课的讲授者。领导干部既是教员、更是学员,在备课授课过程中巩固学习成果,在学习研讨过程中思考课堂教学设计,在和学生互动学习中激发思想碰撞,从而实现教学相长。2016 年 12 月,习近平总书记在全国高校思想政治工作会议上提出:"高校教师要坚持教育者先受教育,努力成为先进思想文化的传播者、党执政的坚定支持者,更好担起学生健康成长指导者和引路人的责任。"[①]"教育者先受教育",这就要求高校思政课教师首先接受自我教育,先"明道、信道",再言传身教、以德施教。近年来,许多高校积极整合校内外各类兼职人员以强化思政课教师队伍,这些相关人员为讲好思政课而进行的学习和准备活动,对高校思政课教师和学生都具有示范作用,无形中塑造了一个共同学习、相互启发的学习氛围,这种氛围会随着兼职教师参与讲授思政课广度和深度的提升而更加浓郁。

其次,应大力构建教学者共同体。高校思政课教师队伍多方吸纳兼职人员,能够激活教学主体之间的交流与合作,形成相互借鉴、优势互补的教学者共同体。尤其是以领导干部为代表的兼职教师,能够发挥身份权威、政策把握能

---

① 《习近平谈治国理政》第二卷,外文出版社 2017 年版,第 379 页。

力强、实际经验丰富等优势,既可在社会上形成重视思政课教学的氛围和效应,也能为思政课教学带来新理念、新视角和新思维。一方面,在共同参与思政课讲授中,领导干部可发挥实践经验丰富的优势。他们理论学习能力强、实际问题抓得准,具有理论与实践结合的自觉性,能够为专职思政课教师授课带来启发。当前,多数思政课教师往往是从学校毕业就进入高校工作,虽然专业基础扎实、理论素养较高,但由于缺乏实际工作经验,在理论与实际问题的结合上存在劣势。当前,党中央为什么如此重视高校思政课建设? 高校在立德树人中存在哪些问题? 从治国理政高度需要对思政课教师提出什么要求? 一些思政课教师往往难以准确把握,在相关问题处理上不能与中央要求"同频共振"。而领导干部一般都经历实际工作的打拼、磨炼,政策运用和消化能力强,具有全局视野和长远眼光,问题管控经验丰富,再加上他们课前的认真研习和精心准备,对于课堂反映出来的问题能够高屋建瓴、应对自如。以领导干部为代表的兼职教师和专职教师通过教学活动取长补短、相互配合,能够有效弥补思政课脱离实际的问题。另一方面,随着兼职教师深入开展思政课讲授,必然要向专职思政课教师靠拢。当前,领导干部兼职讲授思政课正在向制度化发展,讲授内容、讲授方法、讲授范围、讲授频次正待进一步规范,这要求领导干部不能把讲授思政课作为权宜之计,不能仅仅着眼于讲形势政策、讲时事问题,而是要结合自身的理论储备、工作性质、研究特长等,参与到某一门课程或课程的某一部分具体授课中。延安时期,中央领导同志除了在开学典礼、毕业典礼和重要节庆日讲时事政治之外,也经常参与"党的建设""中国革命史""马克思主义哲学""政治经济学"等核心课程内容的授课,通过与专职教师分工合作,形成了政治理论课教育者的共同体。当前,以领导干部为代表的兼职教师讲授思政课制度逐步规范,参与授课的兼职教师队伍不断扩大,各类兼职教师应着眼未来,努力从每学期讲几场专题讲座,逐渐过渡到与专职教师合作完成相关课程的讲授。实际上,新时代倡导领导干部讲思政课的初衷,就是要实现领导干部与学校专职思政课教师的深度交流与合作,共同把思政课的道理讲深讲透讲活。领导干部上讲台不仅是有效弥补思政课联系实际不足的"短板",也是督促领导干部将实际工作上升至理论阐释高度的重要尝试,因此,兼职讲授思政课不能浮在表面。总体上看,校外领导干部、校内领导干部、校内思政工作者、专职思政课教师要密切配合,在教学前互通有无、教学中互相学习、教学后交流心得,努力形成优势互补、各展所长的教学者共同体。

最后,要在"教"与"学"的互动中构建解决实际问题的共同体。思政课教学既要实现对学生的理论武装、价值引领,又要重视解决学生的思想问题,大量兼职教师参与授课,必然推动问题导向成为思政课教学的重要方向。正是因为坚持问题导向,围绕思政课教学的领导干部、专职思政课教师、校内兼职教师、广大学生的积极性被充分调动,能够推动教学过程中各类主体之间的互动,形成解决实际问题的共同体。领导干部讲授思政课,要沉下去、浮上来。沉下去即深入课堂,就要了解教情、了解学情、了解教学中的问题(如理论脱离实践、教学内容滞后、教学方法守旧等);浮上来就是要研究如何从顶层设计上改进高校的思政课教学,如何增强思政课解答学生困惑的功效。专职思政课教师要重视研究理论问题,把理论研究作为做好教学工作的根本抓手,做到学精悟透,能够用学术和学理来阐释实际问题。校内兼职教师通过在学生日常管理中发现问题,在校内外实践活动中掌握学生的思想状况,为思政课提升针对性获取第一手资料。学生要勇于提出问题、积极探讨问题,将自己的实际困惑与思政课教师充分沟通,在解决问题中提升理性思维。这就在教育者和受教育者之间形成良性互动,共同发现问题、研究问题、阐释问题和解决问题,从根本上增强思政课教学的针对性、实效性和适应性。实际上,将思政课教学与解决学生实际问题结合起来是党的优良传统,在延安时期,毛泽东、刘少奇、张闻天等中央领导在讲授政治理论课的过程中,总是针对学生政治上、思想上反映出来的问题,有针对性地开展理论讲授,从而消除困惑、统一思想。如果教育者不善于结合实际发现问题,就不能分辨形势、解答学生困惑;如果讲授内容仅限于照搬书本、应付于事,所传授的知识就会无信念、无灵魂,不仅谈不上与学生良性互动,也难以满足新时代思政课教学的总要求。领导干部等多元主体参与授课,就是要努力将当前社会发展中的问题带入课堂,在解决实际问题的互动交流中,与思政课教师、青年学生打造一个解决实际问题的共同体。

二、提升教师关键能力实现教学过程的主导性

"办好思想政治理论课关键在教师"①。思想政治理论课这一主渠道是否能够担负使命?是否能够发挥关键性作用?思政课教师是至关重要的一环。思政课教师的关键作用表现在能够利用自身的政治影响力、理论阐释力和课堂掌控力来主导教学过程,激发学生的学习兴趣与活力,以实现思政课既定的教学目标。强化过程主导对教师的业务能力和综合素质要求很高,基本理论灌输、阐释现实问题、解读时政热点、回应学生质询、解答思想困惑等,既需要良好的理论储备,也需要熟悉各方面实际情况,完全由专职思政课教师来承担势必难以实现。延安时期高等学校政治理论课教学为什么能够产生巨大影响?大力推动领导干部担任兼职教师发挥了重要作用。当前,我们以倡导领导干部登台讲思政课为先导,已从源头上为思政课教师队伍的多渠道引进开辟了道路。通过倡导各级党政领导干部、社科理论界专家、行业先进模范等8支队伍走上思政课讲台,势必激发学校的领导干部、专兼职思政课教师和广大学生的学习热情,这就从根本上改变了以往思政课教师单打独斗的局面。一方面,要从制度上扩大思政课教师来源上的张力。在中央和各地推动领导干部讲思政课的背景下,来自校外、校内的领导干部讲思政课的制度已初步形成,高校应利用这些来之不易的教学资源,在邀请领导干部讲授思政课的内容、形式、频次等方面进行细化和规范,尤其要将领导干部的教学特长与思政课的教学任务相结合,形成领导干部讲授思政课的邀约机制。学校承担思想

①　《习近平谈治国理政》第三卷,外文出版社 2020 年版,第 330 页。

政治教育工作的管理人员,因日常工作目标与思政课教学目标本质上的一致性,也是承担思政课教学的优质资源。这些管理人员也许在理论素养上不及专职教师,但在了解学生现实问题、掌握学生思想状况上具有特殊优势,将他们纳入兼职思政课教师队伍,可一定程度解决思政课教学脱离学生实际现象。具有思政课相关学科背景的其他人员,也是思政课教师的后备力量,高校可出台相关教师(包括党政管理干部、辅导员、专业教师)转任思政课教师的办法,为优秀思政课教师的选拔打开通道。延安时期,一些来自国统区的党外知识分子,正是在学校的动员和转化下成长为专职政治理论课教师,在高等学校政治理论课教学中发挥重要作用。另一方面,要积极发挥各类教师的独特优势,提升师资队伍综合素质。高校要破除本位主义和关门主义,形成思政课教师的动态性选拔和分类管理制度,从而整合各类教师资源、发挥各自优势、形成教学合力。要打造一支内外相通、专兼结合、优势互补、资源共享的思政课教师队伍,领导干部是引领思政课教学的"关键少数",专职教师是思政课理论讲授的骨干力量,校内思政工作者是思政课实践性教学可以依靠的力量,其他专业背景的教师和党员干部则是思政课多样性教学的有益补充。

习近平总书记曾指出:"讲好思政课不容易"。"思政课教学涉及马克思主义哲学、政治经济学、科学社会主义,涉及经济、政治、文化、社会、生态文明和党的建设,涉及改革发展稳定、内政外交国防、治党治国治军,涉及党史、国史、改革开放史、社会主义发展史,涉及世界史、国际共运史,涉及世情、国情、党情、民情,等等。这样的特殊性对教师综合素质要求很高。"①因此,在打造专兼结合师资队伍的基础上,高校要从政治锤炼、理论学习、业务训练方面提升教师的综合素质,为教师发挥在思政课教学中的关键性作用夯实基础。首先,加强思政课教师的政治锤炼。就是按照"六要"相关内容,让思政课教师能够用政治信仰和政治觉悟为学生做好表率。具体来说,要求教师有政治信

---

① 习近平:《思政课是落实立德树人根本任务的关键课程》,《求是》2020 年第 17 期。

仰、有家国情怀,正如习近平总书记所说,"让有信仰的人讲信仰",思政课教师要"心里装着国家和民族"①,做学生政治上、信仰上的领路人;教师自律要严、人格要正,就是要在实际生活中践行理想信念,做到课上课下一致、网上网下一致,坚决摒弃政治上的两面人。其次,加强思政课教师的理论学习。就是要求教师将理论学习和理论研究结合起来,将理论创新与解决实际问题结合起来,用深厚的理论功底来阐释新时代中国特色社会主义建设的伟大实践。具体来说,思政课教师必须坚持马克思主义基本理论的学习和研究,从经典作家的原著中涵养理论视野;加强习近平新时代中国特色社会主义思想的学习和研究,从最新创新理论成果中涵养发展视野;加强"五史"的学习和研究,从党史、国史、改革开放史、社会主义发展史和中华民族发展史中涵养历史视野;加强当代世界政治与经济发展趋势的学习与研究,从中国发展成就与世界发展大势的比较中涵养国际视野。最后,加强思政课教师的教学业务训练。就是要求教师更新教学理念、拓展教学视野、提升新技术应用能力,从而具备主导教学过程中所需的教学能力和技能。具体来说,就是要做好教师教学能力训练,秉持创新思维、开放思维,将新教学理念、新教学方法、新技术手段引入教学过程,做到思政课与其他课程在教学上的衔接;就是要加强教师教学技巧的交流学习,通过校内、校际的教学能力比赛,提升教师对于教学过程的掌控能力。

三、打造开放式平台激发学生的主体创造性

按照传播学理论,信息传播活动存在两个平等的主体,即"传播者"和"受众"。受众不再被认为是消极被动的"受体",他们以自己的特殊方式干预传播活动的内容和形式、影响传播活动的过程、决定传播活动的效果,因此,在整个传播过程中与"传播者"处于同等重要的位置。② 思想政治教育工作本质上属于信息传播活动,因此,也存在"教育者"和"受教育者"两个主体,他们共同

---

① 《习近平谈治国理政》第三卷,外文出版社 2020 年版,第 330 页。
② 参见段京肃:《传播学基础理论》,新华出版社 2003 年版,第 138 页。

决定着教育内容的取舍、教育过程的设置、教育效果的实现。具体到思政课教学活动中，就是重视教师和学生之间的双向互动，尊重学生作为教学过程的主体性地位，激发他们的学习主动性、创造性。否则，忽视受教育者的主体性，仅采用传统的、教条的、机械的理论灌输，必然会造成学生独立理性的缺失，那么他们抵御西方意识形态侵蚀的能力将大为降低，坚持社会主义、共产主义信仰的基础将十分脆弱。因此，思政课教师要发挥教学中的主导作用，唤醒和培育学生崇尚真理、追求真理的精神品质，并在这一过程中充分尊重学生的主体性地位，准确把握学生的思想困惑和理论兴趣，并依据学生需求调整教学方法、教学内容和教学思路。大学生虽然接触社会不多，但基于年轻人的朝气蓬勃和进取精神，他们通过各类媒体关注民族复兴、国家发展的积极性很高，对于转型时期社会结构多元化和利益分配不平衡造成的社会矛盾和不稳定因素也十分敏感。绕过当前存在的社会问题和社会矛盾，单以所谓激发"正能量"来阐释党和政府的政治立场、辉煌成就，这种单一的正面思想政治教育极易被学生认为是空泛的政治"说教"。因此，高校思政课必须打造双向互动的平台，以更加开放的姿态来发挥教师和学生主体作用，尤其是要结合理论来阐释社会问题，从而激发学生参与课程学习的主动性、创造性。

　　早在延安时期，毛泽东、张闻天、陈云等中央领导在政治理论课讲授中就十分重视激发课堂活力，他们在极端简陋的教学条件下仍注意采用启发式、讨论式、辩论式、调查式等教学方法。他们尊重学生的主体创造性，及时根据学生反馈的问题调整教学内容和教学方法，在教师与学生的双向互动中提升教学效果。当前，高校办学条件大为改善，新教育教学理念不断涌现、信息传播技术日益普及、教学场地和设施更加完备、师生信息处理能力大大提升，这些都为激发学生的主体创造性提供了条件。一方面，高校思政课教师应继承延安时期启发式、互动式教学的优良传统，借鉴传播学"双主体"理论来审视和设计教学活动，从根本上把学生作为教学的主体来看待。另一方面，思政课应借鉴课程教学的新理念、新技术，在常规的课堂教学之外打造开放式思政课教学和学习平台,为师生的自主学习、交互式学习和探索式学习创造条件。所谓开放式学习平台,就是坚持以学习者为中心的理念,综合运用网络信息技术整合优质学习资源,以教师团队为主导、吸引学习者积极参与创设的学习平台。进入新世纪以来,随着信息技术、数字技术的快速发展和国内外先进教育理念的推动,高校实施了以学生为中心的课程建设革命,从 2003 年启动"精品课程"建设,到 2010 年前后推动"精品资源共享课"建设,再到近年来大力开展"精品在线开放课程"建设,实现了优质教学资源的共享和教学效果的共赢。有学者曾形象地将"精品课程""精品资源共享课""精品在线开放课"分别比喻为"话剧""电视剧""互动直播剧"。将"精品在线开放课"比作"互动直播剧",说明这一建设模式是将"双主体"教学理念与数字技术充分结合,最大可能地调动了学习者参与教学内容构建的积极性,满足了各学习主体日益增长的优质教育资源需求。这里所指的开放式思政课学习平台与"精品在线开放课"具有相似性,但由于思政课是落实"立德树人"根本任务的关键课程,教师的主导作用相比其他课程要求更高,相应地,学生的主体性地位要服从于教师的主导地位。也就是说,我们承认教师和学生都是思政课教学过程中的"主体",但教师必须发挥主导作用。此外,一方面,基于思政课高度的思想性、政治性、理论性特点,决定了学习平台必然要以统一性为主,教学内容要在教师团队的统一构建之下,兼顾学习者的多样性学习需求,激发他们参与平台构建的积极性、创造性;另一方面,思政课是意识形态建设的关键课程,学习平台的开放性必然较其他学习平台有所限制,为了确保国家意识形态安全,平台应对学习者采取更加严格和规范的管理措施。

第四节　贯彻学用一致原则提升教学实效性

追求学用一致是延安时期政治理论课教学的重要原则,这一原则形成于延安整风期间。为了反对党内把马克思主义教条化、把共产国际决议和苏联经验神圣化的错误倾向,1941 年 5 月,毛泽东发表《改造我们的学习》的报告,指出要从实际出发而不是以教条主义的观点来对待马克思列宁主义,要使马克思列宁主义的基本原理同中国革命的实际相结合,重点在于解决中国革命的实际问题。报告还严厉批评了高等学校政治理论课教学中脱离现实、不联系实际的弊端。在此形势下,高等学校将学以致用原则与强化问题导向相结合,推动政治理论课逐渐摆脱了理论与实际脱节、所学与所用脱节问题,形成了直面社会质询、回应社会关切、研究社会问题的课程建设理念。贯彻学用一致原则,就要坚持从实际出发,坚持"有的放矢",以联系社会现实问题、解决学生思想困惑为出发点,以提升思政课教学的实效性为根本落脚点。当前,高校思政课总体上贯彻了学用一致原则,但在教学内容的设置与调整、学情的研判与应对、特色教育资源的融入和运用新技术手段进行教学评价方面仍有进一步提升的空间。

一、根据社会发展需求调整教学内容

在中国共产党 100 多年的奋斗历程中,随着时代主题的发展变化,中国共产党的中心任务也在变化。作为服务中国共产党治国理政的思政课,也需根据社会发展需要不断调整教学内容,做到"有的放矢"。从延安时期中国共产党创办高等学校以来,高等学校思想政治教育课程在不同时期、不同历史发展阶段都坚持守正创新,将党的"立德树人"使命与社会发展需求紧密结合,推动这一课程的总体稳定和阶段性创新。例如,新中国成立后,高校思想政治教育课程设置和课程名称虽然多变,但马克思主义基本原理、马克思主义中国化理论与实践创新成果、人的全面发展理论三大板块的内容基本保持稳定性。在每个历史发展阶段,课程名称、课程设置的变化是常态,每一次调整都体现出改革者对于思想政治教育课程定位和育人功能的不同理解,也深深地打上了时代的烙印。① 可以说,变化是常态、但本质是不变的,思政课的根本目标、

---

① 参见骆郁廷:《高校思想政治理论课的"变"与"不变"》,《思想理论教育导刊》2013 年第 4 期。

根本任务在总体上决定了思政课建设是阶段性与连续性的统一,具体表现为阶段性"变化"与整体"不变"的辩证统一。但这并不意味着思政课的"变"与"不变"完全由改革者主观意志决定。实际上,正是因为思政课要坚持学用一致的原则,学习的目的就是为了解决现实问题,因此,适应社会发展不同阶段的需求就成为课程改革必须充分考虑的因素。

历史经验表明,思政课建设必须坚持变与不变的辩证统一。尤其是在教学内容上,必须坚持将马克思主义理论教育与党和国家阶段性的工作任务相结合,科学设计思政课教学的核心内容。就思政课三大板块内容来说,马克思主义基本原理是思政课坚持马克思主义指导地位的根本保证,是在任何阶段都必须坚持的教学内容;马克思主义中国化时代化理论与实践创新成果本身就是与时俱进的产物,随着新时代中国特色社会主义事业不断发展,必然需要将最新的创新理论和实践成果纳入教学内容;人的全面发展理论虽然具有内在稳定性,但随着社会进步和文明发展,人的全面发展理念、诉求和实践成果不断更新,也需要纳入体现与新时代人的全面发展需求相关的教学内容。习近平总书记在党的二十大报告中指出:"从现在起,中国共产党的中心任务就是团结带领全国各族人民全面建成社会主义现代化强国、实现第二个百年奋斗目标,以中国式现代化全面推进中华民族伟大复兴"[①]。思政课建设必然要紧紧围绕实现中华民族伟大复兴这一时代主题,从政治性、理论性、科学性、时代性角度,对于教学内容进行精心设计和调整。一是重点推进习近平新时代中国特色社会主义思想进课堂,特别需要思政课教师立足教学、潜心钻研,形成一批研究习近平新时代中国特色社会主义思想的高质量理论成果,丰富课堂教学内容;二是推动反映新时代中国特色社会主义建设的实践成果,如全面深化改革成果、精准扶贫成果、国家治理体系和治理能力现代化建设成果等;三是推动反映新时代社会进步和文明发展的成果,如体现精神文明建设突

---

① 《中国共产党第二十次全国代表大会文件汇编》,人民出版社 2022 年版,第 18 页。

出成果的社会主义核心价值观;四是反映党史党建领域的最新研究成果,如中国共产党的精神谱系、新时代加强党的建设、党的自我革命思想等;五是反映中国共产党治国理政实践中形成的中国智慧和中国方案,如中国反腐败与廉政建设经验,"生命至上、举国同心、舍生忘死、尊重科学、命运与共"的伟大抗疫精神等;六是反映国际政治经济的最新发展趋势,如着眼于应对世界格局调整、解决人类共同问题的人类命运共同体理念,中国在国际政治经济合作交流中实施的"一带一路"倡议等。这些内容与新时代中国特色社会主义建设密切相关,是青年学生坚定"四个自信"、厚植爱国情怀的鲜活养分,也是鼓舞青年学生自觉投身中国特色社会主义事业的强大动力。高校思政课要坚持与时俱进,贯彻学用一致的原则,科学地融合反映时代性的鲜活教学内容,从源头上提升思政课的针对性和吸引力。

二、依据学情差异实施分类分层教学

实施分类分层教学是近年来高等教育教学改革的重要方向,其主要目的是为应对学情差异、提高教学的实效性。尤其是在基础课教学中,不少高校在课程设置总体目标的指导下,根据本校学生学科专业、思维特点、知识结构等因素的差异,将其分为不同大类,并采取分类分层设置教学方案和教学形式。对于高校思政课教学来说,分类教学在教育关系上尊重了教育对象的异类差异性,在教育理念上体现了因材施教的同类针对性,在教学实践中有助于促进高校思政课的"三个转化"(即教材体系转化为教学体系、学生的知识体系和信仰体系)。实际上,延安时期高等学校政治理论课教学中就有分层分类教学的传统。就整体而言,人才培养工作分别从政治、军事、文艺、民族、妇女等不同领域来开展,其相应的教学实施各有不同侧重。就具体而言,毛泽东在抗大讲授"中国革命战争的战略问题"时,听课对象是第一期第一科(上干队)的 38 名学员①,他

---

① 另一说是 40 名学员,见邹国贤:《抗大影像志》,国防大学出版社 2014 年版,第 8 页。

们都是红军中军一级干部或师级干部,授课内容的针对性很强。而抗大一期总共有 1063 名学员,他们中的大多数则不必要也不可能听得懂毛泽东的这门课。再如,全面抗战爆发后,抗大、陕北公学大量招收来自全国各地的学生,他们的学历层次、文化水平、政治背景差别较大,为此,抗大设置了预科和正科,陕北公学成立普通队和高级队,在学制和课程设置上有较大区别。这实际上就是实施分类、分层教学。延安时期其他高等学校的政治理论课教学,也常常根据专业性质和培养目标的不同、学情的差别,在课程安排和教学内容上有所区别。

新中国成立后,高校思想政治教育课程在大多数情况下坚持了分类教学理念,专科生、本科生、研究生有差别,文史类专业和理工农医类专业也有不同。当前,高校思政课从总体上实现了分类、分层教学,对专科阶段、本科阶段、硕士阶段和博士阶段的课程设置进行了明确区分,同时强调各阶段课程教学的衔接,在整体进阶性上有所改善。但这种总体上的分类实施、分层教学是立足于宏观层面的设计,对于具体教育对象的差异化应对还有待深入和细化,需要思政课教师在将教材体系转化为教学体系、学生的知识体系、学生的信仰体系过程中不断完善。若立足于中观层面来看,一所学校同等学历层次的文科类学生、理工科类学生在知识背景、学情特点上仍有较大差异,他们对于思政课的学习基础和学习兴趣可能差别较大;对于办学实力较弱的普通本专科院校来说,生源质量也存在一定的波动,思政课教学内容的设计也要相应调整。再从微观层面来看,学校开设的每个专业与思政课的相关性都会存在差异;学生因个体兴趣、爱好的不同,也会对思政课具有选择性、差异性的接受心理。基于学情的不同,按照学用一致原则、因材施教理念,需要高校在思政课总体教学大纲指导下,对思政课教学内容和教学方式进行一定程度的细化。首先,要在实践中探索分类、分层教学的可行路径。比如,可以按照学科专业背景细分文史、理工、艺体三大类进行授课,也可按照学生知识结构和水平、学习兴趣和学习意愿来组班授课。其次,要根据学生实际特点来制定多种教学实施方案。这就意味着高校思政课不再仅仅具有统一的教学方案,而是有若干套可以动态调整的教学方案,由教学团队根据实际情况进行教学分工和安排。最后,要将实现思政课总体教学目标作为分类、分层教学的旨归。要明确分类不是独立,而是在教学大纲的统一规范之下;分类不是僵化不变,而是根据学情动态调整;分类不是形式主义的花样翻新,而是依据教学效果进行的科学评估。

三、结合地域特色拓展教学资源和空间

接近性是社会心理学中分析人际交往活动常用的概念,"生活的时空性决定了我们只能与空间距离接近的人有密切来往,距离越接近,交往的频率可能就越高,越容易建立良好的人际关系"[1]。接近性会在人际交往中形成接近效应,产生地理上、心理上、情感上、文化上的吸引力和关注度。在新闻传播学领域也十分重视接近性研究,例如,大量的实践表明,在新闻报道中离受众身边越近、关系越密切的事情就越为他们所关注,这就是接近性给受众带来的求近心理定势。这种心理定势运用在思政课教学中也能产生意想不到的效果。教师用与学生接近性较强的案例向学生施教,往往能够拉近学生在心理上、情感上的距离,从而产生较好的沟通和认同效果。延安时期,毛泽东、刘少奇、陈云等中央领导特别注重运用身边案例讲授政治理论课。例如,1936年毛泽东为抗大一期一科学员讲授"中国革命战争的战略问题"时,就大量使用与学员密切相关的案例,引起了他们的强烈共鸣。毛泽东以案例教育大家说:"我们不许可任何一个红军指挥员变为乱撞乱碰的鲁莽家"[2],我们必须提倡每个红军指挥员变为勇敢而明智的英雄,学员们很快把"不当鲁莽家,要作勇敢而明智的英雄"铭记在心[3]。借鉴社会心理学中的接近性效

---

①　乐国安:《社会心理学》,中国人民大学出版社 2017 年版,第 228 页。

②　《毛泽东选集》第一卷,人民出版社 1991 年版,第 182 页。

③　参见腾纯等:《毛泽东教育活动纪事》,湖南教育出版社 1993 年版,第 129 页。

应,高校思政课可从挖掘地域性素材着手,在地理上、心理上、文化上收集与学生接近性较强的教学资源,既可以增强课堂教学的亲和力,也能够为实地现场教学拓展空间。

接近性的教育资源因具有较强的亲近感,在说服教育中具有天然优势。实际上,每个地区都存在独特的与学生接近性较强的思政课教育资源。例如,中国共产党在长期的奋斗中构建的精神谱系,产生于革命战争年代的红船精神、井冈山精神、长征精神、延安精神、西柏坡精神等,产生于社会主义建设时期的大庆精神、雷锋精神、"两弹一星"精神、焦裕禄精神、红旗渠精神等,产生于改革开放和社会主义现代化建设新时期的特区精神、女排精神、抗洪精神、载人航天精神、抗震救灾精神等,新时代以来形成的抗疫精神、脱贫攻坚精神、北斗精神、丝路精神、探月精神等。这些精神的诞生不仅表现出鲜明的时代色彩,而且还因诞生地的不同而具有浓厚地域特色,这就是说,党的精神谱系对于诞生地的人民群众具有地缘和心理上的接近性,当地人民群众对此具有特殊的情感。思政课教学从根本上说就是要以理服人、以情化人,善用这些与学生接近性强的地域性教育资源,对于提升思政课的亲和力与实效性大有裨益。除此之外,不少高校具有悠久的办学历史和辉煌的办学成绩,也积淀了深厚的物质文化和精神文化,如陕西师范大学坚持扎根西部办师范教育形成的"西部红烛"精神,西安交通大学因支援西部建设而形成的"西迁精神"等,也都是与本校学生接近性很强的思想政治教育资源;一些高校在校园文化建设中形成的精华部分,往往具有独特的精神气质和风貌,而且其本身就是着眼于思想政治教育的需要,也是典型的接近性思想政治教学资源。因此,各高校要深入挖掘富有地域特色和本校特色的思政课教育资源,并把这些资源科学地融入本校思政课教学当中,这样将大大增强思政课教学的亲近性和针对性。更为重要的是,这些教育资源由于地理上的接近性,也可以成为开展沉浸式实践教学的重要基地。

四、引入精准思政理念构建教学效果动态评估和反馈机制

随着信息技术和数字技术的快速发展,融媒体传播平台、大数据技术、云计算工具、智能化手段等,在人们日常生活中扮演着越来越重要的角色。因此,有不少学者提出了"精准思政"的理念,认为精准思政是在传统教育模式供需失调、信息技术迅猛发展、人的网络化生存样态不断深化的背景下产生的,是继思政课程、课程思政之后的一种崭新教育模式。[①] 笔者认为,精准思政是新技术手段与思想政治教育实践充分结合的产物,能够在一定程度上解决以往思政工作中场域单一、大水漫灌、过程封闭、评价滞后等问题,从而实现思想政治教育多渠道、多场域发力,共享、共建、共育开放式平台,精准定位、个性化施策,教育效果的适时、动态和精准评价。实际上,在网络新媒体技术日新月异、移动接收终端功能日益强大的今天,教学活动早已超出课堂、教室等时间和空间的限制,演变成为多场域、多渠道教学通道并存现象;教师主导教学过程也不再是唯一主流模式,共享、共建、共育的开放式平台在一定程度上更受学生欢迎。这种新型教学模式,将带来互联网时代教育的重大变革,未来的学生已不再完全被限定在学校、禁锢在课堂里,他们与教师的线上互动将成为教学的重要方式。大数据理念、云计算工具和人工智能手段,为实现思想政治教育精准化提供了可能。大数据的重要特征是"样本=总体",以往教育教学中被忽略的细节将得到体现,正如维克托·迈尔-舍恩伯格所说:"与局限在小范围的数据相比,使用一切数据为我们带来了更高的精确性,也让我们看到了一些以前无法发现的细节"[②]。这就是说,教育工作者可以无限接近地获取学生的真实需求。在此基础上,嵌入算法工具的人工智能处理手段,不仅能够对受教育者的整体进行适时、动态评估,而且可以对受教育的个体进行精准

---

① 参见吴满意、景星维:《精准思政:内涵生成与结构演化》,《学术论坛》2019 年第 5 期。

② [英]维克托·迈尔-舍恩伯格、肯尼思·库克耶:《大数据时代》,盛杨燕、周涛译,浙江人民出版社 2013 年版,第 17 页。

分析、精准决策、精准推送、精准追踪,以实现精准育人的目的。

可以说,用好精准思政理念可以推动高校思想政治教育由"大水漫灌"向"精准滴灌"的转变,对提升思想政治工作的时效性、针对性和科学性具有重要意义。对于高校思政课教学来说,智能化手段最大的优势,就是能够对教学过程进行动态的、科学的评估,可以大大改进以往教学效果评价的滞后性和无序性,从而为教学活动精准施策提供可靠依据。不可否认,由于思政课在本质上兼具思想性、政治性和理论性,在教学效果评价上长期存在定性为主的经验主义倾向,对于实证主义的定量研究较为欠缺。引入智能化手段,不仅可以大大减少定量研究的繁琐程度,而且能够做到评价结果更加精准化,可以对不同类型的学生,甚至是单个学生进行精准定位、个性化定制。教学内容的选择,是提升思政课针对性的重要着力点,也是长期困扰思政课教师的痛点,利用智能化教学评价反馈手段,教师可在遵循学用一致原则之上,实现教学内容的精准聚焦、精准发力和精准调适,从而大大提升教学效果和学生的满意度。当前,不少高校已将大数据技术、云计算工具、人工智能手段运用到相关课程的教学实践当中,思政课作为高校落实"立德树人"根本任务的关键课程,也亟须从构建教学效果动态评估和反馈机制入手,贯彻精准思政理念,提升教学实效性。

结　语

　　延安时期中国共产党领导高等学校政治理论课建设的历史探索,坚持实事求是、敢为人先、积极作为,为新中国思想政治教育课程建设的守正创新铸就了不变的灵魂,但我们也应清醒认识到,当前学界对于延安时期高等学校政治理论课建设还存在质疑之声。延安时期是否真正建立了党的高等教育事业？延安时期高等学校开设的政治理论课程是否能称之为思政课？延安时期高校政治理论课是否担负起了立德树人的根本任务？新中国高校思想政治教育是否继承了延安时期的经验？回答这些问题其实并不容易,因为在延安时期相关历史资料的挖掘、整理和研究中,中国共产党领导高等教育的史实构建极其不足。有的学者认为,延安时期所谓的"高等教育"实际上是干部教育,是短期培训性质的,并非正规的高等教育；有的学者认为,延安时期学校开设的课程都是党为了政治建设需要设立的"政治课",与当前所说的思想政治理论课有本质不同；也有一些学者认为,党的高等教育事业真正创立于新中国成立后对旧高校的接收和改造,因此,新中国高校思想政治教育课程主要源于苏联教育模式的引进,与延安时期没有太多关系。这些观点和认知并非没有道理,也说明了延安时期高等学校政治理论课建设研究极为薄弱的现实。但是,如果我们不认可延安时期创办高等教育的伟大实践,就会割裂中国共产党领导高等教育发展的历史脉络；如果我们不认可延安时期高等学校政治理论课建设的成功经验,就无法理解新中国成立前后中国共产党为什么能如此平稳、快速地实现对旧高校和旧知识分子的改造;如果我们不能正确认识延安时期中国共产党领导政治理论课建设的历史地位,就无法科学、完整地把握中国共产党100多年思想政治教育史,新时代高校思政课建设也将失去巨大的历史财富。

延安时期中国共产党领导高等学校政治理论课建设是一场伟大的历史创举。首先,需要我们充分挖掘史料,回顾历史、还原历史,以无可辩驳的研究成果为学界呈现出延安时期鲜活的政治理论课建设的历史图景。其次,我们应立足中国共产党100多年思想政治教育的伟大实践,充分认识延安时期高等学校政治理论课建设的重要作用和地位。再次,我们要结合当今高校思政课建设的现状和问题,充分挖掘延安时期中央领导同志、高等学校管理者和政治理论课教师在课程建设实践中获取的规律性认识,以史鉴今,回答现实困惑,启迪未来道路。然而,在本书的研究中,我们深感延安时期高等教育史料的匮乏,尤其是收集山东、华北、东北解放区高等教育发展的资料尤为困难。一方面,由于战争环境下学校档案资料的保存本身就十分艰难,资料遗失在所难免;另一方面,相信尚有大量相关的一手资料散落在其他档案材料之中,需要不断挖掘和发现。例如,近年来一些抗日根据地(解放区)的报刊资料被收集和整理,其中许多资料就涉及高等教育办学概况、经验、特色等方面的内容。昨天的报道就是今天的历史,我们必须善于发掘报刊记载中的延安时期高等教育发展有价值的史料。目前,有关延安时期高等学校政治理论课建设的史料并不丰富,但本书在研究过程中仍竭尽全力对相关史料进行了大范围的搜集整理,在对比、鉴别和考证的基础上,坚持去粗取精、去伪存真,在历史评述部分尽可能做到还原历史。回归历史场域,我们仍能从有限的史料中勾勒出延安时期高等学校政治理论课建设的发展脉络,发掘其值得当前思政课建设借鉴的宝贵历史经验。

纵观延安时期高等学校政治理论课建设的历史,我们可以充分感受到高等教育初创时期中央领导、学校教育家和理论家敢为人先的探索精神。从高等教育初创时期的"政治课压倒其他一切课目"模式，到高等教育调整发展时期的政治理论课"少而精"探索，再到高等教育向正规化发展后逐步形成的"公共必修课"政治理论课模式，再到解放战争时期各高等学校依据现实需要在"公共必修课"模式和政治短训模式之间经历多次切换。学校的领导者既不故步自封、畏缩不前，也不脱离现实、迷恋权威，带领政治理论课建设闯出了一条强化政治建设、理论联系实际、所学所用一致的正确道路。可以说，推动高等学校政治理论课建设探索的根本力量始终来自两个方面：一是将政治理论课建设与服务党的中心工作大局结合起来；二是将政治理论课建设与服务培养社会所需人才结合起来。在教师队伍建设方面，高等学校普遍加强自我培养教员，并吸引、改造部分旧知识分子作为政治教员，尤其是在党中央推动下建立了领导干部兼职担任政治理论课教师的制度；在课程建设方面，高等学校的教育家、理论家积极开展理论研究，认真提炼政治理论课程之间的逻辑关系，探索政治理论课设置规律，形成了重视理论研究和课程研究的政治理论课建设传统；在教材建设方面，从集体编写教案讲义到出版正规教材，再到由中央宣传部统一领导教材的编写工作模式，确立了政治理论课教材统一编写的历史传统；在教学方法上，启发式、互动式教学成为基本的教学方法，在教师的主导下，通过引导学生自学、交流、汇报、研讨等方式，充分发挥了政治理论课教学中学生的主体性作用。尤为可贵的是，延安时期已经明确认识到政治理论课是高等学校思想政治教育的主渠道，是党进行马克思主义意识形态建设的主阵地，认识到建设好政治理论课是中国共产党领导高等教育的根本特征。除此之外，政治理论课与高等学校人才培养的关系也被充分探讨，尊重人才培养规律开展政治理论课建设成为共识，不同性质高等学校的政治理论课是否应有所侧重？不同专业的政治理论课是否应加以区别？政治理论课与其他专业课程的关系如何处理？这些问题已在实践中得到探索和初步解决。所有探索成果汇聚在一起共同形成了中国共产党领导高等学校政治理论课建设的最初方案。回顾历史、展望未来,延安时期的实践探索,为新中国高校思想政治教育课程建设提供了基本依据,也将继续为新时代高校思政课建设提供丰厚的历史养分。

时间回到 1952 年,在当时国家政治、经济、社会全方位"以苏为师"的历史背景下,高等教育也全面引进和学习苏联教育制度,苏联专家指导新中国高校建立起了统一的马列主义课程。中国人民大学是借鉴苏联高校马列主义课程建设的重镇,苏联专家最初要在该校开设"马列主义基础""辩证唯物主义与历史唯物主义""政治经济学"3 门课程,但在该校领导吴玉章、成仿吾的坚持下,最终增加了"中国革命史"课程。随后,中国人民大学开设 4 门思想政治教育课程的模式在全国高校得到推广。不难想象,如果吴玉章、成仿吾等人没有延安时期领导高校政治理论课建设的经历,没有认识到"中国革命史"教学的重要意义,是断然难以坚持这样的观点的。不可否认,这 4 门课程的教材、讲义较多地引入和借鉴了苏联教育模式,课程内容更加丰富,理论体系更加完备,但是这些课程的设置并没有超出延安时期政治理论课所形成的目标、结构和范围,延安时期经验并没有因为全面"以苏为师"而褪色,而是在之后的历史发展中越来越彰显其价值和影响。

历史是最好的教科书,历史是最好的营养剂。站在世界百年未有之大变局的时代前沿,立足实现中华民族伟大复兴的第二个百年奋斗目标,汲取延安时期高等学校政治理论课建设的宝贵财富,将启迪新时代高校思政课建设走向新的辉煌。

参 考 文 献

一、马克思主义经典著作

《马克思恩格斯选集》第 1—4 卷,人民出版社 2012 年版。

《马克思恩格斯文集》第 1—10 卷,人民出版社 2009 年版。

《列宁选集》第 1—4 卷,人民出版社 2012 年版。

《列宁专题文集》,人民出版社 2009 年版。

《列宁全集》第 1、6、35 卷,人民出版社 1985、1986 年版。

《毛泽东选集》第一——四卷,人民出版社 1991 年版。

《毛泽东文集》第一——八卷,人民出版社 1993、1996、1999 年版。

《毛泽东书信选集》,人民出版社 1983 年版。

《毛泽东同志论教育工作》,人民教育出版社 1992 年版。

《习近平谈治国理政》第一——四卷,外文出版社 2018、2017、2020、2022 年版。

《习近平著作选读》第一——二卷,人民出版社 2023 年版。

二、中文重要著作

《毛泽东年谱(1893—1949)(修订本)》(上、中、下),中央文献出版社 2013 年版。

金冲及主编:《毛泽东传(1893—1949)》,中央文献出版社 2004 年版。

《刘少奇选集》(上、下卷),人民出版社 1981、1985 年版。

《刘少奇年谱(1898—1969)》,中央文献出版社 1996 年版。

金冲及主编:《刘少奇传》,中央文献出版社 2011 年版。

《张闻天选集》,人民出版社 1985 年版。

《张闻天年谱(1900—1976)(修订本)》,中共党史出版社 2010 年版。

程中原:《张闻天传》,当代中国出版社 2016 年版。

张闻天:《中国现代革命运动史》,中国人民大学出版社 1987 年版。

《周恩来选集》(上、下册),人民出版社 1997 年版。

《周恩来年谱(1898—1949)(修订本)》,中央文献出版社 1998 年版。

金冲及主编:《周恩来传》,中央文献出版社 2011 年版。

《朱德选集》,人民出版社 1983 年版。

《朱德年谱(新编本)(1886—1976)》(上、中、下册),中央文献出版社 2016 年版。

金冲及:《朱德传》,中央文献出版社 2016 年版。

《任弼时文集》,人民出版社 2014 年版。

《任弼时年谱》,中央文献出版社 1993 年版。

中央文献研究室编:《任弼时传》,中央文献出版社 2014 年版。

《陈云文选(1926—1949)》,人民出版社 1984 年版。

《陈云年谱(修订本)》(上、中、下),中央文献出版社 2015 年版。

金冲及:《陈云传》(上、下),中央文献出版社 2015 年版。

陈云:《论党的建设》,中央文献出版社 1995 年版。

郭德宏:《王明年谱》,社会科学文献出版社 2014 年版。

戴茂林:《王明传》,中共党史出版社 2008 年版。

《王稼祥选集》,人民出版社 1989 年版。

《王稼祥年谱(1906—1974)》,中央文献出版社 2001 年版。

徐则浩:《王稼祥传》,当代中国出版社 2006 年版。

吴葆朴、李志:《秦邦宪(博古)传》,中共党史出版社 2007 年版。

《彭德怀自述》,人民出版社 1981 年版。

李东朗、雷国珍:《董必武》,河北人民出版社 1997 年版。

《李大钊年谱》,甘肃人民出版社 1984 年版。

《彭湃文集》,人民出版社 1981 年版。

戴茂林、赵晓光:《高岗传》,陕西人民出版社 2011 年版。

武衡、谈天民、戴永增:《徐特立文存》第 1—5 卷,广东教育出版社 1995 年版。

《吴亮平文集》,中共中央党校出版社 2009 年版。

《吴玉章文集》,重庆出版社 1987 年版。

《吴玉章教育文集》,四川教育出版社 1989 年版。

中央教育科学研究所编:《成仿吾教育文选》,教育科学出版社 1984 年版。

《成仿吾文集》,山东大学出版社 1985 年版。

冯文岗:《彭雪枫年谱》,河南人民出版社 2000 年版。

《习仲勋传》(上卷),中央文献出版社 2013 年版。

《延安大学史》,人民出版社 2008 年版。

王云风:《延安大学校史》,陕西人民教育出版社 1994 年版。

吴继忠等:《延安抗大》,文物出版社 1985 年版。

成仿吾:《战火中的大学:从陕北公学到人民大学的回顾》,人民出版社 2014 年版。

刘葆观:《血与火的洗礼:从陕北公学到华北大学回忆录》,中国人民大学出版社 2007 年版。

《造就革命的先锋队:中国人民大学史》第一卷,中国人民大学出版社 2007 年版。

王培元:《延安鲁艺风云录》,广西师范大学出版社 2004 年版。

任文:《永远的鲁艺》(上、下册),陕西师范大学出版社 2014 年版。

中国延安文艺学会:《延安女大》,中国延安文艺学会 1989 年版。

中国人民解放军国防大学:《中国人民抗日军事政治大学史》,国防大学出版社 2000 年版。

王纪刚:《延安大学校》,世界图书出版公司 2016 年版。

《东北师范大学校史(1946—1986)》,东北师范大学出版社 1986 年版。

谢红星:《武汉大学校史新编(1893—2013)》,武汉大学出版社 2013 年版。

《南京大学史(1902—1992)》,南京大学出版社 1992 年版。

《延安自然科学院史料》,中共党史资料出版社、北京工业学院出版社 1986 年版。

王律:《正定华北大学史话》,河北人民出版社 2018 年版。

《华中建设大学校史》,上海市新闻出版局内部资料 1992 年版。

《山东大学百年史》,山东大学出版社 2001 年版。

陶军:《中原大学校史》,华中师范大学出版社 2003 年版。

谭虎娃:《历史的转折——中共中央在延安十三年》,人民出版社 2018 年版。

中国延安干部学院:《党中央在延安 13 年》,中央文献出版社 2010 年版。

中共陕西省委党史研究室:《中共中央在延安十三年史》,中央文献出版社 2016 年版。

梁星亮:《中国共产党延安时期局部执政史论》,陕西人民出版社 2005 年版。

盖青:《1921—1949:中国共产党创建和领导的高等教育研究》(上、下册),广东教育出版社 2012 年版。

曲士培:《抗日战争时期解放区高等教育》,北京大学出版社 2005 年版。

刘宪曾等:《陕甘宁边区教育史》,陕西人民出版社 1994 年版。

栗洪武:《陕甘宁边区教育史》,中央广播电视大学出版社 2012 年版。

苏甫:《东北解放区教育史》,吉林教育出版社 1989 年版。

董纯才:《中国革命根据地教育史》第 1—3 卷,教育科学出版社 1991 年版。

陈桂生:《中国革命根据地教育史》(上、中、下),华东师范大学出版社 2016 年版。

宋荐戈、张腾霄:《简明中国革命根据地教育史》,中国文史出版社 2016 年版。

石玉:《中国革命根据地教科书研究》,知识产权出版社 2015 年版。

华东师范大学教育系教科所:《中国现代教育史》,华东师范大学出版社 1983 年版。

熊明安:《中国高等教育史》,重庆出版社 1983 年版。

郑登云:《中国高等教育史》,华东师范大学出版社 1994 年版。

曲士培:《中国大学教育发展史》,北京大学出版社 2006 年版。

李维汉:《回忆与研究》(上、下册),中共党史资料出版社 1986 年版。

何载:《丹心昭日月:缅怀李维汉在西北》,中共党史出版社 2017 年版。

胡乔木:《胡乔木谈中共党史》,人民出版社 1999 年版。

滕纯:《毛泽东教育活动纪事》,湖南教育出版社 1993 年版。

刘益涛:《十年纪事:1937—1947 年毛泽东在延安》,中共党史出版社 2007 年版。

龚育之、逄先知:《毛泽东的读书生活》,生活·读书·新知三联书店 1986 年版。

《毛泽东自述(增订本)》,人民出版社 1996 年版。

胡哲峰、孙彦:《毛泽东谈毛泽东》,中共中央党校出版社 1993 年版。

中共中央文献研究室:《毛泽东哲学批注集》,中共中央文献出版社 1988 年版。

邢福义:《毛泽东著作语言论析》,湖北教育出版社 1993 年版。

阎树声等:《毛泽东与延安教育》,陕西人民出版社 1993 年版。

刘家栋:《陈云在延安》,中央文献出版社 2005 年版。

《缅怀陈云》,中央文献出版社 2000 年版。

张军锋:《延安文艺座谈会的台前幕后》(上、下册),陕西师范大学出版社 2014 年版。

席文启:《延安时期毛泽东思想政治教育理论与实践》,陕西人民教育出版社 1993 年版。

钟佩君:《延安时期党的思想政治教育研究》,社会科学文献出版社 2014 年版。

吴继金:《延安时期高等教育思想政治工作研究》,华中师范大学出版社 2019 年版。

郑永廷:《毛泽东思想政治教育的理论与实践》,武汉大学出版社 1993 年版。

王树荫:《中国共产党思想政治教育史》,中国人民大学出版社 2011 年版。

《中国共产党思想政治教育史》第二版,高等教育出版社 2018 年版。

龚海泉:《党的思想政治教育史》,高等教育出版社 1993 年版。

陈登才:《中国共产党思想政治工作史》,湖南人民出版社 2001 年版。

徐启贤:《中国共产党思想政治教育史》,中国人民大学出版社 2004 年版。

张蔚萍:《中国共产党思想政治工作发展史》,中共党史出版社 2004 年版。

夏伟东:《中国共产党思想道德建设史略》,山东人民出版社 2006 年版。

李小三:《中国共产党干部教育简史》,中共党史出版社 2009 年版。

陈万柏、张耀灿:《思想政治教育学原理》,高等教育出版社 2007 年版。

谈松华:《中国高等学校思想政治教育史纲》,高等教育出版社 1992 年版。

石云霞:《高校思想政治理论课程建设史研究》,武汉大学出版社 2006 年版。

全国普通高校"两课"教育教学调研工作领导小组:《普通高校思想政治教育课程文献选编(1949—2003)》,中国人民大学出版社 2003 年版。

教育部社会科学司:《普通高校思想政治理论课文献选编(1949—2008)》,中国人民大学出版社 2008 年版。

艾思奇:《历史唯物论、社会发展史》,生活·读书·新知三联书店 1951 年版。

艾思奇:《社会发展史讲授提纲(订正本)》,华北大学 1949 年版。

华岗:《社会发展史纲》,生活·读书·新知三联书店 1950 年版。

解放社编:《社会发展简史》,解放社 1941 年版。

《联共(布)党史简明教程》,人民出版社 1975 年版。

《艾思奇全书》第二卷,人民出版社 2006 年版。

《人民的哲学家:艾思奇纪念文集》,云南人民出版社 1997 年版。

李国强:《邵式平教育文选》,江西教育出版社 1989 年版。

《马文瑞文选》(第一卷),陕西人民出版社 1998 年版。

黄修荣:《共产国际与中国革命关系史》(上、下册),中共中央党校出版社 1989 年版。

顾炎武:《日知录集释》,黄汝成集释,上海古籍出版社 2006 年版。

陈国岱等:《大教育家朱熹》,中国社会科学出版社 2010 年版。

黎靖德:《朱子语类》,中华书局 1986 年版。

方汉奇等:《〈大公报〉百年史》,中国人民大学出版社 2004 年版。

方汉奇:《中国新闻事业通史》,中国人民大学出版社 1992 年版。

段京肃:《传播学基础理论》,新华出版社 2003 年版。

王光宇:《教学规律与教学改革》,冶金工业出版社 1989 年版。

乐国安:《社会心理学》,中国人民大学出版社 2017 年版。

三、外国重要著作(中译本)

[美]斯图尔特·R.施拉姆:《毛泽东》,红旗出版社 1987 年版。

[美]冈瑟·斯坦:《红色中国的挑战》,马飞海等译,上海译文出版社 1999 年版。

[美]白修德:《中国抗战秘闻—白修德回忆录》,崔陈译,河南人民出版社 1988 年版。

[美]斯诺:《西行漫记(英汉对照)》,董乐山译,外语教学与研究出版社 2005 年版。

[美]白修德、贾安娜:《中国的惊雷》,端纳译,新华出版社 1988 年版。

[英]丹尼斯·麦奎尔、[瑞典]斯文·温德尔:《大众传播模式论》,祝建华译,上海译文出版社 2008 年版。

[英]维克托·迈尔-舍恩伯格、肯尼思·库克耶:《大数据时代》,盛杨燕、周涛译,浙江人民出版社 2013 年版。

四、重要历史文献

《中共中央文件选集(1921—1949)》,中共中央党校出版社 1989、1990、1991、1992 年版。

《建党以来重要文献选编(1921—1949)》,中央文献出版社 2011 年版。

《毛泽东在七大的报告和讲话集》,中央文献出版社 1995 年版。

陕西师范大学教育研究所:《陕甘宁边区教育资料》(共 12 册),教育科学出版社 1981 年版。

王谦主编:《晋察冀边区教育资料选编(干部教育分册)》(上、下册),河北教育出版社 1990 年版。

王用斌、刘茗、赵俊杰编选:《晋察冀边区教育资料选编(续编)》,北京师范大学出版社 1991 年版。

辽宁省教育科学研究所编:《东北解放区教育资料选编》,教育科学出版社 1983 年版。

山东老解放区教育史编写组:《山东老解放区教育资料汇编》第 1—6 辑,1985

年版。

中央教育科学研究所编:《老解放区教育资料》(一、二、三),教育科学出版社 1981 年版。

教育科学研究室编:《老解放区教育资料选编》,人民教育出版社 1959 年版。

《人民教育》社编:《老解放区教育工作经验片段》,上海教育出版社 1979 年版。

甘肃省社会科学院历史研究室:《陕甘宁革命根据地史料选辑》第 1—5 辑,甘肃人民出版社 1981、1983 年版。

陕西省档案馆、陕西省社会科学院:《陕甘宁边区政府文件选编》第 1—15 辑,陕西出版传媒集团、陕西人民教育出版社 2013 年版。

中央档案馆、陕西省档案馆:《中共中央西北局文件汇集》,内部资料 1994 年。

中国革命博物馆:《中国共产党党章汇编》,人民出版社 1979 年版。

《共产国际、联共(布)与中国革命档案资料丛书》第 18—21 卷,中共党史出版社 2012 年版。

中国革命博物馆党史研究室:《党史研究资料》第 3 集,四川人民出版社 1982 年版。

《邵式平日记》,江西人民出版社 1983 年版。

《谢觉哉日记》(上、下册),人民出版社 1984 年版。

《陈伯钧日记·文选》,中国财政经济出版社 2002 年版。

《陈赓日记》,人民出版社 2013 年版。

《赖传珠日记》,人民出版社 1989 年版。

《王恩茂日记》(共五册),中央文献出版社 1995 年版。

《独臂上将彭绍辉日记》,军事科学出版社 2005 年版。

卢周来、彭山:《抗大亲历者》(上、下册),国防大学出版社 2014 年版。

邹国贤:《抗大影像志》,国防大学出版社 2014 年版。

文化部党史资料征集工作委员会编:《延安鲁艺回忆录》,光明日报出版社 1992 年版。

吴介民主编:《延安马列学院回忆录》,中国社会科学出版社 1991 年版。

延安大学校友会:《延安大学回忆录》,陕西人民出版社 1998 年版。

温济泽:《延安中央研究院回忆录》,中国社会科学出版社 1984 年版。

纪希晨:《战火青春——安吴堡青训班、延安泽东青干校回忆录》,中国青年出版社 1997 年版。

艾克恩:《延安文艺回忆录》,中国社会科学出版社 1992 年版。

胡乔木:《胡乔木回忆毛泽东(增订本)》,人民出版社 2014 年版。

《回忆毛主席》,人民文学出版社 1977 年版。

《回忆毛主席在延安》,陕西人民出版社 1979 年版。

《回忆张闻天》,湖南人民出版社 1985 年版。

张闻天选集传记组:《200 位老人回忆张闻天》,人民出版社 2013 年版。

《王稼祥选集》编辑组:《回忆王稼祥》,人民出版社 1985 年版。

杨君辰编著:《回忆延安整风运动》,湖南人民出版社 1957 年版。

《吴玉章回忆录》,中国青年出版社 1978 年版。

《聂荣臻回忆录》,解放军出版社 1984 年版。

《刘伯承回忆录》,上海文艺出版社 1981 年版。

《何长工回忆录》,解放军出版社 1987 年版。

何长工:《难忘的岁月》,人民出版社 1982 年版。

《莫文骅回忆录》,解放军出版社 1996 年版。

《肖劲光回忆录》,解放军出版社 1987 年版。

《郭洪涛回忆录》,中共党史出版社 2004 年版。

曾志:《一个革命的幸存者——曾志回忆录》(上、下册),广东人民出版社 1999 年版。

陈云故居暨青浦革命历史纪念馆:《走近陈云——口述历史馆藏资料辑录》,中央文献出版社 2008 年版。

西安市政协文史资料委员会:《忆延安》,陕西人民出版社 1991 年版。

上海教育出版社编:《老解放区教育工作回忆录》,上海教育出版社 1979 年版。

杨立川、高宇民:《延安文艺档案·延安戏剧·延安戏剧组织》第 4 册,太白文艺出版社 2015 年版。

吕品、张雪艳:《延安文艺档案·延安音乐·延安音乐史》第 14 册,太白文艺出版社 2015 年版。

冯希哲、敬晓庆:《延安文艺档案·延安音乐·延安音乐组织》第 15 册,太白文艺出版社 2015 年版。

赵超构:《延安一月》,上海书店 1992 年版。

中共陕西省委党史研究室编:《中外记者团和美军观察组在延安》,陕西人民出版社 1995 年版。

《苏联的高等教育》,人民教育出版社 1951 年版。

五、报纸资料

《解放日报》合订本（1—12 册），人民出版社影印 1954 年版。

《新中华报》（1937 年 1 月 4 日—1941 年 5 月 16 日）。

《解放》周刊（1937 年 4 月 24 日—1941 年 8 月 31 日）。

《共产党人》（1939 年 10 月 4 日—1941 年 8 月 20 日）。

《八路军军政杂志》（1939 年 1 月 15 日—1942 年 3 月 25 日）。

《中国文化》（1940 年 2 月 15 日—1941 年 8 月 20 日）。

《中国青年》（1939 年 4 月 16 日—1941 年 3 月 5 日）。

《晋察冀日报》（1940 年 11 月 7 日—1948 年 6 月 14 日）。

《人民日报》（1946 年 5 月 15 日—1948 年 6 月 14 日）。

《陕北公学举行开学典礼》，《新中华报》1937 年 11 月 4 日。

《中国女子大学开学典礼》，《新中华报》1938 年 7 月 25 日。

《陕公总校移关中增设大学部研究部》，《新中华报》1939 年 3 月 31 日。

《边区自然科学研究院定期在延成立》，《新中华报》1939 年 5 月 30 日。

黎曼：《谈女大高级研究班的学习》，《新华日报》1940 年 7 月 20 日。

《自然科学院调整教育制度》，《解放日报》1942 年 2 月 14 日。

董纯才：《论国民教育的改造》，《解放日报》1942 年 9 月 4 日。

莫汉：《创办中的工业职业学校》，《解放日报》1942 年 3 月 22 日。

刘少奇：《论党内斗争》，《解放日报》1942 年 10 月 9 日。

《延安大学开学，毛泽东同志指示，延大应为抗战及边区政治经济文化建设服务》，《解放日报》1944 年 5 月 31 日。

吴象：《边区最高学府北方大学开始上课》，《人民日报》1946 年 5 月 28 日。

何长工等：《抗大抗大，越抗越大》，《人民日报》1976 年 12 月 23 日。

王首道：《回忆毛主席在延安时期对干部的培养和关怀》，《南方日报》1978 年 12 月 17 日。

温仰春：《为了加强党的建设——少奇在华中党校》，《文汇报》1980 年 3 月 21 日。

徐文钦：《一代儒将郭化若苦读成才》，《学习时报》2011 年 10 月 31 日。

周洪双、罗金沐：《抗大干部教育有啥好经验》，《光明日报》2014 年 1 月 23 日。

吴继金：《毛泽东在"抗大"讲哲学》，《学习时报》2017 年 11 月 6 日。

六、期刊论文

《关于党的宣传鼓动工作提纲》，《共产党人》1941 年第 19 期。

理群：《策略教育在马列学院是怎样进行的》，《共产党人》1940 年第 13 期。

成仿吾：《陕北公学的新阶段》，《解放》1939 年第 72 期。

张闻天：《论青年的修养》，《解放》1938 年第 39 期。

陈云：《怎样做一个共产党员》，《解放》1939 年第 72 期。

吴玉章：《研究中国历史的意义》，《解放》1938 年第 52 期。

罗迈：《战时干部学校教育》，《中国文化》1940 年 6 月第一卷第四期。

叶蠖生：《抗战以来的历史学（教案）》，《中国文化》1941 年 8 月第三卷第二期。

《女大概况》，《中国妇女》1939 年 7 月第一卷第二期。

方紫：《女大创始的一年间》，《中国妇女》1940 年 6 月第二卷第一期。

耿化敏、吴起民：《苏联专家与新中国高校政治理论课程的建立》，《中共党史研究》2016 年第 6 期。

骆郁廷：《高校思想政治理论课的"变"与"不变"》，《思想理论教育导刊》2013 年第 4 期。

刘建军：《马克思主义经典作家论思想政治教育的意义》，《西北师大学报（社会科学版）》2020 年第 1 期。

王树荫：《论毛泽东思想政治教育理论成熟的标志》，《教学与研究》1996 年第 4 期。

李云霞：《"实践"与"践行"——兼谈马克思主义哲学与中国哲学之比较和沟通》，《理论学刊》2003 年第 3 期。

郑保卫：《论马克思报刊活动的历史地位——纪念马克思诞辰 200 周年》，《现代传播（中国传媒大学学报）》2018 年第 4 期。

张晓婧：《中国传统书院文化对现代高等教育的启示》，《江苏高教》2016 年第 1 期。

武昌农讲所纪念馆、武汉大学历史系：《毛泽东同志主办的中央农民运动讲习所》，《历史研究》1977 年第 5 期。

陈登贵：《彭湃与广州农民运动讲习所》，《历史教学》1983 年第 4 期。

陈答才：《周恩来与黄埔军校的政治工作》，《陕西师范大学学报（哲学社会科学版）》1997 年第 3 期。

徐元宫、张治银：《关于莫斯科中山大学创建主体的历史考证》，《中共党史研究》

2014 年第 6 期。

张泽宇：《莫斯科东方大学旅莫支部述论》，《广东社会科学》2011 年第 4 期。

孙会修：《莫斯科中山大学的中国留学生与国共合作（1925—1928）》，《史学月刊》2019 年第 7 期。

汤志华、钟慧容、武圣强：《〈联共（布）党史简明教程〉对中共党史研究的影响》，《社会科学研究》2014 年第 5 期。

许冲：《论〈联共（布）党史〉对中共党史编撰的影响》，《现代哲学》2013 年第 2 期。

王也扬：《〈联共（布）党史简明教程〉与延安整风》，《中共历史与理论研究》2017 年第 1 期。

欧阳军喜：《论抗战时期〈联共（布）党史简明教程〉在中国的传播及其对中国共产党宣传工作的影响》，《党史研究与教学》2008 年第 2 期。

李忠全、宋易风：《延安时期的中央党校》，《理论导刊》1981 年第 7 期。

周爱民：《延安鲁艺的创立缘起及其美术教育》，《美术研究》2004 年第 1 期。

衡朝阳：《华中建设大学在苏北》，《档案与建设》2014 年第 7 期。

刘大年：《北方大学记》，《近代史研究》1991 年第 3 期。

王延强：《新中国成立前夕中国共产党高等教育办学理念与实践探索——以北方大学为中心》，《江西社会科学》2020 年第 9 期。

陶军、宋才发：《中原大学简史》，《教育研究与实验》1985 年第 1 期。

吴冷西等：《悼念马克思主义理论家吴亮平老师》，《理论月刊》1986 年第 11 期。

吴允中：《怀念吴亮平同志》，《江西社会科学》1987 年第 6 期。

廖盖隆：《我的哲学启蒙老师艾思奇》，《炎黄春秋》2001 年第 1 期。

陈涌：《有关艾思奇同志的二三事》，《文艺理论与批评》2002 年第 3 期。

于良华、徐素华：《青年哲学家和培元》，《国内哲学动态》1985 年第 7 期。

赵枫等：《陈唯实哲学著述论评》，《华南师范大学学报（社会科学版）》1986 年第 4 期。

黄家驹等：《难忘的教诲深切的怀念——缅怀我们的老院长陈唯实同志》，《华南师院学报（社会科学版）》1981 年第 4 期。

尹俊忠：《范文澜在河南大学期间的革命活动》，《河南大学学报（哲学社会科学版）》1985 年第 3 期。

刘炼：《何干之的革命一生和史学思想》，《史学史研究》1982 年第 1 期。

谢保成：《吕振羽在中国马克思主义历史学创建过程中所做的贡献》，《中国史研究》2000 年第 3 期。

叶世国、丁孝智：《王学文在民主革命时期的经济思想》，《江西财经大学学报》1999 年第 3 期。

苏星：《学习王学文同志为传播和研究马克思主义经济理论奋斗终生的精神》，《经济研究》1985 年第 10 期。

李澄：《纪念王思华同志》，《人文杂志》1984 年第 6 期。

《吴玉章自传》，《历史研究》1981 年第 4 期。

吴达德：《论吴玉章在大后方的抗日宣传与活动》，《理论与改革》2018 年第 6 期。

张文涛：《一九二七年国共分裂后国民党对党内共产党理论的清除及其影响》，《中共党史研究》2019 年第 6 期。

韩琳：《延安时期马克思主义中国化的发展历程及经验启示》，《马克思主义理论学科研究》2019 年第 4 期。

梁严冰：《抗战时期陕甘宁边区高等教育中的马克思主义教育》，《党的文献》2017 年第 2 期。

陈哲：《延安时期高校马克思主义理论教育的三大特色》，《思想政治教育研究》2017 年第 3 期。

王东维：《延安时期高校思想政治教育的实效性探析》，《思想理论教育》2012 年第 19 期。

陈锋：《坚持用马克思主义实践论指导中国高等教育改革——延安时期大办高等教育的启示》，《中国高等教育》2015 年第 21 期。

王明钦：《抗战时期延安高等学校思想革命化改造论略》，《史学月刊》2002 年第 9 期。

明成满、圣雪琪：《延安时期高校思想政治教育研究的回顾与展望》，《苏区研究》2019 年第 4 期。

王真：《延安时期党推进马克思主义哲学理论创新的经验及启示》，《湖湘论坛》2017 年第 2 期。

丁恒星：《论刘少奇对思想政治教育的重要贡献》，《理论学刊》2013 年第 9 期。

陈成文、高小枚：《论朱德思想政治工作的基本方法》，《学术论坛》2010 年第 3 期。

李祥：《任弼时是如何做好思想政治工作的》，《党的文献》2018 年第 2 期。

储著斌：《张闻天抗战时期思想政治教育理论及其启示》，《理论月刊》2010 年第 11 期。

陈其泰：《马克思主义史学家范文澜理论创造的风格》，《史学史研究》2011 年第 3 期。

蔡美彪：《范文澜著〈中国通史简编〉的前前后后》，《河北学刊》1999 年第 2 期。

吴殿尧：《马克思主义理论家、翻译家—张仲实》，《社会科学战线》1990 年第 4 期。

石仲泉：《延安时期的艾思奇哲学与毛泽东哲学》，《理论视野》2008 年第 6 期。

韩树英：《艾思奇与第一本中国化马克思主义哲学教科书》，《理论视野》2008 年第 2 期。

范大明：《略论成仿吾的高校思想政治教育理论与实践》，《湖南第一师范学报》2006 年第 4 期。

张远新、吴素霞：《试论延安时期党的理论工作者对马克思主义中国化的探索与贡献》，《毛泽东邓小平理论研究》2007 年第 4 期。

冯建辉：《延安时期理论繁荣的历史思考》，《北京党史研究》1998 年第 4 期。

焦红强、王晓荣：《新民主主义革命时期毛泽东如何讲好思政课》，《毛泽东思想研究》2023 年第 6 期

王晓荣、何金凤：《社会资本视阈下中共在延安时期的发展之道》，《中共党史研究》2014 年第 1 期

《关于领导干部上讲台——当经验丰富的一方官员遇上思想活跃的青年学子》，《人民论坛》2017 年第 4 期。

人民论坛问卷调查中心：《干部声音：干部期待什么样的"授课"》，《人民论坛》2017 年第 4 期。

江俊文：《领导干部上台讲课"点亮"思政课实践教学》，《思想理论教育导刊》2016 年第 5 期。

刘兴平：《高校"大思政"格局的理论定位与实践建构》，《思想教育研究》2018 年第 4 期。

责任编辑：李　航
封面设计：石笑梦
版式设计：胡欣欣

图书在版编目（CIP）数据

延安时期高等学校政治理论课建设研究 ／ 王晓荣,焦红强著.
北京 ： 人民出版社，2025.6. -- ISBN 978 - 7 - 01 - 027247 - 4

Ⅰ. G641

中国国家版本馆 CIP 数据核字第 2025AC7995 号

延安时期高等学校政治理论课建设研究
YAN'AN SHIQI GAODENG XUEXIAO ZHENGZHI LILUNKE JIANSHE YANJIU

王晓荣　焦红强　著

人 民 出 版 社 出版发行
（100706　北京市东城区隆福寺街 99 号）

北京建宏印刷有限公司印刷　新华书店经销

2025 年 6 月第 1 版　2025 年 6 月北京第 1 次印刷
开本:710 毫米×1000 毫米 1/16　印张:17.75
字数:240 千字

ISBN 978 - 7 - 01 - 027247 - 4　定价:98.00 元

邮购地址 100706　北京市东城区隆福寺街 99 号
人民东方图书销售中心　电话（010）65250042　65289539